U0125787

她身之欲
珠三角流动人口社群特殊职业研究

Desires:
Transitions and New Possibilities of Sex Work in the
Pearl River Delta Area

丁 瑜 ◎著

社会科学文献出版社
SOCIAL SCIENCES ACADEMIC PRESS (CHINA)

本书受教育部人文社会科学研究青年
基金项目（13YJC840007）资助

目　录

第一章
绪论

前奏:"小姐"——一个文化符号

　　从昨天开始,丰台区右安门街道的工作人员如果对流动人口使用"小姐"等歧视性或容易产生歧义的称呼,"劣迹"会被纳入年度工作考核中。这是该街道外管站更名后首次做出的一项新规定。

　　日前,右安门街道外来人口管理站正式更名为流动人口工作站,并致力于"市民化对待、亲情化服务、人性化管理"。在工作用语方面,除了禁称"小姐"外,还包括禁止街道工作人员称呼流动人口"打工仔"、"打工妹",管家政服务员叫"小保姆",并把这些规定的执行情况纳入到年度工作考核之中,对违反者要给予通报批评。如果流动人口到街道办事时,被称呼为"小姐",可向街道办事处投诉。

这是从 2004 年 6 月 8 日《京华时报》上摘取的一段新闻。

"小姐"作为一个称谓,在中国历史上存在了至少千年,旧时指深闺未婚女子,且常指官宦或有钱人家主人的未婚女儿,也是一种尊称。① 新中国成立后直到"文化大革命"结束,"小姐"一词由于带有封建与资产阶级意味被普遍停用,它的再次出现是

------

① 见《辞海》、《现代汉语词典》等的"小姐"词条。

在 20 世纪 80 年代的改革开放初期——随着港澳台投资活动的兴起以及商人的大量进入，一些词开始在中国传播并流行起来——然而彼时的"小姐"有了不同的意味，它不再独指年轻、富有、未嫁的大家闺秀，而泛指城市生活中的任何女性①，相当于英语中的 Miss。

　　大约从十年前开始，"小姐"一词忽然从大众接受的普通称谓变成了一个敏感词语。去茶楼喝茶，上饭店吃饭，到百货公司购物，原本粤语里通用的"小姐"都一律改成了"靓女"、"靓姐"或用普通话称呼"姑娘"、"小妹"，服务的或被服务的，都如此称呼。有些地方甚至出现了用"翠花"称呼服务员的做法。从那时起，"小姐"逐渐成为"三陪女"、"妓女"或娱乐行业女性从业者的特定称谓。这与改革开放后广东沿海地区与港澳台频繁的经济往来有很大的关系。投资者与商人带来了较为西化的生活习惯与语言习惯，"小姐"就是其中一个典型——原本用于外交场合中的"先生"、"女士"、"小姐"被带到了中国人的日常生活中，替代了原来的"同志"、"师傅"等，也跟随着投资者与商人的步伐在他们日常光顾的娱乐场所中逐渐盛行，以至发展成为一个专属词语，掩盖了它原本的意涵。珠三角地区是"小姐"一词敏感化之地，在这里，它指的不再是富家年轻未婚女子，而是在鱼龙混杂的娱乐场所出没的"妓女"。如今，"小姐"一词的特殊含义已被广泛接纳，比如，"做小姐"指的就是当三陪女、妓女，"找小姐"就是指嫖娼。而人们早已挪用其他词语来表达"小姐"原来的意思，以免造成不必要的误会和尴尬。

　　语言变化能折射出社会文化的变迁。"小姐"这个词的异化

---

① 人们通常称呼年纪稍长的女性为"女士"，但有时候"小姐"也通用。农村地区对女性一般较少用"小姐"的称呼，而用"大姐"、"大妹子"等其他称呼方式。

与敏感化引发了许多关于改革开放后经济发展、社会变化的讨论，尤其是色情行业的"死灰复燃"。上述报章节选无疑反映出社会上对此的一种反应。直到此时我才意识到色情行业的力量如此巨大，它竟使我们改变了日常语言的使用习惯，并创造出一些新的语词。在这个特定的历史时点"小姐"成为一个文化符号，承载了特殊的意象与内涵，以一种悄然无声却强有力的方式把卖淫、色情重新推入人们的视线中。

除大众文化之外，学术界也开始围绕着娼妓的定义、道德、性工作、女性身份与地位等在一些问题上争论不休。争论源于西方学术界与社会活动的理论与实践，又深受非西方社会经验与政策（比如中国的现代化实践）的影响。当中国经济社会发展如火如荼、城乡人口流动日益频繁之时，"小姐"被赋予了新的文化意涵，中国学术界则在这个问题上呈现一种分裂的态势。

大多数学者持一种静态的、二元对立的观点，认为娼妓是一种严重的社会危害和丑恶现象，损害社会正义，侵蚀人们的精神（司钦山，1997；汤立云，2002），它是男权对女性的压迫，只有彻底消除，严厉打击，才能把女性解放出来（丁娟，1996；黄新春，2001）。此类分析中，"卖淫女"要么被定性为道德败坏、好逸恶劳，要么被描画为父权社会制度的受害者，但最终结论都是清除娼妓，严厉净化社会环境。

潘绥铭等（2005a，b）在他们关于中国娼妓业与色情行业的书中提出几个颇为尖锐的问题，打破了国内学术界对这一现象的固有理解。比如，如果卖淫女真的道德败坏，我们如何解释为什么那么多的女性愿意违背道德踏入性行业中？金钱至上的观念真能回答一切问题吗？如果可以，我们可以就此得出结论，认为中国社会濒临道德崩溃的边缘吗？因为根据估算，中国国内色情行业从业女性累计达到了 600 万以上①，嫖客人数则可能比这个数字还要大得多（潘绥铭等，2005b：144－147），而另一边厢，我们则在不断宣传社会主义道德建设的成功。再者，如果从业女性是男权统治的受害者，我们为何还要谴责买卖的双方，而非只惩罚嫖客和组织卖淫者？

把娼妓认定为"工作"的一个前提是背后的驱动因素必须是经济因素，同时，因为它是一个工作，所以它必须有稳定的收入。有一种论调认为性工作者的底线是经济需要，即认定它主要是一种经济活动（O'Neill，2001；Wardlow，2004；Lucas，2005）。这种观点在中国国内引发了"性工作者"这个名称的大量使用（黄盈盈、潘绥铭，2003；黄盈盈，2004；潘绥铭，1997，2000；潘绥铭等，2005a，b，c），有些学者进而呼吁要将娼妓除罪化（李银河，2003b，2005）。潘绥铭教授所做的一系列研究让我们从人性的角度首次较为全面地看到了女性从业者的生活。他笔下的小姐们不是大众文化下的失足卖淫女，也非官方论调中的道德堕落者，都是有血有肉的年轻女孩，和其他普通女孩子一样有着各种快乐、烦恼、忧伤。他将之视为中国劳动力市场中的一部分，认为应当承认并赋予其合法权利（黄盈盈、潘绥铭，2003）。

我们可以看到，在这一系列的讨论中，学者对于"性工作者"这一称谓并没有给予过多的思考与定义，他们将女性进入性产业视为一种合理的经济行为。命名的问题在国内学界并没有引起足够的重视，而这一点，我认为，恰恰是我们讨论女性从业者经验与感受最重要的基础。王金玲（2004）在她的研究中历数中国历史上对娼妓的各种称呼，并将"重命名"视为政策与政治宣传的必要部分。她建议采用"商业性性服务者"的称呼，因其更能反映性产业中的多层意涵，同时模糊性别界限。性产业、娼妓

①　数据统计到 2000 年，到目前为止学术界或其他渠道都没有更新的数据。

等在中国都未合法化，因此"性工作者"在国内的法制、社会环境下还不适用。"工作"在现代汉语中有着固定和特指的意义，指在受认可的行业中的有薪劳动。"工作"与"劳动"也有不同的侧重点，后者意指家务劳动、农耕、自雇等非正式就业种类。我赞同王金玲的这些观点，尤其是她在鼓励与推广使用描述性（非道德性）、包容性与更广义的性产业从业者名称方面所作的努力。这是一个相当好的开始，让我们重新审视现有的研究框架与所有学术争议的起点。当然，"商业性性服务者"名称本身的适用性还需再议。

我的研究显示出，学术界所作的努力与从业女性自身的经验、理解方面是存在差距的——前者希冀能开拓一条通往社会认可与合法身份权益的道路，但后者迄今并不认为这是她们最关切的事情。女性从业者并不认为她们是道德堕落的或是受害者，同时，非常有趣的是，她们也不认为自己是"性工作者"，也不认可这种叫法，而习惯于把自己称为"小姐"。从她们的叙述中我们可以了解到，她们认为自己从事的行业包含多个方面，不仅限于"性"，因此"性工作者"听起来过于片面和污名化。在这种情况下把娼妓作为工作的学术或政策建议可能是对从业女性实际需要和愿景的歪曲和误解。现在关键的问题是：为什么"小姐"这样一个在其他女性看来带有侮辱意味的称呼得到了从业女性的接受？她们如何理解这个称呼与身份？"小姐"这个词如何成为一个文化符号？这如何折射出当代中国变化的欲望与价值？

这就是本研究的起点，一个关于自我身份认同的问题——性产业中的从业女性如何称呼自己，又希望别人如何看待自己？我认为这是我们理解她们生活方式与工作观念的重要基础。在我们为娼妓下定义和提出任何"解决"之道前，我们应尝试站在从业者的角度，并分析其存在的社会、法制、文化等环境。因此，我认为有必要重新思考"性工作者"这一已被广泛使用的称呼。正如伯恩斯坦（Bernstein, 1999：94）提出的，我们应该：

> 暂缓对娼妓的意义作出任何本质主义上的理解，以便更好地思索女性主义在面对女性性劳动市场（无论是实质存在的还是假设的）议题上的适用性。

研究目的与研究问题

本研究有两个主要目的。其一，更好地理解性产业从业女性的欲望，包括物质欲望、性欲望和情感欲望，以及她们作为流动人口、女性和"小姐"，是如何在日常生活中发挥个体的自主性来争取这些欲望的实现的。其二，我希望通过从业女性的自身视角来探讨关于工作、自身形象与身份认同的问题，以更好地了解我国的性产业状况。

围绕着这两个目的，本研究提出以下一系列研究问题。

1. 性产业的从业女性如何描述自己的婚姻和情感经历？
2. 婚恋经历如何影响她们的生活道路和生活选择？
3. 她们如何通过不同的性和情色实践挑战现有的婚姻制度？
4. 她们如何描述农村生活经验？
5. 她们如何理解"青春"？
6. 在珠三角的经济、社会、文化背景影响下，她们有什么样的生活期待？
7. 她们如何看待自己正从事的这个"职业"？
8. 和"性工作者"相比较而言，她们如何看待自己的身份和所处的位置？
9. 她们如何通过自我身份认同挑战现有的工作制度？
10. 城市生活和色情行业对于这些既为流动人口又为"小

姐"的女性设置了怎么样的困难和威胁？

11. 自我实践如何成为这些女性争取自我空间与实现欲望的场所？

这几年我读了不少相关的著作资料，看到了在娟妓问题上女性主义、社会学、政策制定者各流派间围绕着它的性质、合法性与制度方面展开的论辩。我意识到，娟妓问题，无论是对我国来说还是对其他国家而言，都是一个历史悠久的社会现象，而它的复杂程度远远超过了我的想象。它的性质究竟如何，其中从业者的个人生活与经历如何，在这些问题上各流派意见不一，也都不可避免地存在偏见。

总的来说，中国的性产业问题不可一概视为社会主义精神文明建设的败笔，或经济发展带来的社会腐败，或是男权至上的结果。但若在现阶段将之作为合法工作也不符合中国国情与社会实际。它的复杂性、变化性往往令与之伴生的性别关系、就业、公共卫生、社会秩序等问题变得难以解决。为了更好地了解这些问题，我认为有必要从另一方面去作检视——我们不仅要从专家/学者/政策制定者/社会工作者的角度去理解问题，更要从从业者自身的角度去体会，在我们作出任何结论、实务方案或社会政策之前，我们要力求理解并尊重他们的想法与做法。然而如今的现实是，国内的"严打"禁令、从学术角度作出的各种评判与谴责和大众媒体刻画的悲惨与淫乱的娟妓生活场景合力塑造了一幅关于她们的"真实"图景，从某种程度上扭曲了从业女性的生活经验。各方关注的焦点不同，建构角度不同，不同程度地造成了片面理解和偏见，也逐渐造成了学术界/政府/大众与从业者本身之间的鸿沟。

从业女性的生活经验、对工作与生活的看法和期待、她们面对的社会环境等，都是我们省思性产业和娟妓问题的重要基础，不关注这些问题，就好比只看到冰山一角，只停留在现象表面。

那么首先我们要做的就是厘清中国性产业的特点与珠三角的社会背景。在接下来的几个部分里我将重点分析：①珠三角快速发展的历史与现实，②城乡流动与性别化的就业形势，③禁令之下的性产业发展状况。性产业遮遮掩掩的发展背后是什么样的社会情境？是什么样的背景造就了这些女性的欲望与梦想？解答这些问题，将有助于我们分析一定的社会、历史、经济、法制等条件下女性的欲望，有助于我们理解她们为了实现这些梦想所作出的选择。

珠三角：欲望之地

本研究基于我在 2005 年至 2011 年期间在广州、深圳、东莞等地进行的田野调查，其中 2005～2008 年是集中的田野调查时间，2008 年以后又陆陆续续走访了一些城中村，收集了一些图片资料。这几个城市位于珠江三角洲中心区域，也是改革开放起步之地，它们特殊的发展道路、经济地位与人员构成使之成为孕育欲望之地。

深圳在改革开放之前是个寂寂无闻的小渔村，人口刚超过 3 万。而在 1980 年它成为中国首个经济特区，短短的 28 年时间里它的人均 GDP 就已经超过 1 万美元。深圳毗邻香港，以发达的高科技产业、金融服务业、进出口与物流业著称，充满了活力与发展的潜力。它的城市特色里，最显著的一点恐怕要数"移民城市"这顶桂冠，它的发展与壮大离不开全国各地移民与劳工的巨大贡献与默默耕耘。截至 2013 年，深圳 1062.89 万常住人口中，有 752.42 万为非户籍人口，超过 70%。① 他们从别的省份往沿海地区的流动，他们的日常生活与工作共同构成了这个城市发展的轨迹与历史。在

---

① 详见《深圳市统计年鉴 2014》"表 3－1 户数、人口、出生、死亡及自然增长"，载于 http://www.sztj.gov.cn/nj2014/indexce.htm。

吸引外来劳工为城市建设发光发热这点上，中国没有任何一个城市能与深圳争锋——他们使一个小村庄在30年间取得了从零到全国GDP排名第四的伟绩，只在沪、京、广之后。[①]

深圳西北面的邻居，是连接其与广州之间的东莞。东莞与深圳非常相似的一点在于，在其800多万常住人口中，本地户籍人口只有191万，非户籍人口，也就是现在常叫的"新莞人"占到77%。[②] 在世界范围内，东莞都称得上是电子、通信科技、玩具、成衣、鞋履等行业的第一生产基地。其中，服装制造业是东莞最著名的产业之一，吸引了许多女性劳动力。田野调查的时候我也见到过很多服装企业贴在大门上的招聘广告，女工的月工资约为1000元人民币，当然，收入高低也与女工的熟练程度有关。

东莞另一个为人熟知之处在于它的休闲娱乐行业和酒店业，其曾以辐射珠三角的态势吸引了港澳台及全国各地客户。东莞的五星级酒店数量居同等级城市之首，换言之，在中国内地城市中排在京沪之后，名列第三。它的娱乐休闲服务行业门类齐全，经济实惠，服务质量高，规模逐渐扩大，很多地方发展出多元结合的一条龙式服务。

东莞再往西北，则是广东省省会广州，它是珠三角社会、文化、政治、经济和交通中心。2010年广州GDP逾万亿，成为继上海、北京之后第三个进入GDP"万亿元俱乐部"的城市，也是首个经济总量过万亿的省会城市，到2015年已愈1.5万亿[③]，在

---

① 参见《南方日报》2015年2月10日的报道《广州GDP全国第三》（记者曾妮），转载于中国共产党新闻网，http://cpc.people.com.cn/n/2015/0210/c87228-26536254.html。

② 详见东莞市统计局与国家统计局东莞调查队联合于2015年4月17日发布的《2014年东莞市国民经济和社会发展统计公报》，载于东莞市统计调查信息网，http://tjj.dg.gov.cn/website/web2/art_view.jsp? articleId=8746。

③ 详见《广东统计年鉴2014》"表2-14各市地区生产总值"，载于广东省人民政府网站，http://www.gdstats.gov.cn/tjnj/2014/directory/content.html? 02-14。

2006 年其人均 GDP 超过 1 万美元，成为"内地第一个进入发达状态"的城市。① 广州自古以来就是商贸口岸，在 2000 多年的对外贸易历史中，它曾是著名的海上丝绸之路的起点，向西方世界输送茶叶、丝绸、象牙和瓷器，也有明清之际十三行的辉煌，成为中国对外开放的门户。这种源自古代的商业开放与自由之风延续至今，现在广州的进出口贸易依然争霸鳌头，也自然成为外来人口流入的热门选择。

这三座城市，与邻近的香港一起形成了珠三角中心的"一小时生活圈"，不到两百公里的高速铁路贯穿四座人口超千万的大城市，这在世界上也是绝无仅有的。此外，珠三角与澳门、台湾地区以及东南亚各国地理位置上的相邻，文化、人员往来方面的传统，政策上的各种优惠，都令其在经济发展上充满机遇。

改革开放为珠三角带来发达的经济，同时，一个有趣的现象——一种"语言交换"在珠三角与内地之间悄然而生。20 世纪 80 年代以来，粤语对普通话的影响日渐增大，这种影响自南向北、自东向西，如同一股力量反作用于自 80 年代开始的从内陆到广东沿海的人口流动大潮。对中国近代语言变迁所做的研究显示，日常普通话中受粤语影响的表达和词语超过 600 个，皆源于近代香港和广东的方言（陈泽中，2004；温朝霞，2008）。这些词语普遍带有强烈的地域特征，甚至一度被认为充满了资本主义特质，对于大部分中国人来说确是新鲜事物。其中有些词语是全新的，有些在某些时期用而弃之后又随改革开放重新进入人们的日常生活，现在它们都已经被普遍接受并广泛使用。最典型的如上文提到的，"同志"这个最日常不过的称呼变成了"先生"

---

① 详见新华网 2007 年 1 月 4 日文《广州人均 GDP 超过 1 万美元　内地城市中首过发达线》，见 http://news.xinhuanet.com/fortune/2007 - 01/04/content _ 5565155.htm 及其他相关报道。

或"小姐"。在全国上下一片关于姓"资"还是姓"社"的争议和质疑声中，广东珠三角地区已经率先引入了"证券"与"股票"，发展起"房地产"，兴建"楼盘"，卖"楼花"，率先走上了体制改革与政治改革之路。这里的人们从铺天盖地的银行宣传和媒体广告中率先知道了什么叫"按揭"、"投资"和"收购"。"专卖店"、"健身"和"超市"进入了人们的日常生活领域，标志着新式消费的开始。"跑马"、"休闲"、"夜总会"、"卡拉OK"等各种词语也随着经济的增长、生活水平的提高开始出现在人们的日常表达中，连"包二奶"、"小蜜"也逐渐进入了人们的视线。各种娱乐休闲杂志在市场上流行起来，从港台明星到衣着时尚，从星座运程到化妆技巧，包罗万象，满足各年龄层读者的各类需求。从20世纪90年代开始，香港的几家电视台在珠三角地区有限落地，港产电视剧、电影、流行歌曲、国外原版影视剧旋即风靡全境，在捧着《广东电视周报》追看各种晚会等娱乐节目的同时，这里的人们又多了很多粤语和英语节目的选择，文化生活日益多元化。有些学者指出，粤方言对普通话的影响已经远远超过了语言上的推动与浸润。它反映了一个地区的快速发展、开放心态和主动改革的勇气，使之能成为全国之先（汤志祥，2000；陈泽中，2004；温朝霞，2008）。

语言上的演变标识着珠三角地区消费经济的形成及这股力量由东/南向西/北的推进（Enright and Scott, 2004: 20）。香港导演陈可辛的《甜蜜蜜》生动而真实地捕捉了这种变化与发展的力量。电影的背景是80年代中期内地到香港的移民潮。70年代后期到80年代初期，广东没有发展大工业，经济非常落后，加上毗邻港澳，经常出现逃港私渡现象，从罗湖游到对岸的人比比皆是，一旦成功便有机会成为香港居民。电影的女主角是从广州移民到香港的，男主角则是从无锡过去的。广州从地理位置上接近香港，语言和生活习惯上也非常相似，因此女主角有时候能成为

"假香港人"混在香港人中赚内地同胞的钱。她说过，"我们喝维他奶，吃大快活，到百佳买东西，就和香港人一样！"这里提及的几个香港著名商标成为富足和发达的象征，是迥异的生活方式的体现。透过寥寥数语，我们看到的不仅是香港的生活方式对珠三角地区的影响，同时也看到了珠三角地区的人们在同时期所显现出来的对于自己快速经济发展的骄傲。我们从这些语言、生活方式和文化上的变化可以窥见人们表达自我的欲望。改革开放之前的很长一段时间内，个人欲望都被压抑，而现在他们终于可以从自己的经历与经验出发为现代化和都市化书写自己的定义。珠三角以外省份的人们也即将开始他们的南下大潮，以广东作为人生大转变的起点，以到广东为荣，以之为奋斗目标。

市场经济的出现带来了人们生活、价值和观念上的深刻转变。正如罗丽莎在她的著作中提到的，"八十年代，人们的谈话中充满了各种'意识形态'"，她感受到"一股独特的'政治文化'"（Lisa Rofel, 2007：3），而"十年之后中国的年轻人话语中则充满了'心情'和'感受'这样的词语"（2007：4）。珠三角是这种风潮的初始之地，浪潮一波接一波地在 30 年间朝北翻滚。珠三角也成为内陆许多省份人们的逐梦之地，尤其是身处山村腹地，常年经受贫困与自然灾害侵袭的人们，这里成为他们梦想中新生活的开始。这种贫困落后与现代之间的裂缝，经过大众媒体的渲染而被逐渐放大，农村人口似乎在现代化过程中被隔绝、被抛离，如果他们再不到城市去，就会离现代的中心越来越远（Gaetano, 2004；Yan, 2003a）。

女性流动人口：不安的躯体

伴随着社会经济的发展与转型以及工业化的进程，中国的城乡二元差距在不断扩大，这一态势在沿海经济较发达地区与某些内陆省份之间表现得尤为明显，也使区域间人口流动达到了史无前例的高峰。珠三角的经济发展与内陆地区之间的差异也一度被拉大，其原因是多方面的。一些内陆省份制度上的不合理与政府管理理念的落后是造成差距的重要原因之一（魏后凯，2007）。另一个相当关键的原因在于，珠三角作为一个极具吸引力的区域，像一块强力磁铁吸引着他省的劳动力到此寻找机会与财富。人口大流动初期，外来工中曾经流行过一句话，即"东南西北中，发财到广东"，广东接纳了来自全国各地的外来务工人员。他们的到来，满足了珠三角地区经济中低成本制造产业对大量廉价劳动力的需求（Zhang，2001），也是广东经济腾飞的重要因素。

据中山大学发布的《珠三角区域发展报告（2013）》（梁庆寅、陈广汉，2013），该年度珠三角地区的农民工人数已愈 5000万。长期以来，根据统计部门、劳动部门和学界的各种估算，在广东省尤其是在珠三角地区流动就业的外省劳动力中的女性比重逐年升高，接近或超过半数（段成荣、张斐、卢雪和，2009）。造成这一性别差异的原因，一是女性外来工年轻、健康、勤奋，二是与男性外来工相比她们往往更能忍耐、顺从。她们主要来自四川、湖南、河北、江西、贵州、广西、河南等省区，多为农村人口，农产品成本上涨和利润下降使务农维生变得更为困难（Zhang，2001）。她们中的部分人也来自小城镇的剩余劳动力群体（同上），或通过劳动部门招募，或利用个人关系及社会网络，或因老乡间口口相传来到广东打工，主要集中于消费品制造业或服务业。

实际上，这一史无前例的人口流动趋势从 20 世纪 80 年代中期便开始出现（项开来，2004），大量农民工从西往东、由北向南、自内地朝沿海流动。这不仅仅为珠三角地区的制造业作出了贡献，同时还拉动了这一地区的服务业、休闲娱乐业，流动人口中的一部分成为这些产业中主要的人力资源。港澳台地区与国外投资者不断增加，从某种程度上说，让性产业的服务对象与服务场所的增多成为可能（Ziteng，2000）。我在研究中发现，珠三角地区的"小姐"大多数来自广东省外的其他省份。她们的地域流动也是在中国经济发展和社会转型的大背景下发生的，但由于与社会隔绝，为了在城市中生存下去，她们不得不寻觅打工之外的另一种途径。在本书中我也将着力阐述女性流动人口的"两难境地"：乡村的贫困生活令她们心生无奈与无望，而城市对流动人口严格的管制与制度性歧视又造成了另一种困局；更重要的是，"做小姐"如何在这样的处境中成为女性流动人口的一种"合理"选择。

"素质"话语与双重歧视

国家通过"努力工作，取得成功"的话语来"鼓励"农村人口为城市经济发展做贡献，但出于户籍制度等各种原因，他们的权益也未能获得全面保障（Yan，2005：3－4）。在"素质"话语的包装与推广下，个人努力与成功与整个中国市场经济的发展联系在一起（Yan，2003b，2005；Murphy，2004；Kipnis，2006，2007），成为党－国体制下通过提升人口素质来加速推进现代化的政策的有机组成部分。"素质"就像一个"万能"（almighty）词语，可以用来解释阻碍国家提升国际地位的各种因素，如农村人口的低素质和文化障碍等（Anagnost，2004）。

严海蓉认为，国家、媒体和精英通过扮演教育者的角色，界定、宣传与利用"素质"的概念，以便在全球资本领域里追求中国的合法性、地位和荣誉。"素质"概念的出现标志着"把人的主体性从属于发展话语"，以帮助新自由主义重塑国家、市场和劳动主体的关系，维持劳动力的持续流动与供给（Yan，2008）。

而正如任柯安（Andrew Kipnis）所指出的那样，"素质"一词"承认了各种形式的社会阶层和政治阶序的合理性,照此逻辑,那些'高素质'的人理应比'低素质'的人获得更多的收入、权利与更高的社会地位"(2006:295)。普通民众——尤其是那些从农村向城市流动的人口——被视为低素质的,因此他们必须努力工作、必须受到一定的规制,才有可能在城市里活得更好(这里的"更好"概念通常被符号化为更高的收入、更多的权利和更高的社会地位)。"天下兴亡,匹夫有责",在素质话语的形塑下,民众必须勤奋工作、提升自己的"素质",才能为社会做出贡献,让国家变得更为富强(Yan,2005)。与此同时,主流话语通过渲染在激烈社会竞争中落伍、过时的焦虑与恐惧,促使民众对这一"素质"话语深信不疑,更多的社会不公就此产生(Anagnost,2004;Kipnis,2006)。这种逻辑、话语和渲染在相对欠发达、城市化程度不高的农村地区更为盛行。

当然,在一个由诸多原子化的个人与碎片化的群体构成的大型的、流动的现代社会中,社会成员事实上并不像主流话语强调、夸大和描绘的那样,是为了一个共同的目标而走到一起的,他们是为了各自不同的欲求与目标而出现在同一个场合的。对于各种政治话语和宣传教化,仍然存在"反素质"的例子(Anagnost,2004;Kipnis,2006),性产业中的"小姐"便是其中之一。

女性流动人口既要受"素质"话语的影响,同时又受父权文化的支配。虽然女性流动人口成为支持广东经济发展的重要劳动力,但她们与男性流动劳动力相比,却更为边缘化。在珠三角地区,存在于流动方式、工作种类、收入水平、就业环境与再就业安排等方面的性别歧视和差别仍然相当严重(谭深,1996;任焰、潘毅,2006)。许多公司与工厂出于控制成本、提高竞争力等考虑,迫使工人接受种种不公平的劳动合同与劳动协议(郑广怀,2010)。近年来,随着签订劳动合同的推广与推进,这些情况有所改观,但各种现行劳动合同制度实施中仍存在欠缺,如不订立书面劳动合同、滥用试用期条款侵害劳动者权益、限制劳动者的择业自由和劳动力的合理流动、滥用劳务派遣等（程延园，2007）。长期以来，我国的工资增长水平一直滞后于经济增长速度，而已经成为第二、第三产业劳动力主体的农民工工资收入更是处于缓慢增长甚至停滞状态（谢茂拾、蔡则祥、黄海艳，2009）。在这一大环境下，许多女工都只能在低技能的、劳动密集型、低收入的工厂中工作，每月工资水平自20世纪90年代以来便基本停滞不前（Zhang，2001）。此外，她们还要面临着工作环境、生育健康、产假福利等方面的困难。性骚扰对他们来说也是一大风险。许多企业希望通过规制工人的身份、性与劳动去最大化自己的所得（Pun，2005；潘绥铭等，2005c：88-89）。女性流动劳动力在工作场合面临的困难与受到的歧视累积成了一种双重的歧视：她们既作为流动劳动力而被歧视，又作为女性而被歧视。

城乡二元困境

在这些与雇佣、就业有关的不利、不便、不公之外，农村流动人口还要忍受户口带来的制度性歧视之痛，其权利和生活无法像城镇人员那样得到保障（谭深，1996；Huang，2001；陈美球、乔润令，2002）。由于没有城镇户口，农民工在医疗、就业、子女教育等诸多方面的权益事实上被剥夺了（李春玲，2009；樊士德，2011）。

但即使要面对这些困难，农民依然希望能进城发展，因为他们在农村的生活情况也不容乐观。根据中国扶贫开发领导小组的调研，自20世纪70年代末以来，中国加大了扶贫开发力度，使农村绝对贫困人口在30年内减少2亿多人；但根据中国在2009年开始实施的新的扶贫标准（即将贫困线定在人均年纯收入1196元人民币）来测算，中国仍有4007万农民生活在贫困线以下，扶贫任务依然艰巨[①]，而且 1196 元人民币这一标准依然远低于联合国制定的每人每日 1.25 美元的贫困线标准。

由于农村男性劳动力外出打工，所以留在当地的务农女性面临着更为特殊的困难（《中国国别社会性别报告》，2002）。她们在怀孕、产后恢复、育儿、家庭地位等方面依然受到农村重男轻女观念的影响与控制（Li，2004）。她们年轻时往往要为自家兄弟放弃自己的受教育机会，要为减轻父母压力而早早出嫁持家。婚姻通常难以实质性地改变她们的财产情况与收入状况。婚姻能将夫妻两人及他们原先的两个家庭所拥有的资源联系起来，但这些来自婚姻内的支持是有限度的甚至是薄弱的。她们在家庭里的自主权是有限的，必须听从婆家吩咐，努力尽到人妻本分，但婆媳关系、夫妻关系因丈夫的离家出现双重失衡，使本来就处于劣势的女性境况雪上加霜（刘燕舞、王晓慧，2010）。

在这种情况下，许多女性都会选择离开农村，前往城市寻找更好的生活。有相当数量的女性流动人口进入珠三角地区寻找工作，导致这些女性流动劳动力在珠三角的就业变得困难（Gaetano and Jacka，2004：3）。

"努力工作，取得成功"话语是片面的，在它背后隐藏着的是注重发展和增长的意识形态，是一种国家权力的宏观话语，使流动人口本身的视角和经验沦为"低下的"（subterranean）和隐藏的（Yan，2005）。中国的城市人口在 2012 年首次超过农村人口，但如此巨大的变化并未为身处其间的中国城镇居民带来太多可以意识和感觉到的剧烈激荡，因为城乡二元体制的分隔，让城镇居民自身体验的周遭生活与农村流动人口截然不同。因此，农村流动人口之外的其他人，是否能真正理解被称为"打工妹"、

---

① 详见人民网 2009 年 12 月 28 日的报道《扶贫办：仍有 4007 万农民生活在贫困线以下》，http://politics.people.com.cn/GB/1026/10660676.html。

"农村保姆"的这些形象模糊的群体的种种期盼、想象、努力与抗争，是否能真正接触到所有由她们自己来制造与讲述的关于她们自己的故事，就大大存疑了。农民工对自己经验与期望的表述有可能显现出对某些官方的、主流的、霸权的话语的抗争。

事实上，城市并不能为流动劳动力提供安全的、稳定的和有所回报的工作与生活环境，虽然已经有所改善，但他们所期盼的居民权与福利待遇还是难以企及的，他们无法通过自己的劳动与所得真正无阻地享受都市的生活方式。他们缺乏城市化与工业化进程所认可的技能与所需要的教育水平，因此难以在与拥有各种资源的竞争者的竞争中胜出。他们在异乡谨慎卑微地生活着，有着对黄土故园、田园牧歌的惆怅和思念，但是家乡的记忆已经和打工所在的城市一样让人迷惘；城市仅仅把他们当作外来人口，他们也无法把身处的城市当作自己的归属之地；他们努力地在种种的异样眼光与边缘尴尬下生存，但城市缺少稳定预期的制度安排，使他们很难采取有建设性的长期行为。

更让人忧虑的是，农民工们的生活似乎因此陷入了一种怪圈：他们因为对自身在社会结构中所处位置的失望与无奈，所以希望能通过频繁地在地域上和行业间进行流动来加以改善与提升；但这些流动又往往给他们带来了更深层次的限制与绝望。他们无可奈何地成为城市文化与农业社区的双向边缘人、相对工厂区当地居民来说没有过去的异乡人、就社会流动机会而言没有未来的陌生人。

临时就业与夹缝生存

在这种情况下，娱乐休闲产业就成为那些被解雇的、无法找到工作的或者对现在所从事工作感到不满的女性流动人口的可能选择与容身之处。不少女性也选择了此行业来满足自己的各种物质、情感和精神欲望（Ding and Ho，2008）。珠三角毗邻港澳，吸引了众多港澳台地区与国外投资者到粤投资办厂，从某种程度上说，也是休闲娱乐行业场所和从业者增多的拉动因素（潘绥铭，2000；Ziteng，2000）。而自 20 世纪 90 年代中晚期起，伴随着歌厅、夜总会、按摩店、休闲中心、桑拿浴室等夜间娱乐场所的出现，休闲娱乐产业的"本地"需求也开始扩大。

新一代流动劳动力群体依然是一群处于社会底层而且前途渺茫的人，循规蹈矩的行为方式已经无法使他们在社会夹缝中获取流动机会，勤奋努力的表现也无法消除他们所体验到的不公平与相对剥夺感。因此，他们只能通过打破常规的社会运行规则来获取行为意义的合理性或合法性基础。投身此行业的女性对主流正统的观念所极力主张的"努力工作，取得成功"的说法抱有模糊的认识，并且放弃了"进工厂积极工作，为国家和地区经济发展做出贡献，并改善自己生活"的想法。她们选择了这个行业，希冀能在城市生活的边缘获得比身为女工更好的生活。进入这一行，时间更为灵活，不需遵循工厂严苛的时间管理制度；收入虽不十分稳定，却也比在工厂打工要高（研究发现，娱乐行业的平均月收入是工厂的 5 倍左右或更多，取决于不同的娱乐场所和工作性质）；她们租住在城市中心的商品房里，而不是住在逼仄的市郊工厂宿舍中；她们的衣着打扮比工厂女工时尚潮流；她们接触到更多都市生活方式，比如上网、超市购物、在小区居住，也建立起一定的城市人际关系网络，因此信息资源更多，与外界接触更紧密；等等。生活中的消费和细小物品，如高跟鞋、化妆品、护肤品、手机、时尚衣衫、潮流杂志等，都成为她们体验现代化生活的方便、乐趣，在生活中实现自尊、自爱，表达自我价值和欲望的依托。这都是工厂打工妹无法企及的生活方式。工厂宿舍制度下女工被"囚禁于"现实生活和现代中国发展之间的狭窄空间里，既不想回到传统农村价值观中去，又无法充分体验消费浪漫主义。从某种程度上说，部分女性进入休闲娱乐行业的选择反映的是她们对社会现实的反抗与控诉，也表达了她们尽快融入城市、分享现代化成果的欲望，这是她们在困难生活中获取生活意义的一种方式。

当然，这种工作选择也会带来种种制约与负面影响。从事休闲娱乐行业，收入不稳定，抽烟、喝酒、打麻将甚至赌博都是家常便饭，接触的人员鱼龙混杂，这是打架斗殴、暴力、强奸等犯罪滋生的温床。女性在其中时常被置于男性目光之下，而娱乐休闲行业的众多行规也使她们暴露于性别歧视之中。另外，休闲娱乐行业的工作带有行业污名，社会地位较低，由职业带来的满足感较低，会使女性就业者产生异化感。从农村流动到城市的女性，到工厂打工受到种种制约与煎熬，然而另辟蹊径也是困难重重。对她们来说，干这个行业是"吃青春饭"，并非长久之计，但它能在表面上满足她们对城市化生活的想象和对分享经济发展、社会进步成果的渴求。

这种参与现代化的方式是另类的，她们以手边现成的、易得的资源为自己构建不同的生活，赋予了发展、现代化、城市化别样的意义。这就是她们想要作为都市化/现代化主体的欲望下的一种选择。在制度和社会文化的制约下，能否真正获取身份与社会福利在她们看来并不是最重要的，自我满足感与自我形象的改变才是最直接的收益。这个过程也是这些女性表达自己的性别、阶层、权利理想的过程。

我们认为，"言说"（speaking）并不是一种自然而然的过程，而是一种"长期的、日常的社会化过程"（long‐term everyday socialization）（Yan，2005b）。身为缺少公民身份与权益，处于灰色地带甚至缺乏合法身份的弱势群体——从事娱乐行业工作的农村女性流动人口并未获得大声发言、集体对抗的权利。集体行动、身份政治与争取政治权利活动对这一群体来说都遥不可及。就像德赛托（1984）用"战术"（tactics）而非"战略"（strategies）

来形容普通人、平凡人在日常生活中对压迫和不公的微小抗争一样，她们的挣扎和协商也是琐碎、微观的。而因为所拥有的资源有限，她们的抗争更是自发的、局部的和碎片化的。Malbon（1997；1999a，b）的"玩是一种抵抗"、"玩闹间的生命力"（playful vitality）等概念，能让我们更好地理解这些女性的日常生活。她们在休闲娱乐行业"娱乐性"的日常工作中注入了自己对生活的念想，对成为城市一分子的渴望和对现代化生活的追求。她们在每一个具体的时刻积聚力量，用自己进入这一行业的选择对婚姻、家庭、就业和两性关系等现有制度提出了潜在的挑战。在身份政治的分析取径之外，解读欲望和日常生活细节能使我们更清楚地理解这群女性如何定义主体性、城市化与现代化。欲望、梦想、期望有时候显得很抽象，却是非常有用的语言，它们表达的是某个特定社会经济政治背景下某一群人对某个社会进程的经验。在对于弱势/底层人群的研究中，从身份政治到解读欲望，是理论框架上的一个重要补充与跨越。

中国式娱乐休闲行业隐规则

珠三角地区的娱乐休闲行业是经济快速增长的产物，改革开放30余年，在向市场经济转型的过程中，城乡间、城市间人员流动密集，与我国港澳台、东南亚乃至全世界的文化交流日益频繁，同时，这个行业的发展也离不开整个社会大环境的变迁（潘绥铭，1997；Ziteng，2000）。把其放入相应的社会脉络中看的话，我们能更好地理解从业女性的经历、经验，把握她们赋予自己行为、生活的意义，看到她们的个人经验与理解中存在的差异，也能更好地分析她们是如何以及为什么通过日常生活实践和语言进行微弱抗争，而非通过规模更大、形式更明确的政治或权益运动的方式。

1981 年公安部颁布了《公安部关于坚决制止卖淫活动的通知》，开启了新中国成立以后禁娼的序幕（潘绥铭等，2005b：195）。这是一个重要的文献，因其"直言不讳地总结了至今为止的禁娼理论的几乎所有基点"（同上：205）。该通知乃至其后的禁娼法规皆认为，卖淫活动是随着改革开放，外国与中国港澳台资本涌入带来的腐朽之物，是资本主义制度的丑恶，在社会主义国家里是容不得这样的现象的。卖淫、嫖娼给社会主义中国抹黑，是一个严重的意识形态与政治问题，而在当时的中国，"地方反坏右"的思想仍然占据主流，因此这还是一个阶级问题，卖淫女性可能是受到了坏人、流氓分子的引诱唆使而失身失足，再往后发展，她们也被认为是贪图享受、追求资产阶级生活方式的道德堕落者。卖淫现象败坏社会主义道德风尚，腐蚀人们的思想，危害社会安全和稳定，有损国家脸面和声誉，是要被坚决打击和消灭的，不能作出任何的让步和妥协。

1983 年我国第一次对卖淫、嫖娼实行"严打"，自此，各地纷纷出台法令法规，禁娼进入如火如荼的加重处置阶段，对于卖淫、嫖娼者的处罚与"引诱、容留、强迫妇女卖淫"者一样有强化惩罚的倾向（同上：210）。全国范围内的"扫黄"行动每年不断。90 年代以来，有关法律法规持续加重，对卖淫、嫖娼行为采取收容教育和劳动教养手段处理，最长可达两年（同上：215）。之后，禁娼工作重点从"扫黄"转到"打非"，重点整治涉及娱乐、性产业的黑社会组织和犯罪集团；警察内部的纪律问题、执法人员的执法准则、卖淫场所整治等都成为不同时期的工作重点。但无论如何，禁是基调，道德评判是主调，相关人员被妖魔化，在相关法令法规里，他们的道德败坏行为必须得到惩罚和教育。

但在现实中情况是否如此呢？广东的娱乐业一直较为发达，其禁娼工作从 20 世纪 80 年代以来也一直是"最早、最狠、涉及面最广"的，潘绥铭曾将广东的地方法规与中央法规做过对比，发现其比中央法规更严更超前（同上：253），比如，它是全国率先提出"包养暗娼"概念并对其进行惩罚的省份。但禁娼30余年来，在层层打压下，广东的性产业依然颇具规模，而且发展迅猛，甚至形成了完整的产业链。在珠三角地区，自20世纪八九十年代以来，性产业在一次次"扫黄打非"运动与整治中发展出独特的形式与特点。

首先，该产业形成了高度隐秘的态势，隐藏于娱乐、休闲、旅馆业甚至饮食业等行业外衣之下。当然，"隐秘"的程度随着性产业的发展而降低，一些歌舞娱乐场所会提供色情服务。但我国禁娼的法律法规，导致其存在形式多样化，不像很多性产业部分合法化的国家和地区，如荷兰、英格兰、泰国、美国部分州、中国香港等，以公开的"成人情趣店"或"红灯区"形式存在。从业女性的身份也较为隐秘，她们可能是"公关"、"部长"、"服务员"（如在KTV和休闲会所中）、"发廊女"或按摩女，也有可能是学生甚至是"老婆"，在半涉性或涉性行业中提供相关服务。

其次，由于其隐秘性质，休闲娱乐业中的从业人员处于较为分散的生活、从业状态。除了上文提过的那些休闲娱乐场所外，街头、住宅小区、宾馆等都可能成为提供性服务的地方。他们居住也相对分散，大多数人都在城市各处租房住，较少形成集中或成片的聚居点。"红灯区"的形式在我国并不常见，但在某些时期我国西南和珠三角的某些地方也曾存在过颇具规模的"红灯区"，与荷兰或伦敦苏豪区等较为著名的"红灯区"不一样的是，我国所谓的"红灯区"是夜总会、发廊、桑拿按摩馆、休闲馆、KTV等娱乐场所集中聚集的街区的别称，而非形式明显的情色商店、成人性店或脱衣舞秀场等。后文将会对此有详细的描述。

再次，性产业中的从业人员都是高流动性的。"流动性"首先指的是他们工作场所的不定性。同一拨人在不同时段可能在不同地点工作，哪里有客人就去哪里。我在做田野调查的时候也曾目睹一家 KTV 的妈咪电话通知另一家歌厅说她们的场子里缺少小姐，于是另一家的小姐们匆匆赶至。而为了更好地隐藏，小姐和客人交易的地点也不固定，通常在夜总会或歌舞厅里见面之后，他们会谈妥要干什么、多少钱，如果要小姐出台，他们会另择地方，比如邻近的时钟酒店等。夜总会或歌舞厅附近通常都会有这类小酒店，有些场子则在同一栋楼的楼上设置酒店房间以方便交易。流动性的第三层意思是指性产业中从业人员流动人口的背景。他们大多来自广东以外的其他省份，到广东后因老乡关系互相介绍从一个地方换到另一个地方，从一家营业场所换到另一家的情况也很常见（黄盈盈、潘绥铭，2003：13－15）。珠三角地区性产业从业人员的这种流动性是相当有特色的，女性流动人口是性产业中的主要劳动力，那么因流动而产生的变动和不定性就决定了这个地区性产业的一些特征，比如，行业内的高变动性与人员的高流失比例。这也是流动性所指的第四层意思——很多从业者将此作为一份临时的、短期的"工作"，没有长久的计划和打算。在城乡结合部或城中村价格较为低廉的发廊中，人员流动性是很大的，我做田野调查的几年间，认识的发廊小姐几乎没在同一个地方待过一年以上，很多人做了几个月就到别的地方去了，有的"往高处发展"，换到夜总会或歌舞厅，有的自己做了妈咪，带了几个女孩子，还有的转到"麻将馆"中继续接客。有趣的是，性产业的人员流动周期与纺织业、成衣制造业的生产周期呈现交叉相错的态势，也就是说，某些休闲娱乐、涉性营业场所的营业高峰是夏季，而此时正是工厂生产的相对淡季，反之亦然，女性劳动力就在这些行业间流动（顾则徐，2004）。而出于补充家用、寻求不同工作环境、建立不同的人际关系网络等需要，女性在不同营业场所之间的流动亦很常见。

最后，由于从业者的高度流动性，他们往往没有固定的身份，也就是说，这些女性可能此时是餐厅服务员、清洁工、工厂工人或家庭主妇，彼时就成了小姐、妈咪或"二奶"。这里所讲的"二奶"是指小姐中的"自由职业者"，她们不需要"上班"也不需要站街，在家中为较为固定的对象提供较为长期、稳定的服务，收取费用。因此，当男人不在家的时候她们通常还会兼顾一些别的工作，比如帮工厂做些零活或当临时的清洁工等，或出去站街拉客，这一点，潘绥铭在其书中也有介绍（2000：483 - 508）。

本书的主要内容

本书将围绕性产业中女性从业者的生活方式和对"工作"的理解两大主题进行阐述。

首先，我会分析她们的情感、爱恋、婚姻、婚外关系等情色实践（erotic practices），探索她们对亲密关系的不同理解如何对生活道路的选择产生长期的影响。在这些女性的叙述和日常生活中我们能看到她们成为性主体（sexual subject）和现代主体（modern subject）的欲望——她们要寻求生活中的愉悦，希望在亲密关系中能有更多选择，也希望在不同的性别形象和性脚本（sexual scripts）中游走从而得到更多自由的空间，等等。她们在日常生活的自我实践①中挑战既有性别规范，努力突破自己的界限，实现自我转变。通过检视这群女性的性/情色追求我们能更明白情感道路上的挣扎与困惑是如何影响她们生活道路的选择的，也能进一步探讨她们自己赋予这个选择的意义，否则要分析

---

① 自我实践的概念源自福柯的"自我技术"（technologies of the self），指的是个人通过自身的策略与实践实现对身体、思想和行为的转变（Foucault, 1982）。

她们的欲望与主体性何在将是一件空洞而困难的事情。

其次，我会详细分析这群女性日常生活中的自我实践，如消费、打扮、尝试城市生活方式等。和所有其他从农村到城市的农民工一样，她们有着城市化的梦想，而这深刻地改变了她们的生活道路。在这一部分内容里，我将首先呈现她们对农村贫困的叙述，以及对青春的理解，通过一层层地剥离我们可以窥见的这些叙述背后的她们的欲望——同样，是成为都市化主体（urban subject）和现代化主体——能分享到更多城市化的果实，拥有更多社会资源和个人发展和上升的机会。然后我将探讨她们如何通过城市化表征去建立自己的都市形象。这些表征物对于身为流动人口、自身并无什么向上移动的社会资源的小姐们显得非常重要。在城市中她们甚至无法享受完整的公民权利，还要时时忍受各种歧视与污名，她们只能获取城市生活的"外衣"，却永远也成不了真正的"城市居民"。都市化表征物是她们身边较易获取的资源，为她们带来自我尊严感和情感上的满足，因此有非常重要的象征性意义。我认为，尽管日常的自我实践琐碎、微小、表面甚至不足道，却是这群女性重新评估自我、实现自我转变的重要渠道。

再次，我会阐述这群女性的自我身份认同和她们对"性工作"和"工作"的看法和理解。休闲娱乐业和性产业中的从业女性对自己的这份"行当"有不同的理解，并不是所有人都认为这是一份"工作"。相对于"性工作者"这样的称呼，她们更喜欢"小姐"的名头，这个词听起来具有都市意味，更开放和摩登，而它原本作为对年轻未婚女子的称呼使其听起来更年轻，当然，对于不同的人，它具有不同的意涵。她们在这个简单的词语上投射了自己成为性主体、城市化主体和现代化主体的欲望，这也是她们的去污名策略和性别策略（Kong，2009）。工作对于这群女性来说并非必然选择，在本书中我也将展示她们对于"工作"的理解：对于她们来说，什么是工作？除了工作，她们能做什么？工作制度中有什么阶层和性别角色限定？她们如何挑战这种制度限制？在珠三角复杂的性产业发展背景下，这些问题对于我们了解女性的从业选择尤为重要。

最后，我将详细展现娱乐行业、性产业中的从业女性在各种环境与制度夹缝中的生存策略和日常实践，从空间策略、语言游戏、性别形象等各方面进行分析。作为流动人口，又是"小姐"，这群女性背负了种种污名，也要面对生活中的许多困境，那么她们是如何在现在的生活中集聚社会资源为自己正名的呢？赋权在她们身上有没有可能？她们如何定义"现代化"和"都市化"？她们自己的现代化和都市化又是怎样的？我会运用一个较新的概念——性资本，来分析这些日常实践。合法身份与相应的公民权利在小姐的生活中还是难以企及的，那么日常实践和微小抗争就成为她们维护自主性与权益的重要途径。

小　结

本书在珠三角的社会、经济、文化情境下考察其休闲娱乐行业、性产业中的女性从业人员的生活经验、日常实践和意义，旨在理解这一地区从事特殊行业的女性的欲望。本研究运用了社会建构和后现代女性主义的视角，提出的研究问题主要集中在三个方面：这些女性对于自己就业选择的理解，她们的欲望以及她们努力实现这些欲望的途径。

需要强调的是，这些女性的欲望并不是以清晰的生活计划的姿态出现在她们心里的，很多时候也许只是依稀的梦想、渴望，心底的无意识的动力，或对未来的想象，甚至只是并无依据的臆测而已。她们没有具体的目标或打算，也没有什么资源，但有一种耐性和毅力去为自己在贫困的农村生活和艰辛的城市打拼之外创造一种生存的空间。作为女性流动人口和小姐，她们在过往的农村生活和现在的城市生活中都面临许多困难和滋扰，经济条件不好，受教育程度低，上升空间狭小，但她们已经跨出了克服限制的第一步。她们实现这些欲望的方式也是随意、自由而散漫的，非明确的、计划性的，她们的主体性体现在生活实践中的方方面面，时刻准备着摆脱限制，为自己创造新机会和条件，可以说是一种隐性的逾越（Ho，2006，2007b，2008a）。

我希望这本书能为我们深入了解特定时期，特定的社会、经济、文化和政治环境下我国的性产业和从业者状况提供一个契机与参照，我希望它能作为一个我们和她们相互理解的良好开端。通过质疑"性工作者"的提法，我希望消解对从业女性大一统的看法，凸显流动性自我身份认同（self identification）和多元理解的重要性。欲望概念在本书中是一个关键的分析工具，而自我实践是观察这群女性如何建构自我和实现欲望的重要场所。在此研究中我运用性资本的概念来分析她们的生活、工作技能，以及阐述她们日常生活中对资源的灵活积累。通过这几个核心概念，我们能更好地理解这群女性所想、所求与所为。主体性不再停留在抽象的层面上，它具象化为不同的意涵，我将一一在本书中揭示。

第二章
文献回顾与理论框架

近 20 年来休闲娱乐业与性产业在我国"蓬勃发展",行业情况变得复杂多元。经济的快速发展,区域间的发展不平衡,史无前例的人口流动以及这些社会现象衍生出的一系列后果和问题都对其发展壮大产生了深刻的影响。一方面,禁娼的法制、道德与舆论环境不断逼压,"扫黄打非"运动层出不穷,性产业没有也不能"光明正大"地发展,而是采取了更加隐蔽与地下的方式。另一方面,民间和大众舆论则呈现多元化,讨论也转向了从业女性生活经验、择业动机,以及防艾等公共卫生话题,近年来还出现了一些关于娼妓非罪化或合法化的讨论。反对的声音从道德和法制的层面上探讨娼妓问题,认为其仍然是一个社会危害,而另一些声音则呼吁以更开放的心态去考量,从西方理论界,如女性主义中汲取合理的理论与视角。这些不同的声音和角度为此问题的讨论注入了新鲜因素,视角和态度的多元化无形中为性产业的发展创造了一定的新的空间。

目前国内在此问题上的学术主流关注的是社会道德建设(如黄新春,2001;汤立云,罗光海,2002;张旭红,2003),法制建设、执法效果与黄赌毒等相关犯罪行为(如 Liu,2001;Mao,2004),与娼妓问题相关的社会、性别、文化问题(如丁娟,1996);也有一些学者一直关注性产业从业女性的生活与权益(如潘绥铭,1997,2000;黄盈盈、潘绥铭,2003;黄盈盈,2004;李银河,2003a;2003b)。记者和流行、大众文学作家等则把目光投向了这群女性的日常生活和个人故事。其中比较著名的如以拍摄社会边缘人群生活扬名的摄影师赵铁林，他以平实的视角面对这些社会底层的女性，持续多年近距离拍摄她们生活的点点滴滴、方方面面（2005，2006）。网上也有许多名为"日记"、"揭秘"、"纪实"等的故事或报道，讲述的多为小姐"隐秘"、"不为人知"的生活情况；还有利用大众想象中的情色元素去吸引读者眼球的做法，又往往把小姐描述成"漂泊"、"边缘"、"放荡"或"生活道路曲折复杂"的女人，比如，"小姐纪实"、"小姐日记（每日生活纪实）"、"夜总会小姐的真实生活纪实"、"胡同里的小姐们"、"游荡在社会边缘的少女"、"陪唱女真实夜生活"，等等。虽然近年来越来越多的此类文章、报道出现，学术界和大众的眼光从来未曾远离过这个行业和人群，但总的来说愿意深入女性从业者生活，从她们的角度倾听她们心声、理解她们期望的研究少之又少。我在这里要做的就是把性产业的发展置于社会转型期中国的社会、经济、文化发展脉络中，观察、分析、理解从业女性的日常生活经验、实践与意义，也希冀这能成为理解城乡二元社会中女性流动人口经验与欲望的切入点，而此话题在现今中国新自由主义经济发展过程中一直占据着重要位置。

本章将会对国内外关于娼妓问题和性工作的学术讨论先作一个梳理，包括主流女性主义流派对此问题的争论，让读者对重要的里程碑式的论著有大体的认识。国内学界的讨论也形成了不同的观点，有些观点吸取了西方女性主义某些流派论述的精髓，但我们不能说这些观点放在中国现实情况中没有偏颇之处。我将会一一分析它们的贡献与不足，并在此基础上提出本研究的理论框架。

娼妓问题：从西方到中国

国内外不同领域、不同流派、不同观点在娼妓问题上的讨论焦点之一就是：它到底是不是一种工作？不是的话，它是什么？是的话，从业女性的身份与政治、劳动权利何在？该如何看待？

有一点需要指出的是，女性主义充满生命力，在不同的年代和历史背景下多元发展，衍生出许多不同的流派，彼此之间相互竞争、相互补充，形成了争论、共存、互补的局面，因此难以在各流派间画上清晰的分界线。一个流派的学说可能借鉴了另一个流派的意识形态，但同时也参考了第三个流派的某些思想，同样的，一个流派可能在一部分问题上或观点上认同另一个流派，但对于其中的一些主要观点持截然相反的意见，这也可能就是另一个流派出现的原因。因此，在这里我不按严格的流派划分方法把某个学者划归到某个队伍中，而对于我将要讨论的某些流派，尽管我可能不同意他们的某些说法或观点，但也不会持全然否定的态度。实际上，我自己的观点正是建立在这些前辈思想的基础上，吸取了它们的长处。

西方之"性"战

女性主义学说里大致有五个流派在"娼妓"问题上表达过明确和强烈的观点，它们分别是激进女权主义（Radical Feminism）、马克思主义女性主义（Marxist Feminism）、社会主义女性主义（Socialist Feminism）、存在主义女性主义（Existentialist Feminism）和自由主义女性主义（Liberal Feminism）。女性主义者认为女性长期以来都受到压迫，各流派的差异在于，用什么方式去结束压迫。

激进女权主义学者认为女性所受的压迫主要来源于父权制度，所有女性都受到男性的压制、剥削，这是植根于文化的，根深蒂固。父权是一种权力体系，在它的法则下，女性是边缘化的、次要的，是第二性。它认为父权是超越历史的现象，对女性的压迫比任何其他的压迫，比如法律、阶级等，都要深重。在他们的观点里，所有女人面对的不公允与压迫都是相同的。它的学说里强调一种支配关系：一方对另一方的统治与压迫从而获得利益与好处，而这种关系基本都是男对女发生的——男性在统治地位，女性被物化（objectified），只是性玩物，男性在社会化过程中成为性欲（sexual desire）的主体，女性则被社会化成男性性欲发泄的对象。而娼妓就是男权压迫下的产物，它被描绘成黑暗的、没有人性的世界，是一种剥削的职业，女性在其中受尽煎熬。卖淫者被等同于受强奸者与被奴役者，是男权压迫的牺牲品。虽然有些人认为卖淫是个人的事，不危及他人，但激进女权主义学者认为娼妓制度影响了所有的女性，女性会因此受到侮辱。无论从娼妓制度最微妙还是最直接的形式来看，妓女都绝对不是自由意志下自主选择的结果，而是被压迫的受害者（Pateman，1988；Barry，1995；Jeffreys，1997）。压迫在人们的思想中和生活中是根深蒂固的，就算是社会结构的改变也不足以去除它，平等的实现来源于人们性别意识的觉醒与改变。因此，激进女权主义学者认为要消除娼妓制度，必先建立平等意识和达致社会结构的改变（Tong，1998）。

马克思主义女性主义泛指任何一种以马克思主义基本观点为基础的女性主义批评的学派，也指对于马克思、恩格斯有关妇女解放思想所进行的旨在完善其理论的批评。它把女性压迫的根源归结为资本主义私有制、工资制度压迫和阶级剥削，这是它区别于其他流派的重要特征。马克思主义者反对会带来任何形式的奴役与压迫的工作形式，而娼妓本身就是一种劳动，属于工资制度的范畴，是一种与腐败的工资制度下的劳动相同的充满阶级差别的劳动形式。马克思认为卖淫是一个广泛的概念，男人、女人都有可能卖淫，出卖的不只是性服务，为了财产出卖的种种服务其实都是卖淫，比如只要是因阶级不同而涉及财产的婚姻都是一种卖淫的形式，因此资产阶级的婚姻就是一种卖淫，所有的工资劳动都是一种形式的卖淫，因此他认为"卖淫不过是工人普遍卖淫的一个特殊表现而已"（Marx，2007：99），马克思主义女性主义因此认为，从本质上来讲，卖淫等同于工资劳动。有学者认为，卖淫制度能代表所有其他的压迫关系（Jeffreys，1997）。因此，正如工人们不可避免地被奴役于资本主义生产之中，一旦知识与技术被剥离，他们将一无所有，妓女也可能在某种程度上觉得自己是自由的，自主进入这个行业，自由决定一个交易的价钱和时间，不愿意干的时候也能自主退出，等等，但如果我们从更为广阔的经济、社会环境来看的话，她们其实还是被奴役于充满剥削的资本主义制度下，一遍遍地重复和放大着这样的压迫。如 Castaneda（1996）等人所做的关于墨西哥城卖淫女性的研究指出，娼妓的出现是社会阶层制度的压迫造成的，在这种制度下每个人都被物化并被定格在以物质衡量的某个社会阶级内，像机器零件一样随时可以被替代与抛弃。娼妓制度归根结底是经济剥削，人在工资制度中被剥夺了尊严。女性是廉价的劳动者，因此降低了工人阶级的总体工资水平，形成了资本主义对工人阶级的剥削压迫，因此经济剥削是核心问题，只有消除经济压迫，妇女不平等才能消除。

社会主义女性主义与马克思主义女性主义的核心差别在于它有二元论体系（dual system theory），即把女性压迫归结为男权压迫与阶级压迫的共同作用。它反对马克思主义女性主义把所有问题归结为阶级问题，认为男权问题（男性对女性的控制）在男女不平等上是主要原因，试图将性别问题与阶级问题分开。它认为妓女是这个社会系统的受害者，同时受阶级和社会性别关系两方面的压迫，而娼妓制度也是应该被彻底消除的，当剥削的经济制度消失、性别不平等问题解决后，娼妓就会随之消失。

从存在主义女性主义开始，娼妓变得不再"面目可憎"，它不仅不是压迫，还能为女性提供一种暂时的、有收益的、即时回馈的自由与解放，因此可能是一种解放的、充能的经验。而其中的女性也不再只是无力的、依附于男性的、被压迫的、受害的或弱势的形象，她们的形象变得多元、丰满起来。自由主义女性主义认为妓女有权出卖自己的劳动力，它就是普通的生意关系，正如一切合同工作一样，只要工作者能自主进入或退出这个"劳动合同"，这种交换就是相互的、平等的，她面对困难和危险的能力取决于她对世界的看法和认知，正如其他一切生意事务一样（Perkins，1991）。而性激进/性工作女性主义则持更进一步的观点，认为性工作挑战了规范性（normativity）和固有观念，通过服务工作实现"情色多元化"（erotic diversity）（Califia，1994；Chapkis，1997）。在这些流派看来，娼妓要么是一种生存的必要方式，要么是一种合同关系，要么是一份正当劳动和工作，总而言之，它是一种生计和生活方式，是一种自主权利，不应被取缔；娼妓制度中存在的唯一的压迫性因素要数两性关系的不平等，这使得某些女性获得教育的途径有限，妇女不能做更好的选择，从而造成各种机会不平等（Kempadoo，1997；Daorueng，2000）。

奥康奈尔·戴维森（O'Connell Davidson，2002）认为自由主义女性主义的观点恰恰加强了资本主义的政治与经济支配性，在妓女的交易中，"性工作者"用自己的性劳动换取金钱报酬，这表面上看起来像自由主义女性主义认为的那样，是相互的、自愿的行为，不存在一方对另一方的压迫，但实际上双方的这种权力和依赖关系只是被掩盖起来了。她认为性是不能从个人身上分离出来的，因此被交换的并非只是性或性劳动本身，而是一种权力关系——在一段时间内一方对另一方的控制权——因此客人花钱购买的是进入妓女意愿的权力或权利，使他在这段时间内能支配她，让她做任何他想要的事情（1998，2002）。妓女们也许认为自己是自由的，但若从更广阔的意义上来说，尤其是从马克思主义女性主义的视角来看，她们实际上是被压迫的工人，无时无刻不在强化和加剧资本主义的剥削制度（1998）。佩特曼（Carol Pateman）在她的代表作《性契约》（*The Sexual Contract*）中也表达过类似的立场——"契约"能让个人从非政治、无自由和非社会状态进入政治的、自由的社会中，但通常女性都被排除或遗漏在这种契约之外，自由和平等似乎是男性制定的契约。作为实现公民社会、行使政治权利的前提的社会契约也是一种性契约，是一种"男性权利法则"，让男性权利能凌驾于女性之上（同上：182）。佩特曼从制度上检视了这种契约的逻辑，比如在婚姻中，女性是自愿进入婚姻关系的，看似自由，但她们不是以"个人"的身份进入婚姻契约，而是以"女人"的身份。佩特曼认为，性别差异是由支配关系构成的，"由男权思想构建而成的男性气质与女性气质之间的差异实际上就是自由和从属之间的政治差异"（1988：207）。她认为，主/从关系普遍存在于婚姻、雇佣劳动、娼妓、代孕等所有关系中，"现代社会中男性似乎优秀得注定能成为女性的主人"（同上：219）。因此，契约关系如新瓶装旧酒，依然维护着男性支配的地位（Fraser，1997：227）。但这种主/从的二元分法与妇女的从属地位论也受到了其他学者的质疑，南茜·弗雷泽（Nancy Fraser）提出，其问题在于"今日的性别不平等已经从一种主/从的二元对立逐渐通过流转、多元的文化形式转换到了一种非个人层面的、结构性的机制"（1993：180）。因此，弗雷泽建议女性主义学者应用超越这种主/从二元对立的眼光去检视女性的从属地位是如何在文化规范、社会实践和其他结构性机制中被固定和强化的（2007：205 - 206）。

性激进/性工作女性主义对性工作的赞颂超过了任何一个流派的女性主义，他们将之视为挑战界限和社会规范的典型，认为其以"服务工作"的形式大大宣扬了社会的情色多元化（erotic diversity）（Califia，1994）。"性工作"这个概念在 20 世纪 70 年代初期就已经在一些学术讨论中出现，美国人卡罗尔·李（Carol Leigh）在 1978 年的一次会议上将之发扬光大，李本身是一个性工作者、积极的行动者和艺术工作者，她用自己早年在按摩中心的经历与经验营造了美国乃至国际妓权运动的高峰，许多妓权组织都是在其影响下建立起来的。这个概念的提出意在从劳动或劳动者的角度去为这些妇女争取政治权益，"为在性产业中工作的女性发起的妇女运动内外创造一种容忍的氛围"（Leigh，1997：225）。Thanh - Dam Truong 也在 20 世纪 90 年代的时候提出"性劳动"的概念，认为我们应当看到并承认娼妓如其他形式的劳动一样是人的一种营生方式，性工作是性劳动历史、社会组织的一种体现，而类似的体现形式还包括代孕、捐卵捐精、传宗接代的生殖行为等。

回顾各流派各时期的学说发展和争论路向的变化，我们大致可以看到一种复杂化趋势——妓女们不再单纯是受害者和受压迫者，她们也开始被看作主体和能动者；一个妓女的身躯可能在男性凝视下被商业化和物化，但同时她也可能成为一名经济独立的工作者；她可以既是充满爱意的伴侣，愿意为她深爱的男人牺牲一切，又可以是一个精明的女商人，懂得算计和权衡；在男权的世界里她也许是一个牺牲者，但同时她又是经济上能自给自足的生存者（Phoenix，1999）。反娼妓的女性主义学者们认为这就是一种剥削关系，无论是放在以男性为中心的制度下还是放在资本主义制度下分析，都不能改变其本质。但娼妓制度中的"两可"性质开始被更多的学者承认，他们认为与其将之视为"不是……就是……"，不如将之视作"既是……又是……"。

有学者指出，性产业从业女性对自己所做的事的理解、对自己的理解与对自身所处的各种关系的理解（比如与客人的关系、亲密关系、恋爱婚姻关系等）在不同情境下是非常不一样的，有些人觉得要在"工作"与"生活"间维持清楚的界限，但有些人则觉得不需要，也很难维持，因此她们的个体经验和话语存在差异性。Brewis 和 Linstead 就非常关注这种多元话语的存在，也关注工作与非工作、工作与私生活/亲密关系/爱，以及工作与休闲之间的界限何在（2000a，b）。然而奥康奈尔·戴维森对"性工作者"这个称谓持相当怀疑和谨慎的态度，在她的论著和文章里也鲜有用其来称呼从业者，她宁愿沿用"妓女"这个称谓，即便它有着负面意涵（O'Connell Davidson，1998，2000）。性激进/性工作女性主义或曰妓权派女性主义学者 Wendy Chapkis 则提出用"性的情感劳动"（emotional labour of sex）来强调和突出这种工作中的情感投入，而非一般人仅想到的性方面的投入。关于脱衣舞娘的一些研究指出，她们不大喜欢把自己称为"性工作者"，即使她们日常的工作中确实有性接触和性交换的内容（Frank，2007）。牙买加的"沙滩男孩"与欧洲白人女游客的亲密接触与性关系中扮演的是"男妓"的角色，但他们也绝少把自己称为"性工作者"（Pruitt and LaFont，1995）。郑诗灵对首尔"红灯区"韩国妓女的研究也揭示，即使许多妓权组织/性工作组织竭力为其争取合法权益，女性从业者也不喜欢因此被称为"性工作者"。非常有趣的是，她们常常以自己儿子或宠物的名字为自己命名，比如"某某的妈"等。母亲的角色以此种方式与妓女的命名问题联系在一起，让我们从中看到了养育孩子或饲养宠物对于这群女性的重要性。[①] 这些研究从不同的角度描绘了从业者自身对这项"工作"的理解与期望。另一方面，也有许多学者把关注点放在妓女的生活策略和技巧上，认为她们会有意识、有目的地通过一些方法使自己能更好地掌控生活，维护自尊与自主（O'Neill，1996；Dudash，1997；Highleyman，1997；Day，1999；黄盈盈，

---

① 郑诗灵，2009 年 5 月 15 ~ 16 日在香港大学举办的"女性书写新脚本：亚洲性研究与情欲公义研讨会"（Women Writing New Scripts：Symposium on Asian Sexualities and Erotic Justice）上所作的学术报告。

2004；Kong，2006）。

资本的全球运作加剧了不平等，却也孕育了女权主义运动（Bernstein and Schaffner，2004）。有些学者将娼妓在过去20多年中蓬勃发展的原因归结为世界经济格局的变化，或说是资本主义全球生产的结构重组（Kempadoo，2005）。这一方面使底层人民尤其是广大劳动阶层的生活更加艰巨，但另一方面又促进消费，拉动新的生产、服务、欲望与需求。当性市场成长起来，性产业发展起来的时候，娼妓业就从"女性的社会、心理的身份特征"的体现转变为一种创收活动，妇女可靠其供养家庭、支撑自己的生活、偿还债务或获取药物/毒品（同上）。在此情况下，娼妓业应被视为内嵌于当前经济形势的一种社会现象，而妓女也应被视为"劳动阶层"（同上：289）。

现实中，性工作者及他们的支持者也在逐步结盟，如其他工会或专业行业组织一样，以寻求团体的力量，为自己争取权益（Gall，2007：76）。在不同的国家和地区间都有妓权组织发动的各种运动，争取改善性工作者的法律、社会、政治地位，同时游说政府，进行政策倡导（Lopes，2006）。越来越多的声音要求"从基本人权和创造体面的劳动条件"的角度承认性工作者的劳动（Kempadoo，1997；又见Truong，1990；O'Neill，1996；Leigh，1997）。这些妓权运动成为更广泛的以提升女性地位和权益为目标的妇女政治与民主运动的一部分，也使得妇女运动的参与者们能更深一步地进入国家政治运作的场域中（Outshoorn，2004：2）。而这个场域正是个人的"性权益"与政治相交之处，亦是身份与政治的交汇点。正如Bernstein和Schaffner所指，女性主义理论自身就"怀揣高度的政治性"（2004：xiii），集体身份认同与自我代表性是女性主义倡导与运动的基础和核心。但也有学者对集体性的妓权运动持怀疑的态度，原因在于妓女群体的高度异质性和由此造成的权力/权利差异，而且它也不能反映娼妓业与其他劳动行业的区别（O'Connell Davidson, 1998; West, 2000）。

国内的讨论

从西方对娼妓/性工作的争论中我们不难窥见女性主义中各流派观点的相抵或重叠。这些都为中国学者作相关课题和讨论时提供了理论基础与路标方向。纵观国内的相关研究，我大致发现四种基于不同意识形态和实证立场的说法和观点，我把它们分类总结为：道德派、父权压迫派、公共卫生派与性工作派。这四类观点从时间上来说基本上是先后出现的，这也从一个侧面反映出意识形态和学者、政策制定者关注点的变化。顺着学术讨论发展的趋向我们可以发现，这些不同的观点是并存的，但新的观点在持续的争论中会不断地出现并加入原有的讨论，由此，我们也可以大致了解哪些西方的观点在何时进入了我们的视线，又是如何影响本土的研究的。

道德派的观点

新中国成立后的几年间，人民政府代表提出了取缔妓院、改造妓女的建议，我国政府开始实行禁娼运动，经过短时间的大力行动，禁娼初见成效，政府高调宣布妓女已经全部被解放、改造，娼妓业已被彻底铲除，妇女从父权社会的压迫中解放出来。上海等大城市原本妓院林立，妓女数量众多，而其禁娼之迅速、彻底，已然成为世界禁娼史的一大奇迹。对于 20 世纪 50 年代的共产党政权来说，这无疑标志着中国正逐渐成为强大、健康和现代的国家（Hershatter, 1997；李金莲、朱和双, 2005）。我国政府在娼妓问题上采取禁止的政策，很大程度上归结于一个根深蒂固的意识形态，即娼妓是资本主义社会的毒瘤，代表着资产阶级的剥削，是社会腐败和道德败坏的产物，在代表先进生产力和生产关系的社会主义国家里是不应该存在的，这种思想在当今的学术讨论中仍占有重要的地位（如刘建昌, 2001；司钦山, 1997；

汤立云、罗光海，2002；张旭红，2003）。

那么，当在新中国成立之初被"彻底铲尽"的娼妓业乘着改革开放的春风如烧不死的野草般重新滋长起来的时候，"死灰复燃论"与"苍蝇飞入论"就开始盛行起来。资本主义文化的入侵在一定程度上造成了道德的滑坡，使人们偏离了原初的社会主义理想与信念，开始追求纯粹的建立在金钱与利益之上的物质关系（司钦山，1997；黄新春，2001；汤立云、罗光海，2002）。而市场经济催生了这种不健康的意识形态，"钱是万能的"，"人生苦短，及时行乐"，"财富是人生最高追求"等想法充斥了人们的头脑，使得部分青年女性剑走偏锋，选择了堕落的道路（曾天德，2002）。这是很多学者分析卖淫、嫖娼在改革开放后重新出现的原因。他们将卖淫、嫖娼看作"资本主义的毒瘤"或渣滓，认为从业人员，包括卖淫女和嫖客都是道德败坏的或至少是被不良分子引诱犯罪的。其中典型的论调如司钦山在一篇文章提到的：什么人会去嫖？通常可归为两类，要么是教育程度较低的暴发户、私营企业老板或小官僚、小企业家，要么就是到中国大陆来投资的海外华人。而这两类人的共同特点是"富裕但精神空虚"，"没什么文化"，但热衷于"追求有钱人的生活方式"（司钦山，1997：35）。他们的性需求促使卖淫这个行当重新出现，进而推动了性市场的发展。从提供方来看，有些女性缺乏技术，教育程度低，在劳动市场中竞争力低下，这群人最容易受到"腐朽文化"的影响（同上：33，35）。性产业的"来钱易"和相对舒适的生活方式唤起了她们贪婪无度的"享乐主义"思想（同上：35）。此外，司钦山还指出，色情文化的兴盛助推了性产业的发展，这恰恰体现了资本主义文化对社会主义精神文明的侵蚀。走私、生产、销售或传播黄色出版物刺激了性犯罪的发生，严重影响了社会稳定和社会主义精神文明建设进程。

卖淫、嫖娼是一个重大的社会"问题"，因此要建立"预防、禁止和再教育"的机制对其进行严格管控（朱力，2003：4－12，251）。道德派呼吁"严打"和犯罪化，目的在于用严厉的方式遏制卖淫、嫖娼，最终消除这个现象。卖淫女和皮条客/鸡头、老鸨、嫖客一样，背负着懒惰、道德败坏和行为叛逆的恶名。这种宣传舆论的结果制造了社会大众嗤之以鼻、人人喊打的心态，但与之相比，一个更为值得关注的倾向是，许多专家学者、女性主义者、妇女工作者等都习惯于将这一现象排斥在自己的研究、工作与关注的范围之外，性产业从业者，尤其是卖淫女性的现实状况便堂而皇之地消失于公众和学术的视线之中，从而出现了研究与关注的真空。她们的声音和形象往往被忽略、被否认，被置于错误的一端。主流话语早已为研究设定了规则和方向，研究应该在什么情况下进行、结论应是怎样的，都有定数，因此研究者和从业女性真实感受、经历之间出现了严重的裂痕。伊莱恩·杰弗里斯（Elaine Jeffreys）批评，这是一种冷战思维和分明的政治立场，研究者的实证主义立场使他们用"研究对象"的眼光对待被研究者，而非活生生的人，这就是一种方法论上的偏见。

第一波女性主义的影响

几乎在道德派出现的同时，有些学者开始从另一个不同的角度看这个问题，他们认为传统的父权主义文化下的性别不平等是娼妓和女性压迫的根源，而不在于资本主义文化入侵，为了妇女身份和权益要彻底废除娼妓制度（丁娟，1996；黄新春，2001）。中国是一个父权制度根深蒂固的国家，男性权力凌驾于女性之上，即便在新中国成立实行一夫一妻的婚姻制度后这种情况还是没得到很大的改善（黄新春，2001）。随着经济的发展和消费的增长，这种控制女性的权力的欲望开始膨胀，结果往往造成对女性的暴力，比如强奸或家庭暴力，或更为"平和"的形式，那就是婚外情/一夜情或嫖娼（同上：60）。长期压迫致使妇女作为独立自主人格的声音缺失。黄新春认为与父权制度抗争是无力的，妇女还是无法逃脱这种社会困境，尤其是生活在经济和文化落后地区的人（同上）。在男权制度支配之下，即使是在更为进步、妇女地位得到前所未有提高的社会中娼妓制度依然存在。要提高妇女的地位，就必须提升妇女自身的意识，自尊自重，为她们提供职业培训，加强基础教育。废除娼妓制度的根本就在于树立性别平等观念（同上：61）。

丁娟在研究中发现，卖淫女性获罪、被拘留的比例比男性嫖客高，即使劳动改造出来后受社会排挤和歧视也较男性多。这是一种男女性的双重标准。人们总是认为卖淫女性"淫贱卑劣"，也就是俗话说的"一日为娼，一世为娼"，女性总是难以逃脱卖淫的污名，而男人嫖娼顶多也就是对家庭不负责任，逢场作戏，一时的糊涂而已。而这方面的立法也在某种程度上固化和加强了女性所遭受的压迫，比如在 80 年代我国曾将嫖娼行为定义为"不正当性关系"，也就是说它的性质仅仅是行为不端而非犯罪（丁娟，1996）。由此看来，娼妓现象不仅加剧了性别不平等，而且给女性带来身心伤害。持此类观点的学者认为应对男性嫖客采取严厉措施，禁止卖淫、嫖娼，但对卖淫女性应给予关怀，鼓励其重新融入社会。

受第一波女性主义思潮的影响，这部分学者从性别平等和女性自主的角度对娼妓制度提出控诉和批判，但在这种讨论框架下，卖淫女性处于被动的地位，她们是父权制度的牺牲者，是等待社会救援和解放的他者，娼妓现象则是女性处于从属地位的表现。女性在娼妓制度中的体会与经历被同一化，那些不同的理解与声音——比如，它对于某些人来说可能就是一种劳动形式，甚至可以是体现自主的一种方式——都被忽略掉了。

性病与公共卫生恐慌

1985 年以来中国国内 HIV 阳性案例快速增加，引起政府相关部门的高度重视（徐缓，2001）。这个问题的学术讨论从 20 世纪

90 年代末开始也逐渐多了起来，关注的焦点之一就是卖淫、嫖娼问题。卖淫女性是流动人口大军中的活跃人群，这也恰恰是艾滋监控的重点人群（同上：377）。卖淫、嫖娼与吸毒、卖血等现象一道，成为影响公众健康的重大社会问题（李银河，2003）。对于中国学者来说，这种公共卫生与防护的意识恰恰为研究"禁忌"话题提供了绝好机会，使其能从带有鲜明道德评判和立法执法意味的关注焦点中跳脱出来，在国家政治宣传机器之外用不同的视角去研究（潘绥铭等，2005a，b）。

大学学者或研究机构承担各种艾滋项目的主要任务是获取安全套使用的数据（刘景曾等，1997；孙玉萍，2007）、性传染疾病情况（周祖木等，2001；莫衍石等，2005；张铁军、姜庆五，2003）和卖淫妇女人群中的 HIV 感染率（李爱莉、于建华，2001），为各级卫生疾控部门提供医学上的参考。在此类研究项目中卖淫、嫖娼活动被认定为疾病传播的主要渠道，卖淫妇女因此也成为特殊的教育对象：她们的性行为必须受到监管，以防止病毒通过她们这些"桥梁"、"主要传染源"传播给"正常人群"（林昭春、靳征，1990；何启亚、郑德曾，1997）。卖淫妇女在这些研究中的身份变成了"性乱人群"、"性罪错妇女"、"高危人群"、"研究对象"或"样本"，最重要的是，她们会扰乱社会稳定，要与"正常人群"区隔开来，以保护一般人群免受艾滋病或性病的威胁，成为他者。针对于此，学者提出了通过进行预防性教育提高卖淫妇女自身意识的建议，同时加大公安机关的打击力度，防止疾病扩散。

从研究方法上来说，公共卫生、疾控类的卖淫嫖娼研究常从劳教所被拘留的卖淫妇女中获取样本调查疾病的感染率，这一特殊场所的围蔽空间、研究者的绝对权威与被研究者的相对弱势都能保证样本的获得。但正是这种权力上的不平等，使得研究范围难以扩大，难以涵盖更多的议题，比如感染性传播疾病的女性对

HIV/AIDS 或其他性传播疾病的认知和感受，她们对是否使用安全套的想法，性交易中议价的困难，还有这一人群的次文化对于她们是否使用安全套和对性病认知的影响，等等。这类质性数据非常有助于考察安全套使用和疾病预防的宣传效果和效应。

性行为的社会文化面对安全套使用宣传推广工作有着一定的影响，这已然成为对卖淫人群 HIV/AIDS 研究的另一个聚焦点（见潘绥铭等，2005a，b；潘绥铭，2006）——艾滋研究的社会学观点（潘绥铭，2006：183）。关注这方面的学者认为将卖淫女性视为病毒的主要传播者和公共卫生的威胁是非常错误的观念，这些女性本身就是男性不安全性行为的受害者，而艾滋病传播的主要风险来自有组织的卖淫活动，而非女性个人行为（同上，又见潘绥铭等，2005b）。潘绥铭认为，如果妇女在性交易中没有协商谈判的权力，安全套使用宣传和艾滋预防就无从谈起。这些女性在与她们的亲密性伴侣，如男朋友或丈夫进行性行为的时候通常是不使用安全套的，她们不觉得这是一种危险的行为，有可能和她们与嫖客发生的性行为一样充满危险。但对于亲吻，她们却认为是一种极其危险的传播 HIV 病毒的途径（潘绥铭，2006：190）。为何她们会有这样的认识？这和她们对爱与亲密关系的理解有关，因此了解她们的想法、感受、生活与工作对于介入工作是非常有好处的（同上：191）。潘绥铭建议我们"走进这些女性的日常生活"，不要仅仅停留在工作的层面上，尤其在老板与鸡头的控制下，访谈可能变得形式化与程式化。而且研究者始终处于权力的上峰，所以很多人在访谈中都不愿说明真实情况，可见平等与权力的平衡在此类研究中非常重要（同上：192-193），这与以问题为本的研究框架有着很大的不同。

非罪化与"性工作"

艾滋研究的社会、文化转向为我们理解娼妓的复杂性质开启了一扇门。潘绥铭和他的研究生团队在福特基金的资助下开始了创新研究。从某种程度上说，外国机构的资助消减了娼妓话题原有的政治与道德色彩，为学者提供了一个平台，从另一个角度来理解这个事情，比如从社会学、女性主义或文化研究的视角。随着法制改革和发展，女性主义和娼妓问题在不同的国家中都引起了巨大的社会、学术、法律等方面的争鸣，在全球范围内成为一个充满争议的复杂现象，在这种趋势的影响下，中国国内的学术讨论出现了一个新的方向。

从西方的经验看，在经济与社会环境改善的前提下将娼妓合法化也许能降低女性进入性产业的概率（Jeffreys，2004：105），国内有些学者开始从这个方面对娼妓问题进行研究。李银河是中国性研究领域的著名学者之一，她在娼妓合法化的倡议中扮演了重要角色。她认为女性应当享有"性权利"，即有自由处置自己身体与性活动的权利，在没有影响他人权利和自由的前提下它不应受限制。所有自愿的性行为，无论发生的时间、地点、目的和方式，都应该受法律的保护（李银河，2003a）。《宪法》赋予了我们自由的基本权利，这构成了她支持卖淫非罪化的理论基础。通过非罪化，我们能消除加诸妇女身心的污名，这是一种赋权，也是防艾减艾的一个途径。

在另外的文章中李银河也指出我们应该摒弃大一统的支配性话语，用多元的眼光去分析这个现象（李银河，2003b）。她曾批评《婚姻法》中针对婚前性行为的条文"过时"，有统计数据显示，在广州婚前性行为比例高达86%，上海也有69%，"有半数的中国人都有婚前性行为或婚外性"，那么他们的行为是否都算违法？如果是的话，一个全国半数人都违反的法律条文还有什么意义？我们是否应重新审视这个法律条文在当今社会环境下是否依然适用？同理，娼妓/卖淫、嫖娼这个现象也应在具体的社会情境下具体考量，不应持一成不变的固定眼光。娼妓本身是极其复杂多元的文化社会现象，在不同的时代和背景中都有不同的表现形式，还随着社会发展而演化。任何大一统、单一化、由上至下的政府主导的对娼妓的整治都是不适合的。李银河对支配性话语的解构就像一股清风，从认识论上为新的"娼妓"研究打下了坚实的地基。她认为女性有自由进行性交易的权利，而这种选择应该受尊重和保护（2005），这一点与自由主义女性主义的观点很接近。

李银河的论点主要集中在妓女的合法权利和人权上，她是第一个站出来明确建议娼妓非罪化的学者。除此之外，她也常为"性少数"人群，如同性恋群体等争取权益，在人大会议上提出了不少具有争议性的提案。她的这些提议、观点究其根基都是相当一致的，表达的都是为身负污名的受歧视人群争取权益的一种斗争到底的态度。当然，她的论点主要是建立在西方理论基础上对中国法律条文和社会现象的解读和内容分析，并无深入的田野调查。

提到娼妓问题的田野调查，一个不得不提的重要人物就是潘绥铭。他被誉为"中国性学第一人"，他深入社区调查小姐，为我们展开了一幅鲜活画卷，让我们从行行详细的文字中看到了她们的生命故事，看到了性产业作为一种劳动的呈现，看到了"红灯区"这个特殊的社区存在形式，也从中窥见了中国禁娼法律数十载间的转变和走向。

潘绥铭和他的研究生团队在福特基金的资助下，在8年间走访过广东、四川、东北等地的13个"红灯区"，通过参与观察和对其中的从业人员，包括小姐、妈咪、鸡头等进行深入访谈，收集了大量第一手资料（潘绥铭等，2005a：312-336；2005c：2，5-6），这在中国学术界内尚属首次。他们出版的几部著作中大量直接引用小姐的叙述原话，讲述她们的生活故事，还原了这群女性生活的原来面貌，非常有可读性。这看似简单的一点其实一点也不简单——不是对其进行道德批评、医学分析或施以对"受害者"的同情，而是一种人性的关怀——字里行间向我们传达的一个信息就是，小姐其实和我们一样，就是普普通通的人、女人，是会为情所困、为家事烦恼、为孩子高兴、为父母挂念的人。小姐在主流研究中作为"他者"、叛逆者、不端者的角色终于得到了改变。潘绥铭指出，"娼妓"活动只是这群女性生活中的一面，跟我们一样，在日常生活里她们还"扮演"着众多的角色，小姐的身份并不妨碍她们做一个"孝顺的女儿、温柔的情人、贤惠的妻子、负责任的母亲"（2005a：215）。

在叙述分析中，潘绥铭运用的是"性工作"的分析框架，他把娼妓视作一种工作，做小姐也是一种权利（潘绥铭等，2005c）。之前的学者用马克思的一些观点来批判娼妓，说它是一种男权压迫，而潘绥铭却用马克思关于婚姻、性、劳动和家庭的观点支持娼妓，恩格斯早就指出，通奸和卖淫是一夫一妻婚姻制度的补充，它们满足了未婚男性或婚内无法得到性满足的男性的性需求。而一夫一妻的婚姻制度在男权社会中实质上就是一种合法化了的卖淫行为。在婚姻家庭领域，女性对丈夫的性要求要无条件且无偿地满足，这就相当于丈夫一次性买断妻子的性"服务"。如果我们要批判娼妓制度，指责其是对女性的剥削，那么我们不如把矛头转向婚姻制度。小姐尚有与客人讨价还价的机会与可能性，很多妻子却只能无条件满足丈夫的性要求。小姐尚可与不同的男人发生关系，而妻子一旦结婚，她若"出轨"，丈夫却往往无法原谅。相反，男人在自己出轨后却往往希望得到原谅，或在大多数情况下认为自己应当得到妻子的谅解。在很多情况下，对女性的剥削与压迫，尤其是性剥削与性压迫并非发生在人人唾之的卖淫制度中，而是人们最习以为常和不愿相信的婚姻家庭领域（同上：244）。这一点与李银河的观点不谋而合，后者认为家务活的商业化，如买菜、做饭、洗衣服、养孩子等，是性劳动商业化的良好基础。既然在婚姻中那些家务劳动都可以花钱请人去做，为什么性同样作为一种劳动，就不能如此呢？前提是我们应当承认性也是一种劳动，因而去尊重付出劳动的人，就像我们必须尊重所有其他的劳动者一样。

讲来讲去，关键不在于性，而在于权力。与娼妓有关的各种关系与现象都关乎权力。比如，在男权当道的现在，性道德的标杆使小姐无法承认她们在性交易中也可能有快感的事实，同时放大了男性在性交易中的统治欲（王洁，2005，载于潘绥铭等，2005a：266-267）。他们宁愿认为小姐都是被迫的，她们没有主动权，自己花钱是接受服务的，是来获取快感的，小姐们是服务的提供者，如果她们从中得到了性快感，这对于男人来说相当于一种"损失"。这种性道德对性别的固化作用使女性进一步跌入被动和被支配的牢笼。再比如，中国始终无法彻底废娼，就是由于当权者和平民百姓有着双重的"道德"标准（潘绥铭等，2005b）。权力机关与性产业千丝万缕的联系和各级"创收"的需要使禁娼废娼的法案一改再改、一变再变，从"扫黄"到"打黑"，从治人到治场，从政治任务到经济需要，却从未能真正"遏制"娼妓现象。还有，性产业中不同的组织形式下小姐与老板、妈咪、客人等的互动关系也不尽相同（同上）。他们之间是雇佣关系、依附关系抑或是个体经营，有无人身自由、自主性有多大、收入是否独立、是否有讨价还价的可能、转业脱离的机会有多大等，都与当地的经济发展、性产业发达程度有关，与由此造就的各方的平衡关系有关。这一切，都与权力有关。

这一派的学者都反对禁娼，因为在禁娼的法律之下，小姐没有商榷谈判的权力，这使她们在面对客人、老板甚至是大众的时候都处于更加脆弱的位置。潘绥铭在著作中曾明确指出禁娼有可能带来的五大"罪恶"：与此相关联的"创收"活动和腐败行为；小姐更易堕入对老板、妈咪和鸡头的人身依附中；小姐或客人受到不法侵害后不敢报案会滋生一系列犯罪；无法正常营业反而有可能使性产业转向黑社会甚至黑社会化；"非法"性质使艾滋防控更为困难（2005c：308-309）。他还梳理了自1981年来我国中央和地方各级政府在卖淫、嫖娼问题上的法律法规走向，以及30年来性产业的发展和演变。建议卖淫非罪化的学者反对任何形式的道德指责与压迫，以自主进入性产业为前提（被他人胁迫、拐卖的妇女儿童另当别论），呼吁尊重妓女的劳动权利与人身权利。

以潘绥铭、李银河为代表的反对禁娼或倡议非罪化的学者提出的一个里程碑式的重要论点是，要把性产业从业女性视为"工作者"，有劳动的权利。像其他的劳动者和工人一样，她们就是"性工作者"，与西方性工作女性主义者的论点一致（潘绥铭等，2005c：102-103；李银河，2005）。这是我国针对这一现象的学术研究中的重大突破。细心阅读我们就会发现，他们的论著中"小姐"和"性工作者"这两个词是交互使用的，强调了她们"劳动的权利"，但没有说明当事者对这些称呼的理解与态度，因为"虽然她们中间还没有人能够说出'性工作也是工作'这样的精辟论断，但是也没有人不把这当作一种工作"（潘绥铭等，2005c：103）。这样说的原因是研究者发现小姐们"经常议论与抱怨的，恰恰是自己工作环境的优劣、行情的好坏、妈咪或者老板对自己的态度等"，而这正是"其他职业里的工人们所经常议论的"（同上）。如果我们愿意接纳潘绥铭书中的相关注解，似乎就大可不必做任何更为深入的说明。

但是，有一系列相当基本的问题似乎一直都被忽略了：我们的学者是怎么开始使用"性工作者"这个称呼的？背后的理据何在？那些被我们称为"性工作者"的女性又是怎么理解她们的这一"名号"的？这些女性叙述自己进入性产业的原因基本都是"之前在工厂打工又累又没钱，所以我就做了"，可是在"没钱"这样一个脱口而出的标准答案背后，有什么别的未被发掘出来的因素？因此，对于这样的等同我持保留意见。

如果我们的研究规划和研究框架不将"工作"这一要素囊括进去，自然也就没有专门就从业女性如何理解她们自己的身份进行调查探讨，田野调查如同隔靴搔痒，碰不到实处，没有实证，那么"性工作"这个概念又从何谈起？从这个意义上说，学者们似乎有点一厢情愿的意味了。再者，这群女性对打工生活及她们为何转入性产业的叙述在研究中未能深入，而这恰恰能向我们展示很多她们对消费、生活的想象。之前的研究向我们展示的是工厂工作与性工作之间的因果关系：前者的艰辛使女性流向后者，这就是一种工种的转换，是一种"职业平移"（黄盈盈、潘绥铭，2003；潘绥铭等，2005c：90-95），而这也是研究者认为"性工作是一种工作"的论据之一。但我认为这种对"性工作"无批判无反思的全盘接受其实是有问题的，忽略了女性自身对社会现实的建构。当我们为这群女性奔走呼号，要赋予她们"性工作"权利的时候，她们自己又是怎么想的呢？她们心中渴望的是这份"工作"吗？她们想要什么样的生活呢？在这样的社会环境下她们最想要的是什么？如果我们反对的是自上而下的政治、不分青红皂白的强势"扫黄打非"和大一统的道德话语，那么我们是不是也要反思一下自己的理念有无造成了一种"压迫"———一种隐藏在积极奋力的外衣下却失之偏颇的说法？我们为什么不能在如火如荼的赋权行动中静下心来听听她们自己的声音呢？

在娼妓研究中命名的问题一直未得到足够的重视。"性工作"被理所当然地接受用以宣扬劳动权与合法身份，即便是在少数的对此问题进行过讨论的文章里，命名的重要性和作用也只体现在为政策制定者提供更好的参照，目的在于更好地实现预防与控制，不在于倾听女性从业者的声音（王金玲，2004：207）。反对禁娼、倡议非罪化/合法化的学者采用了西方自由主义女性主义和性激进/性工作女性主义的意识取向，运用合法身份的讨论框架，为消除娼妓的社会污名进行游说与斗争。但如忽视了从业者自身的叙述角度，我们对于娼妓在这一特定的社会、经济、文化和历史阶段的理解可能就会出现扭曲，毕竟我们的社会现实与西方国家不一样，不能照搬照用他们的讨论框架。伊莱恩·杰弗里斯（Elaine Jeffreys，2004）在她探讨中国娼妓情况的著作中就曾指出，我们不能将娼妓问题简单化为自上而下的权力关系，或将其单纯归结为国家政权与公民社会之间的对立关系，在这个问题上，福柯的治理术（governmentality）概念会有助于我们理解其复杂性。对此，我的理解是，所有的从业人员、参与者、客人、警察、政策制定者、学者、大众之间的关系，每一类人群内部的关系，人与场所的关系，无一不是复杂的权力关系，无论是制约、助长还是钳制，都在娼妓的发展与演变过程中扮演着极其重要的角色。政府的政策和态度固然影响着民间性产业的发展，但绝不是禁令一下就销声匿迹，后者源源不断的内在动力和波涛之下的暗涌往往起着更为重要的不可忽视的作用。在NGO、女性主义者和各界学者自己都还没厘清娼妓现象的复杂背景和发展，还没充分掌握和分析中国国内的实际情况时就推动所谓的"性工作"框架或合法化政策是不可行的。

在国内学者的讨论中，"主体性"和自由意志、劳动权利一样一直是一个重要概念，如果我们要争取小姐甚至是妇女的解放，就一定要赋予其主体性。但主体性到底是什么？如果我们不将其放入我们的研究框架，我们就无法具体地来看它究竟是什么意思，如何体现。潘绥铭等学者开了个好头，但未能详细探讨，而把目光转向了小姐的"职业化"（潘绥铭，2000；黄盈盈，2004；潘绥铭等，2005a），指出小姐分隔生活与工作界限的能力决定了她们在交易中的讨价程度，也就是说，如果小姐能自如控制与运用自己的身体，那么性就只是一种工具，是"性工作"这个职业的一种手段，小姐在与客人的协商过程中就能获取更大的权力与自主性。而自主性的大小也与小姐自身对钱财的渴望和性产业的规则有关（潘绥铭等，2005a：280 - 282）。从这些论点我们可以看到，主体性到此为止依然是一个由外部因素决定的概念。个人的因素、内部的动力何在？是什么驱使这群女性进入这一行业？在这里她们能获得什么，靠什么生存？小姐的主体性体现在哪里？在与客人、老板的协商中这种主体性是怎么发挥出来的？主体性在她们的生活中起到了怎样的作用？我们需要继续深入，才能更明白这些问题。

梳理到此，我感到有一些内容一直未被触及，现有的大部分分析与研究都似乎忽略了一些东西。主体性更多的是被放在社会层面上考量而非放置在个人的角度（Mahler and Pessar, 2001）。大部分学者研究的是女性的社会地位和由此可获得的资源如何影响她们的个人选择和经历，忽视了女性自身的主动性——驱使她们前行的欲望，在特定的时间 - 空间中权力的运用，个人经验，经历对社会的形塑等。她们对未来的想象、计划，对想要的事物的渴求都会影响主体性的发挥。因此，女性的欲望是一个重要议题。我认为，主体性和欲望都应被纳入分析框架中以更好地理解女性的生活经验。一方面我们要将社会影响与个人经验相连，另一方面则要仔细探讨女性经验形成的细碎过程、意义的建构和主体性的体现。

关于欲望

关于娼妓性质的界定及其合法化问题的争论有愈演愈烈之势。总结上文的分析，道德派、父权压迫派、公共卫生派倾向于把娼妓认定为一种必须杜绝的社会现象；而性工作派、一些社会学者、女性主义者和行动者在这个问题上普遍沿用了西方学界关于娼妓非罪化的思想，提出娼妓是一种劳动，并将其定位为"性工作"。最近数年间，由潘绥铭、李银河等著名学者发出的非罪化声音把女性地位和劳动权益放在首位，成为在这个问题上里程碑式的跨越。"性工作"是一个很有进步意义的称呼，它不仅赋予了"小姐"们劳动的权利，而且把这种劳动跟其他工作等同起来，在我们看来，这都是非常重要的赋权行动。在邓玉娇事件之后，上述学者奔走呼号，还通过行为表演等方式表达了学者的态度，已然成为维护这一群"弱势女子"的斗士。

在珠三角地区，绝大部分"小姐"都是非广东户籍人口。她们就像我们熟悉的打工妹，缺少社会福利，没有社会地位，甚至比她们更"憋屈"，因为她们属于一个备受打击和侧目的群体。在这样的社会环境下，身份政治框架下的赋权只是一个美好但艰难的愿景。虽然如同几年前"深圳事件"[①] 般的事情时有发生，也许在什么都讲求法律维权的时代这种方式会悄然生根发芽，但在紧张的政治氛围和强大的话语中，它无疑只能如樱花般短暂。那么，当一个人几乎什么权利都没有、连身份都得不到认同、背负重重污名的时候，他/她是不是真的就"被"噤声了呢？他/她又会如何为自己谋求生存的空间和表达的权利？我们研究中常常遇到各种"弱势群体"，不仅有草根阶层，更会有"三教九流"，他们也面临着同样的问题。那么除了"身份政治"，还有什么理论框架能帮助我们更好地了解他们？

很多人可能比较习惯从宏观层面去分析，潘绥铭曾根据国内外文献梳理出 10 大类 29 种女性参与卖淫原因的观点或理论（潘绥铭等，2005c：292 - 308）。黄盈盈则在田野调查的基础上提出，女性进入性产业是一种"得失平衡"，是一种自身内部的"结构调整"，即她可以选择牺牲个人声望、社会福利和部分权

---

① 2006 年 2 月份，深圳有关政府部门查封沙嘴娱乐场所，有数千名从业者游行示威，与警方对峙。事情起因是福田区警方进行安全综合整治，查封卡拉 OK、夜总会、招待所、舞厅、洗浴中心、网吧、影视厅等百余间。可参考各大报章网站。

利，来换取"较高的收入、更轻的劳动强度和相对的自由"（黄盈盈、潘绥铭，2003：59）。张慧霞认为，应从性工作者自愿与否的角度来考察她们的流入，从"完全自愿"到"完全被迫"间可以划分为六个档次（张慧霞，2005，载于潘绥铭等，2005c：257）。完全自愿指的是与其他女性相比，从业者也有较多的就业选择，是因为"喜欢或乐意"去从事性工作的；而自愿指的是在劳动力市场中选择性较小，只能在工厂工人与性产业间选择（同上：258）。这些研究首先详细地分析了各种流入途径与业内/业间流动状况，为我们展现了一个相对完整的性工作者的流动机制。同时它们也揭示了娱乐行业或性产业从业者流入情况的多元性，首次提出了小姐群体的自主性，回应了较早前关于此议题的道德批判和压迫论调。但有一个问题在现有的框架下始终无法很好地回答，即这种"得失平衡"、"自身内部调整"与"自愿"、"喜欢"，到底来源于一种什么驱动力或动机，女性从业者从中到底得到了什么。目前的研究都基于"性工作"的意识形态和身份政治的框架，即认为这是一种与其他职业相同的职业，应给予合法地位和承认从业者的合法身份（潘绥铭等，2005c；李银河，2005）。当学者和行动者为这群女性奔走呼号，要赋予她们"性工作"权利的时候，她们自己又是怎么想的呢？她们心中渴望的是这份"工作"吗？在这样的社会环境下她们最想要的是什么？

这里面有相当多的问题宏观的因素是解释不了的。例如，小姐们常说，因为要多赚钱才出来做这行，但她们中的大部分积攒不了多少钱；她们也常说，等赚到几万时就不做了，实际上她们很可能经过许多年都无法达到目标。这是为什么？她们往往很容易满足于一些微小的事物，例如用上一个好牌子的卷纸、买到好看的衣服、住进要交管理费的小区、去超市购物等，这些我们认为微不足道的、表面化的东西，却能带给她们很大的快乐。这是为什么？是因为她们天生就乐观吗？很多已经结了婚或者有了孩子的女性也在从事这个行业，她们为什么会抛下婚姻与家庭，走进这个既漂泊不定又"不正当"的生活呢？很多小姐不喜欢"性工作者"这个称呼，也不希望被人这样称呼，她们觉得这个看似中立的称谓反而更加"污名化"，难道她们是死硬派，明明身陷泥潭还顽固不化？

要解释这些问题，我们恐怕要从小处——从一些我们经常忽略、不会留意甚至是不屑于留意的东西，以及从日常的、无意识的、细微的、感官的方面——入手。有人可能要问：这些似乎都是神乎其神、玄而又玄的形而上的东西，在研究中该怎么处理呢？但在生活中，正是因为梦想（dream）、欲望（desire）、对未来的念想（imagination of the future）的存在，才让人产生驱动力（initiative）去做各种事情。曾家达与何式凝在一篇关于日常生活"精英"话语中的性和性欲的文章中指出，欲望这个叙事/分析语言（language of desire）创造了一种主体空间，反映的是人的日常生活中即时的、有关肉体感受的甚至是非理性的那些方面，通过它，我们能更好地理解人的自我建构（Tsang and Ho，2007：625）。然而许多的研究都恰恰忽视了"欲望"这个分析工具，并未触碰日常的、无意识的、细碎的那些方面（Cameron and Kulick，2003）。欲望和念想，尤其是性/精神/情感方面的欲望和念想，往往没能被正确地表达。不要说在学术话语中，就连在日常生活中，这种欲望的话语也是模糊不清、遮遮掩掩、说不清道不明的。然而它们对于既定的社会道德和秩序却最具有颠覆性（Tsang and Ho，2007：625）。它们有时候显得很抽象，却是一个非常有用的语言，它表达的是某个特定社会经济政治背景下某一群人对某个社会进程的经验和他们想要作出的改变。欲望的表达往往会突破既存的道德、性别等社会规范，这种"冲突"聚而成为新的空间，亦即空间再生产的过程。列斐伏尔已经指出了欲望的"精神力量"（2002：8），这需要我们进一步用现实经验去阐述，凸显其对女性重要的情感、精神、象征性意义——即便面对的社会现实不能在一时间改变，这种由欲望产生，发生于日常生活中的微小行动能为她们带来自我实现的愉悦感。显然，在过往的研究中，对于这个概念的理解和运用还是很不足够的。尤其在融入理论和分析框架的深层理解和运用方面，人们的平凡性、无语性和微小力量，更需要我们来挖掘。脱离了它来谈身份政治，就好比架空了人们柴米油盐的日常生活去追求人身权利。在中国的大背景下，在不深入了解性产业从业者自己对于这份"工"的感受和理解的情况下用身份政治的框架去讨论合法化，去倡议"性工作"，总是一件有点"缺斤少两"的事情。

那么我们应把着眼点放宽，不仅在专业、学术和精英话语——却也是欲望语言常被忽略、被误解之所在——而且要在充满流动性、多元性、生机勃勃的日常话语系统中去解读欲望，使之成为"物质世界、心理世界和社会政治世界"间的桥梁，实现不同学科、研究领域或话题，如人口流动、劳动、亲属关系、民族主义等广域范围内的联结性与交叉性（intersectionality）（Weston，1998，引自 Tsang and Ho，2007：625；Ho and Tsang，2005）。此外，欲望在女性研究中的重要性也不容忽视，尤其是性欲、情欲，这是女性理解自我和主体性建构的重要场所，是对既存社会规范实现突破和跨越的可能途径（Ho，2007）。

这些学者的论点给了我很大的启发。在对小姐的研究中，解读欲望成为核心：可以言说的/有形的/物质的欲望和不可言说的/无意识的/身体的/情感的欲望交织在一起，让我们更清楚作为女性外来流动人口和污名化的人群，她们如何作出某些决定和选择，如何在全球化飞速发展的环境下调整适应和构建自我，也能更好地理解这个过程中的困难、迷惑和不确定性。这也正是欲望的一个本质特性，在中国现代化进程中贯穿首尾的变化、流动和开放性（Rofel，2007）。

学者潘毅在她关于打工妹的著作中多次谈及欲望（Pun，2003，2005）。广东是中国第一个经济特区建立的地方，是"世界工厂"，吸引了千百万的年轻女性在此打工，也就是我们所说的打工妹。她们远离农村的家乡跑到大城市里，扎堆在城市边缘的工厂中，忙碌在永不停歇的生产线上，受着严格厂规的管理。在《中国制造》（Made in China）一书中，她探讨了下列两个问题：为什么打工妹会那么毅然决然地跳入血汗工厂的"油锅"？为什么个人欲望与经济由生产型转向消费型的国家政策如此吻合？潘毅认为，农村/城市差距日益加大，而这种差距带来的虚空感和缺乏感放大了从农村走向城市的打工妹的消费欲望，促使她们走入生产链条中，因此个人的欲望被解读为"所有一切现实和真理的源泉，孕育了真实、主体和社会"（Pun，2003：482）。它就像一架机器，与消费互相作用，为了实现自我改变，打工妹在欲望下消费，在消费中不断产生更多的欲望，甚至"在劳动中也想着消费"（同上：478），成为欲求主体（desiring subject）。在这里，消费被视为一种自上而下的政治运作，是国家在全球化中急于调整自己的位置时用以刺激经济的一种策略，而非草根自发的、出于个人意愿的行为（同上：473，475）。在这样的消费中，形成了新的不平等阶层（同上：472，474）。打工妹为了不被边缘化，只有不停地消费，努力化身为理想中的消费者市民（consumer – citizens）。

潘毅运用了"抗争次主体"（minor genre of resistance）的概念去解读打工妹的劳动生活：她们随时发现或创造机会，以社会主体的身份在车间里发动别样的"社会革命"（Pun，2005：78），对抗打工经历中的痛苦和悲伤。这不是一种集体抗争的形式，而是在阶层意识觉醒的每一个时刻所发挥出来的自主性，是一种日常实践。例如，妇女从农村到城市、从家庭到工厂，每日消费和不想嫁回农村都是一种抗争和逾越，颠覆了中国妇女几千年来禁锢于父权家庭中的形象（同上：63），给她们带来权力和改变的可能性。潘毅认为驱使打工妹"动"起来的欲望是改变自己的命运（同上：65），她们走进工厂，以劳动来挑战父权家庭结构，以化身工人阶级来挑战农民身份。这种家庭与工作之间的纠结处于中国从以农业为主的经济向着社会主义市场经济发展的大背景中，以城乡二元的形式被呈现出来（同上：72，75）。

这本书中，潘毅把欲望作为一个核心概念来分析打工妹心中那种不断升腾、驱动她们日常生活行为的抽象力量。在她的新马克思主义思想下，"欲望"产生于阶级意识的层面上，是一种自我形塑技术（self technology）和国家权力之间的对立关系，前者在后者面前是要作出让步与牺牲的。打工妹们可以依靠消费改换衣装，可以进修不同的培训课程对抗社会不公，甚至洗涤"内里"，却依然无法逃离打工者这一劳动阶层，无法进入真正的城市化生活（Pun，2003：485，486）。因此，打工妹的形象是一种悲情形象——无论怎么消费，她们只能是低下阶层，横亘在她们和城市消费者之间的似乎是一道无法逾越的鸿沟。

潘毅的著作充满让人感动的真诚，我们仿佛看到那一双双被禁锢于厂房内不见天日的眼睛，仿佛能闻到他们身上浓浓的塑胶味，我们惊诧和震动于打工妹的失语，被她们的梦魇闹醒而彷徨无奈。在这深深的悲悯中依然可见挣扎与躁动，这也是我十分想延展的地方——这些来自农村的妇女们究竟如何在这样的社会空间中为自己争得一席之地，哪怕是一丁半点？我希望延伸潘毅对于打工妹欲望和主体性的讨论，以"小姐"为例，从一个更正面的角度深入探讨她们为了争取生存空间所做的努力和抗拒。我想，故事的另一面也许能使我们更充分地理解女性的欲望，不只是物质上的，还有性（sexual）和情感（affective）上的，这些欲望如何改变了她们的生命选择和实践，而这些在潘毅的著作里均没有涉及。我也希望通过不同维度，不仅从阶层（class），还融入性别（gender）、"性"

（sexuality）、权力（power）和欲望（desire）去探讨这些事情。

美国学者罗丽莎（Lisa Rofel）将欲望定义为"在不同的领域——情色、物质的和精神情感中——交织作用的期待、需要和渴望"①（Rofel，2007：3）。在她看来，欲望主体是新新人类，他们的自我呈现（self representation）和表述（self narrativization）是与消费、跨国文化生产、对情/性的表达和个人主义相关联的。通过欲望的概念，她把个人与中国"重归世界轨迹"的国家使命联结在一起，欲望主体（desiring subject）与欲望中国是互相构成的——在中国重归世界经济的时候，每个个人都在重塑自己的主体形象；每个个人的自我表征就构成了国家的文化想象（cultural imaginary）。从这个意义上讲欲望是转型时期个人和政府重新定位的"重要的文化实践"（同上）。

这与潘毅对于欲望的理解有所不同：潘毅强调的是欲望背后个人和国家权力之间的对立关系，在谈主体性的时候更多的是从工厂劳工在某些时刻涌现的阶层意识出发；罗丽莎则更多地把欲望看成一种与毛泽东时代社会主义下的阶级意识与运动式的热情不同的，向往新事物、新生活、新时代和一切新东西的人性，跨越阶级、性别、种族、年龄而存在，它跟国家之间不是单一的对立关系，而是更为复杂的互相竞争、互相融合的关系（同上：20，21）。她扩展了对于新自由主义主体化（neoliberal subjectification）的分析，不仅从个人角度，还延伸到国家民族发展的角度，将主体化视为个人规划与更广泛的国家民族发展规划之间的相互嵌入（同上）。

罗丽莎还从不同角度定义欲望，指出欲望不仅仅是物质的，还有性的和精神情感（affective）的。从 20 世纪 80 年代起，她就在中国长时间进行田野调查，深入了解不同年代、不同地方、不同职业的女性群体对性别、自我身份、现代化等的认识。在《欲

---

① 作者译。

望中国》一书中她指出，中国城市年轻女性的精神情感欲望是"超越地域的界限，拥抱时尚，做国际化的人"（同上：121），而从农村移往城市的女性则有着一种"微妙的情感动力"：通过消费等手段超越社会分层，实现时尚化、都市化，同时淡化作为保姆、打工妹的污名（同上：121，132-33）。两个群体都渴望现代化、国际化，但是现代化、国际化对她们来说又有不同的意涵。对于都市女性来说，这种国际化是一种非常有中国特色的文化公民身份的彰显（Keane，2001）；而对于农村移民来说，这是一种对于社会公平的追求。横亘在两者之间的看起来似乎"不可逾越的鸿沟"（同上，2007：133），却是不断驱使农民工前行的动力。

特别有意思的是，罗丽莎指出了欲望的实验性和不确定性，正如中国的改革开放是"摸着石头过河"，没有经验可参照，没有既定模式可遵循。每个人成为欲望主体的过程在这种背景下也是没有定式的、多元的，有时候人对欲望和渴求的表达是一种令人鼓舞的可能性，但有时可能是令人窒息的绝望（同上：6）。每个人对于改变、进步或变革都有不同的解读，对新生活就有不同的愿景，因此他们的渴望与欲求就不一样，想要的东西不同，或者对此的理解不同（同上：23，25）。欲望从此有了颠覆传统和既定规范的内力，使原本被区隔在外或被认为非传统的人或行为变得正常起来（同上：23）。那么，小姐的欲望表达就显得十分重要而有意思了。

如果我们用欲望来解读像小姐这样的底层人群的生活经历，我们就更能理解他们心中所愿所想，不会简单地就把他们的想法与行为归结为不正当、越轨、失足或者堕落，也更能明白前文提出的那些"为什么"和更多的看似矛盾或者难以理解的问题。进城务工女性进入性产业做小姐就像是一个"实验"，即便这只是一个暂时性的选择，就像许多小姐表示的那样，"做个三五年就不做了"，也需要面对很多不确定因素和困惑。她们离开工厂，放弃打工生活，是对"努力工作，取得成功"的国家话语的反叛和逃离，这就是一种欲望的表达——带有一点点反建制的勇气，对更宽裕生活的向往，对时尚的追求，对物质生活的渴望和对个人自由、情感自由的想象。这种对欲望的建构超越了物质的基本方面（Pun，2003，2005），加入性和情感的因素，使之饱满起来。

潘毅和罗丽莎对欲望和主体性的分析为我们提供了很好的参考。但欲望到底包含了哪些元素呢？尤其是性和情感方面的欲望，到底指的是什么？主体性又是由什么体现？这些女性日常抗争到底是为了得到什么？这些正是本书试图回答的问题。

本书的理论框架

我们需要一个新的视角和框架去了解女性流动人口①的流动与职业选择，从职业本身出发去看从业者个人与社会之间的关系。在这里我将采用马勒和佩莎（Patricia R. Pessar 和 Sarah J. Mahler）的研究框架，用不同的量度、维度，从人的身体延展到国家甚至是跨国空间（Mahler & Pessar，2001：441），来探讨和分析性别主体性。她们认为主体性有两个层面的意涵——社会的与个人的，而个人主体性与"对未来的念想"紧密相关，这是常被忽略的一点。我们分析日常生活，细节之处往往能揭示出常人在主体间性（intersubjectivity）世界中对行为的建构和理解，从这些主观意义（meaning）中我们能了解人们的各种梦想、欲望、对未来的想象，以及由此产生的行为驱动力。这种驱动力未必会带来实质的行动，但会对生活

---

① 这就包括了小姐、打工妹、保姆、服务员、上班一族、教师等不同的职业群体，甚至可以是移民国外或常往返不同国家之间的"国际公民"。虽然职业不同，处境不尽相同，但由于其流动的经验，这个框架都适用，详见后文分析。

中的选择产生重要的影响（同上：447）。因此，日常生活成为跨越个人与结构之间界限的微小场所/空间。

马勒和佩莎这个关于女性生活经验的研究框架主要包括三大要素。第一个是"社会位置"，意为"个人在由历史、政治、经济、地理、亲属关系等众多社会分层因素所决定的权力架构中所处的位置"（同上：445－446）。这影响到个人资源的多少，决定了个人可能拥有的一些"内在"优势或劣势，也就是我们常说的一些微观或中观层面上的影响因素。这里面每个因素不仅与社会分层、种族、民族、国籍有关，还与性和性别有关，它们合力塑造了人的不同身份，而身份认同又进而影响人的行为与理念。这映照了布迪厄"惯习"（habitus）的思想：女性的日常实践是在一定的社会条件与框架下内化了的态度与行动的外在表现，它"既具有稳定性，又会发生变化……既是外部条件的内在化，又是驱动个体行动的建构性结构"（朱国华，2004：33）。珠三角地区大部分小姐都有从农村流动到城市的经历，城乡分化和流动带来了新的社会分层现象和权力关系，使整个"娼妓"活动的图景变得复杂起来。农村妇女的贫困体会激发了她们强烈的成为现代化、都市化主体的欲望，这种欲望和它的实现之路与她们拥有的现实资源相关，有可能与城市女性的欲望和实现方法不同。这里面有一个社会阶层的问题。不同的地域和经济状况又使个人对贫困的体会大有不同，对于贫困的经历与理解也不同，使欲望的产生和表达进一步多样化。比如，对于很多人来说微不足道、细碎、表面、不重要的东西，小姐们却常常能从中感到满足，她们选择满足这些欲望的方式又常常为我们所诟病。为了得到这些东西，她们要背负污名，要比城市女性忍受更多的困难。即便同样是流动人口，如能有好一点的教育背景，可能就会有更好的工作选择，那么面对的生活可能也会不一样。为了生活，满足自己的欲望，在现在的社会地位上为自己争取更多的资源，她们需要智慧和策略，比如，性资本就是本书中要着重介绍的一个新的概念，是小姐们实现自我发展的一种途径。

第二个要素是"地理尺度"。这里的"地理"是个宽泛概念，指性别作用的多维社会空间尺度，比如身体、家庭、国家等（Mahler & Pessar, 2001：445）。在本书中，它首先指的是小姐重新构建和控制自己身体、性和性别的各种空间尺度，如农村和城市空间、工作空间、家庭空间和其他各种日常生活空间等；其次是指社会空间，如亲密关系、家庭、消费、职业等，在这些空间尺度里人们发展出许多性和性别策略。这个要素展示的是性别关系在这些场所中是如何被构建的，又是如何突破地理和身体界限的。我在研究中就发现，小姐们在日常生活中创造出不同的性别形象，在不同的情境下演绎着不同的性别角色，比如在工作场所中展现的"既城又乡"的双面形象、"精明生意人"与"有文化的调情高手"形象，在家庭场景中呈现的"放荡人妻"、"骄傲的单亲妈妈"形象，还有"拳头加大刀的女权者"形象、"独立单身女性"形象等。在这样的形象构建中，她们不仅可能获得更多的物质报酬，还可能为自己争取了无形的利益——自信和自我权利的增加，至少是自我感受的正面增强。我认为，消费无疑也是一个赋权的场所，在消费中她们缩小了城乡的差别，扩大了自己的生活空间，通过消费妇女表达了自己的城市化和现代化的欲望。

第三个要素就是"主体性"，就是在特定的社会位置上人如何改变权力的流向，对外部社会条件施加力量（同上：447）。一个人有多大的主体性决定了他/她能从多大程度上利用他/她的资源去改变他/她的处境。马勒和佩莎认为主体性包括两层含义，其一，指的就是上文所述的人们在自己特定的社会地位上动用自己的社会资源计划和实施改变的能力，是一种有意识的个人策略。但在某些情况下，即使人们处于同一弱势地位，一些人还是能比另一些人获得更多的改变。所以说人们拥有社会资源多少与他们能获取多大成功是有关联的，但并不是事情的全部，还取决于他们的自决与动力，即在多大程度上他们想将不利转化为利好，将劣势转化为优势。马勒和佩莎将之称为"认知的能动性"（cognitive agency），包括人们的想象力、欲望等，这就是主体性的第二层含义（同上：447）。

本研究中的小姐并没有很多社会资源能用于改善她们作为农村到城市的流动人口和作为小姐的生活状况，但这并不代表她们没有自主性和能动性。恰恰相反，在日常语言和实践中，如在亲密关系、消费、工作、购物、化妆、穿衣打扮等不同的情境中我们都能看到她们的自主性。这种自主性就是认知性的，它未必会直接引致行为，但我们通过它更能了解行为和选择的发生。一个例子是，贫困似乎是这群女性辍学的合理解释，但很多女性在受访时提到更多的却不是没钱，而是对城市生活和现代化生活的向往和渴望，这是她们流动和进入性产业的一个重要原因。教育只是改变贫困生活的其中一种途径，但对于大多数人来说这并非最好的选择——家中负担过重，教育的性别歧视，农村教育资源的严重不足等，都使她们受教育困难重重。通过教育改变命运的可能性看来不大，女人们往往选择到城市里闯荡见世面。然而当初辍学的时候她们未必就已经计划好要到城市里去，或要去当小姐赚钱，但她们的脑海里都有对城市更为现代化的生活的想象。如果我们撇开这种模糊的想象，恐怕就未必能完全理解她们在生活道路上的选择。是什么驱使女人们离开乡村，流动入城，进入性产业？那些看起来缺乏理性、冲动的、"得不偿失"的行动背后有着怎样的想法？在全球化和现代化背景下产生的欲望和念想起到了怎样的驱动作用？这往往是我们探讨这一群人的生活经验时最容易忽略的部分，也是本研究最核心的一点——欲望（desire），是在马勒和佩莎原有叙述基础上所做的拓展，我将之独立出来作为一个要素分析。这一点是创新的、突破性的。认知的能动性能产生"无形的行动"（intangible actions），之所以说无形，是因为它未必会引起直接的行动，但是往往能解释一些微小的、无意识的、日常的想法或选择。欲望、梦想、对生活的期望等就有这样的属性，在理解女性生活经验的研究中是非常重要的范畴。

马勒和佩莎的这个框架凸显了社会位置、地理尺度和主体性之间的相互关联和相互作用性，对于我们在城乡二元、人口高度流动、经济迅速发展的社会背景下探究性别经验和权力关系，在多重权力架构和作用下，在不同场域中理解小姐的生活经验和她们的自主性有很大的借鉴价值。本书要讲述的故事都将围绕这个框架展开，核心任务就是在不同的"地理尺度"中分析这群女性的主体性——什么构成了她们的主体性，她们又是如何发挥自己的主体性的。欲望成为贯穿整个框架的关键词，它镶嵌于人的主体性中（主体性产生于欲望，欲望驱动人前行），在不同的社会位置和地理尺度下得到多样的呈现、阐释和实现。本书的几个章节会分别探讨小姐的自我身份认知、情色实践、日常生活实践和生活策略与技巧，而这就是她们实践主体性的重要场域。

小　结

通过对中外文献的梳理，我意识到欲望和主体性是分析的重点。要理解小姐的生活选择和经验，首先我们应把她们当作有丰富情感和欲望的个人而非"特殊群体"看待。在珠三角这欲望之地，经济发展迅速，欲望和向往使人前行，鼓动着她们突破出身和社会地位的限制。本书将要探索这里的社会情境，看它如何影响人的生活，如何制造物质、性和情感欲望，如何使人计划、行动，而重点要考察的在于以下几点。

首先，这群女性的自主性（计划与策略的能力）体现在哪里，比如，她们是如何决定到城市发展的，如何决定进入性产业做小姐的，如何学习生活技巧，又是如何发展新的关系的，等等。

其次，她们"认知的能动性"，比如，她们有着怎样的梦想，怎样寻求浪漫经验和性经验，怎样构建自己的新形象，如何为自己创造愉悦感受，让自己过得好一点，又是如何发展日常生活策略来满足身体、社会和情感的需要的。

为了让读者有更清楚的了解，我用一个架构图来展示各要素之间的关系（见图1）。

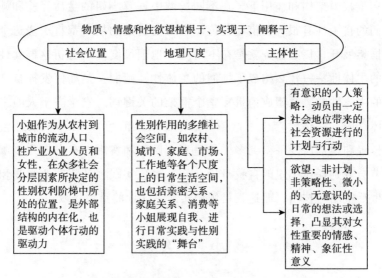

图1 女性身份认同与生活经验分析框架

第三章
研究方法

　　研究"小姐"是一个令人既好奇兴奋又深感不安的过程。两种情感的产生究其原因皆与这个人群的"特殊性"有关，之所以"特殊"，是因为她们的生活方式与轨迹似乎与我的很不相同。很多人都对我的研究经验感到好奇，他们常提出各种问题，比如，你是怎么认识她们的？她们到底是怎样的一群人呢？研究怎么做呢，是不是要经常泡夜店，去酒吧？夜总会里面是不是很复杂？你有遇到过什么特别的情况吗？又是怎么处理的呢？你怕不怕？这是大家的好奇，也是当初我的激动、惧怕、担忧、不安等一切情绪的来源。而当我进入田野，又面临着另外的一堆问题，比如，在不同的场合里应该做什么？当她们对我有一些要求的时候该怎么办？如何面对道德两难境地？我该相信她们说的话吗？我的身份会不会对她们的叙述有影响，又有怎样的影响？为什么我的研究得出的结论是这样的，而不是另外的样子？如果换个人做研究，或是有机会重做一次，会发生怎样的情况？结论还会是相同的吗？

　　研究前后做了四年，这些问题一直伴随着我，时至今日仍然在思考。每每触及都觉得这是珍贵的经验，无论有多少不足，总是一种学术上的积累，更是个人经验的积累，情感上的成长。我为之着迷，也从这个过程中深谙质性研究之趣、之苦、之乐。

　　质性研究方法适于着重意义、语言、经验、情感、表述与表现，探讨社会建构的研究。本研究采用的是阐释主义建构论（interpretivist constructivism），注重人对某个情境的定义、理解（Schwandt，2000）；也会借用日常生活研究中的"生活叙事"（narration of the everyday）对真实生活故事的某些重要细节进行理论分析，看主角讲述故事的过程是怎样的战术过程，看他们怎样建立自己的知识体系，编织自己的现实，如何能展现出这个独特个体对生活的适应（de Certeau，1984）。本章将呈现整个田野的过程与数据收集、分析方法，并就研究的信度、效度和自反性等作出阐述。

研究步骤与具体研究方法

在研究正式开始之前，我对研究对象和将要涉及的场所是十分陌生的，为了让自己尽快熟悉起来并建立关系，我在深圳和广州分别作了为时一个月的预研究，以开拓资源，同时整理自己的思路。在这个阶段，文献的整理也给了我很多启发。根据以往的文献，性产业从业人员的身份认同（如黄盈盈，2004；潘绥铭，2000），身心分离或工作－生活分离的职业技巧与策略，与情感劳动相关的经验（Chapkis，1997；Day，1999；Phoenix，1999；何春蕤，2001；Hochschild，2003；黄盈盈，2004；宁应斌，2004；Kong，2004），权力与挣扎（O'Connell Davidson，1998；Kong，2004）以及社会环境对其影响（O'Connell Davidson，1998；Rosenberger，2001）是较为重要的讨论点。结合文献与自己的研究设想，我设计了一个访谈提纲，大致上包括我想要了解的五方面的内容：小姐对于"工作"的态度和想法；对"小姐"／"性工作者"这个身份的理解；过去和现在的生活方式以及对未来的想象和计划；人际关系（包括与客人、伴侣、朋友和老板等的关系）及日常处理各种关系和事务的生活技巧。

研究之初，我意在理解小姐对于"工作"的看法和她们的生

活方式，所以我把工种作为立意抽样的选择标准。在深圳市区的
某条街上我碰见了第一个受访者。她叫小红，是一名站街女。在
她的介绍下我认识了她的朋友阿雅。随后我在深圳的一家夜总会
认识了莹莹。认识了这几个人之后，在她们的帮助下我进入了不
同的场所，例如夜总会、发廊、休闲馆、推拿沐足店等。这些场
所营运方式不同，人员构成、组织架构、资源，以及对小姐的要
求（如年龄、身材、相貌等）、招收条件、待遇、工作条件（包
括空间与时间）等皆有差异，小姐在其中的感受和经验，比如对
于工作的体会和看法，对"小姐"这个身份的理解就会不一样，
采取的生存策略也不同，甚至对未来的期望也会随之不同。所以
我尽量选择在不同场所开工的小姐进行访谈。随着研究的进行和
从业人员的接触增多，跟他们其中的一些也慢慢变得熟悉起来，
我便有机会到他们家里去聊聊天，或一起走走市场、逛逛街，参
与其生活中的不同场景。中间发生的各种事件、互动和关系的建
立让我从不同的角度了解了小姐的生活方式，也使我更清楚哪些
场所是研究的关键。

　　在与小姐的聊天中我逐渐发现了一些新的话题，比如毒瘾、
希望与绝望、恋爱的两难境地、过去的经历、未来的梦、朋辈影
响等。其中恋爱与婚姻、亲密关系似乎总是成为谈论的重点，无
论我有没有问起，她们都会很自然地谈到自己的男朋友、老公、
和客人间的关系等，有时候这甚至占了聊天的大部分时间。这些
话题开启了新的谈话方向和研究关注点，关于她们生活的话题就
一点点地丰满起来。我意识到婚姻状况也是一个重要变量，于是
将其纳入研究内容中，尽量找到一些已婚的小姐，希望探讨婚姻
经历对她们之后的经验和想法产生的影响。

　　除此之外，从小姐的叙述中我还发现农村生活和曾经的贫困
对她们的生活道路选择有着很大的影响。城乡之间的差异对于流
动固然起到了很大的推动作用，由其衍生的一系列想法对于她们

进入性产业的决定和后来生活方式的选择产生的影响则更大。这一点在其他关于女性流动人口和劳工的文献中也有反映（Gaetano and Jacka, 2004; Pun, 2003, 2005; Zheng, 2003, 2004）。在其后的数据收集和分析中我也特别留意了她们叙述中的有关内容，比如她们的家乡，对农村生活的描述，对流动的想法、打算，在城市生活的经验，以及这几者之间的关联等。

社会主流话语、整体经济状况、性别/性/阶层/身份地位等各种因素对这群女性作为"小姐"的经验有着直接的影响。小姐们谈到了很多她们日常生活和不同工作情境下的"技巧"和"策略"，闲聊中我也了解了她们对一些事情的解读和看法，我发现微小抗争无处不在。这也成为我的关注点之一。

随着研究进行，以下六个主要议题逐步凸显出来：城乡差异、对工作的看法和自我身份认知、日常实践、情色实践和关系、生活工作技巧、性别想象与欲望。这与最初的设想既有吻合之处，也有"始料不及"之处，我一边收集一边分析，再根据手头的材料决定下一步该去往哪里。

田野工作

在两年多的田野研究中我主要在广州、深圳、东莞、增城、江门等地的 5 家夜总会、4 家发廊、4 家休闲会馆和 2 家沐足中心蹲点，定期走深圳和广州两地站街女比较集中的街道。工作场所之外我还拜访了 9 名小姐的家或住处（主要是出租屋），中间有大半年的时间我和其中两个小姐住在一起，在"亲密接触"中深入了解她们的生活，这是非常有意思的体验，也是最令我回味的一段经历。

进入

如何认识和接触到性产业中的从业人员，是研究开始时的一大"难点"，也是最令大家好奇的一点。在确定了研究方向后我打算通过两个路径行进，一是在司法、公安等方面的朋友那里争取一下资源①，二就是设法找到小姐本人进行访谈。对第二个方向，说实话我"本能"上比较害怕和迟疑。一般人总觉得自己的生活方式和她们差异太大，好像是"两个世界"的人，所以要找到他们并建立一定的关系，一定是一件很难的事情。刚开始时我的确也是这样想的，而且心里充满了对她们的各种想象，比如凌乱的生活、颠倒的时间、复杂的经历，中间还夹杂着一些具体的意象——厚厚的妆容、香烟、短裙、高跟鞋、昏暗的灯光、酒精、迷乱的夜总会，等等。这些想象背后是长久以来对这个人群的刻板印象，而我那时一点经验都没有，于是决定先尝试一下第一条路，希望通过在公安或司法系统工作的朋友获取一些信息，比如"扫黄打非"的成效，可能的联系人选，警察的工作经验和见闻，甚至是与被拘留的从业人员的见面机会等。但很快我就遇到了阻碍和困难。一个做律师的朋友确实处理过一个小姐被强奸的案件，但他没能说服案主接受访谈。另一个在公安厅工作的朋友告诉我，他和拘留所、劳教所工作的朋友们打过招呼，说有一个在海外留学的博士生想要做这样一个研究，希望能跟他们见见面聊聊，但他的同事们都不大愿意，理由是认为跟一个具有海外背景的人说这些事不是很合适。我致电公安系统另一个朋友阐述自己的研究和想法，他干脆用比较模糊的方式告诉我，中国目前没有这个问题，可能也不太适合做这方面的协助工作。

　　三个尝试都碰了钉子。第一个强奸案中受害人的想法我很能理解，在这样的情境下再去跟她谈这个创伤经历很有可能会造成二次伤害；第二个和第三个关系里的人所处的部门具有一定的特

---

① 最初我的研究方向是性工作合法性问题，所以考虑走司法和公安这条线，在后面的研究中我不断修改研究方向，最终将议题定位在小姐的日常生活经验上。

殊性与敏感性，他们的立场与工作身份可能确实也不大适合过多地谈及相关问题。即使是愿意，谈的方式、角度和内容也会是比较有倾向性的。在这种情况下，第二条路该怎么走就显得非常重要了。但此时我发现自己始终难下决心。田野调查的时间被一推再推，迟迟未能开始。在朋友、同事的帮助下，我开始审视自己的不安情绪。我意识到这是一种由距离带来的陌生感，我不知道自己将会面对怎样的一群人，看到怎样的生活，听到怎样的经历，也不知道自己会如何面对与自己"那么不同"的人生。但这种不同其实是建立在刻板印象之上的，在没下田野之前就将自己的成见加诸她们身上，带了一种预设性，实在有违社科研究尤其是社会工作的理念。在一番挣扎之后，我决定用预研究来稳定自己的情绪，开拓可能的路子。

我感觉自己是很幸运的。我的第一次外出就找到了一个愿意做访谈的小姐——小红，而那次访谈又进行得出奇地顺利，连我自己都没想到。我在深圳有一个报社的记者朋友，听说我要做这个研究，自告奋勇地帮忙。那是7月里的一天，晚饭后8点多，他和另一个男性朋友一起开车带我去了深圳罗湖区一条以色情服务闻名的街，果然已经有很多女孩子站在路边招客了。我们靠边停下，小红当时就站在那里，主动走了过来，看见车里两男一女，就低下身来靠近车窗开始谈价钱。我的朋友说，要么先上车，我们找个地方。大概她以为我们三缺一，就上来了。朋友说先坐坐喝点饮料吧，天气太热了，小红也答应了。到餐厅坐下来我们才告诉她我们是谁，想要做什么，因为占用了她的生意时间，我会按照她的价钱支付，但我要求录音，问她同意不同意。没想到她也同意了，而且在那之后小红还帮忙介绍了其他的小姐。餐厅人很少，几乎就是我们几个顾客，两个朋友在另一端坐着，只有我们两个面对面。我跟她年龄差别不大，我们很自然地说到了男朋友和恋爱的经历。聊了一个多小时，然后我们交换了电话号码。跟小红的这次聊天给我很深的体会，原来"小姐"也可能跟我差不多——年龄差不多，为恋爱烦恼，喜欢猫猫狗狗，爱漂亮、爱打扮，爱时尚也爱新玩意儿。这些新的印象一点点松动了我原先的成见。和小红认识是我获取经验和建立关系的第一步，在后来的研究中她给了我不少帮助。

接着我的这个记者朋友又介绍了他们报社里一个以拍摄红灯区生活而著名的摄影记者，他很热情地带我去了深圳沙嘴，让我见识了红灯区的实情。那是见到小红之后的几天，我们晚上10点多开车到沙嘴，走过一条娱乐场所鳞次栉比的街，到一个和他相熟的"鸡头"家里。这个"鸡头"是个30多岁的男人，叫阿辉，专门介绍自己家乡的女孩子到这条街的各种桑拿按摩和沐足中心工作。阿辉的住处在主街边上一个昏暗的小巷子里，那天晚上他在巷子里摆了一桌酒肉招待我们，边吃边聊。有摄影记者的陪伴和介绍，阿辉他们很快接纳了我这个新朋友，还跟我开起了玩笑，我喝了不少啤酒，听到了很多故事。我内心感到十分惊讶，没想到竟然那么快就顺利轻松地跟他们如此接近了。

我意识到这都是朋友的力量，在这个圈子里熟人效应是很大的，有关系和没关系完全不一样。另一个例子就是，我在香港大学有一个朋友，她当时正在念博士，大家都做关于女性的研究，平时就有些交流。而她本人又是电影编剧，写过关于性工作者的剧本，拍成了一部颇有名气的电影。知道了我要做这个研究之后，她马上就介绍了一个朋友给我认识。那个人是香港电影圈内人士，娶了个内地妻子，这个妻子"来头不小"，是一个以前做过小姐和妈咪，有黑社会背景的"大姐大"，他们之间的认识和相爱充满了故事性。我赶忙联系了这个电影人，认识了他的妻子小霞，然后又通过这个"大姐大"的关系进入了几家夜总会，接触到了很多"夜场中人"，看到了很多平时我根本无法触及的内部情况。这条关系线可以说是我研究中最富"传奇色彩"的一条，种种人和事都让这个原本就充满了挑战的研究变得更加丰富多彩。

几个月后，在广州做贸易的一个朋友把他认识很久的一个妈咪明姐介绍给我，这个妈咪以前也是从小姐做起的，做到了一家星级酒店国际俱乐部的部长级别。明姐为人很热情，很快就安排了几个小姐跟我一起吃饭，在这个饭局上我认识了几个夜总会的姑娘，为我在夜总会层次的场所开辟了新的道路。

通过这几条主线，我逐渐与各类不同场所的人群建立了联系，打开了研究的局面。接下来的工作也就有了头绪。在这类研究中，与主要联系人，也就是我们所说的"守门人"保持良好的关系非常重要。小红、阿辉、小霞和明姐就是我的"守门人"，他们把守着我与其他潜在受访者之间无形的"大门"。他们中的一些是这个群体中较为"有权力/权势"的人，如阿辉、小霞和明姐，要么是"鸡头"，要么是妈咪，要么是社团组织的关键人物，对这一行生意有着较多的掌控。比如，一个妈咪旗下通常有5~7名小姐，由她推荐给不同的客人，因此妈咪有权决定推谁或不推谁，小姐的生意好不好就与此挂上了钩。"鸡头"的角色也比较类似，他/她把家乡的女孩子介绍到城市里来，推荐到不同的娱乐场所工作。现在的一些色情服务网站的运作也是如此，虽然跟传统的行业模式有所不同，但也离不开组织者向客户的推荐。我的研究中小姐跟这些人之间虽然基本不存在暴力依存关系，小姐也并不惧怕他们，但是由于会影响生意，她们还是很注意处理，对妈咪或"鸡头"一般都比较顺从。如果我跟这几个"守门人"关系融洽，获取他们的信任，他们就会比较愿意给我介绍小姐，小姐们一般也乐于跟我来往，互相给足面子，这无疑对研究的进行有很大好处。阿辉、小霞和明姐对我的友好，一方面是出于交往的尊重，另一方面也是他们增加自己协商权力的方式，因为对他们的友好通常我也会加以"回报"，比如不强人所难。这些关键人物本身也是在这一行中摸爬滚打的，作为信息提供者，他们的洞见也能给我很多启示和帮助，比如行业的一些情况，和从业人员打交道的方法、窍门等。和他们之间的关系将直接影响我对行业的观察和理解。与这些"守门人"的关系会在一定程度上直接或间接影响收集到的数据的质量。假如我未能获取他们的信任，或和他们的关系一般，他们可能会告诉其他的朋友或手下的小姐无须理睬我访谈的要求，或定下受访的基调，统一口径，什么可以告诉我，什么要向我隐瞒等，以保护自己，避免与一般的外人过往甚密引来不必要的麻烦。反之，良好的关系能降低我的不安与担忧，在某些时候还能保护自己的安全。

要做到这一切，熟悉环境是非常重要的，包括场所基本情况、人员关系和各类规则等。由于之前对此非常陌生，在访谈前我就到各处去"踩点"，观察各个场所的情况，比如地理位置、经营环境、规模、所在区域的基本情况、有何特点等；在此期间接触了不同的人，除了小姐、妈咪、经理，还有保安、药贩子、啤酒妹、顾客等，从与他们的聊天中我获取了很多信息，对于场所的一些规矩，不同的人之间的关系和表现等，主要还是靠聊天与询问得知的，这些都对后来的田野工作起到了很大的帮助作用。从中我还得到了一些新的议题和启示，比如本书第七章将要讨论的小姐生活的时间与空间与她们在快速的都市生活节奏中如何为自己创造更多的空间等议题都是在踩点工作中被激发出来的。

另外，作为研究者，我也必须找到一个介绍自己和研究的适当方式，以让对方弄明白我是谁，在干什么，为什么要找他们，而他们又能起到什么作用，同时为自己树立良好的形象，这对研究的进行至关重要。经过一段时间的摸索，我总结出以下几个要点。

◆ 坦陈自己的身份，找到合适的方式介绍自己

我告诉她们我先在国外，之后又在香港念书做研究，这个境外学生的身份对于小姐来说是有距离感的，尤其是地理上的距离，"境外"这个概念营造出一种印象：我的生活空间似乎与她们没什么交集，而且我告诉她们我的论文和研究成果只用于学术目的，这样她们会觉得比较安全，减轻了对于隐私和身份泄露的担忧。她们比较担心遇到记者，自己的身份和生活会被曝光，生计会受到影响。"学生"这个身份让她们觉得比较有亲和力，较之其他身份可能容易被信任。而且她们认为年轻的学生对于不同的意见、价值、选择会持更开放的态度，念书多，接受能力就会比较强，因此她们比较愿意跟我聊一些自己的想法。

◆ 对研究适当的介绍

有时候小姐们会直接问我："你做的这个是什么？""我帮你做这个会不会有什么影响？"还有受访者向我要访谈提纲看。在研究的开始阶段我们就用简单平实的语言做好自我介绍，包括研究是关于什么的、为什么重要、为什么选中她们做访谈、我想要了解什么、获取的资料将会被如何使用等，以便他们决定自己是否愿意参与，明了自己的角色与作用，这也会给对方留下实在、真诚的印象。在这一点上我有两个体会。首先是关于学术语言和日常语言的问题。大部分时候要尽量用大家都懂的简单语言，因此要想好如何将学术语言转化成日常语言，比如小姐的身份认同可以化为几个问题，"觉不觉得这是一份工作"、"你觉得自己理想中的工作是怎样的"、"小姐和性工作者，哪个你更乐于接受"等。但有时候用学术语言表达能起到微妙的作用。比如有一次访谈刚开始的时候一个小姐显得很拘谨，对我的每个问题回答都非常简单，不多一句话。后来她看见我手里的访谈提纲，也许是出于好奇，她问我能否借给她看。我把提纲递给她，她看了一会儿神情似乎轻松下来，说了一句："哦，原来你就是要问这些啊。"

这时我意识到我开始可能并未将自己的研究介绍得很清楚，所以她有点不知所措，但当她看到我的提纲，确信我是在做一项正式的学术研究（有书面材料的话给人的感觉往往较为正式）而非出于其他目的，就比较放心了。学术语言和学生身份的挂钩在这种情况下起到了意想不到的作用。其次，是我对相关话题的了解和兴趣可能增加她们对我的信任。有时候小姐们也会问我，在这个话题上国外的情况是怎样的。我想这一方面是她们对其他地方跟她们一样的人会有什么样的经历和境况感到好奇，另一方面也是她们对我的"考验"——如果我能简单明了地说清楚这些，她们会相信我真的是学生，是搞这方面研究的人。

◆ 要展示出友好和真诚

让对方感觉到你对他们并非单纯索取然后转身离开，而是抱有真诚的意愿去了解他们的生活和他们作为个人的需要。在介绍自己研究的时候，我都会告诉他们，做这个研究最终的目的也是为了让更多的人能了解这一行，减少偏见和成见，这也是传播新知识的一个重要途径。这样能让他们感受到自己也可以真正成为研究的一部分，而且有人愿意走近他们的生活，倾听他们的故事，愿意为增进他们的福祉出一份微薄之力。在整个研究过程中我都在想如何才能让他们真正从这个研究中得益，我感觉到得益不一定只是物质上的，更多的是他们能从研究过程中多认识自己，对自己的生活有更多的反思和想法，从而更了解自己，更清楚自己的选择和可能的发展路向。我的访谈基本都是多次访谈，除此之外我还会和他们一起做一些日常的事情，比如逛街、买东西、游泳等，一方面有利于自己从不同的角度了解他们的生活，另一方面也使他们感受到我不仅仅是想要信息，更重要的我是要了解他们作为"全人"的生活方式和想法，缩短我作为研究者与他们的心理距离。

要和小姐和其他从业人员建立良好的关系需要时间、精力、耐性和一定的技巧。他们有自己的生活方式和圈子里的次文化，这些都是在做田野调查的时候必须意识到和尽力去学习、适应的。比如，尊重他们的作息时间，尊重他们的生活习惯，留意他们的说话方式——说了什么、怎么说的，留意他们的行为和选择以及这些选择的理由，看他们对一些事情的反应，了解他们的观念、想法和生活态度，如果有必要还要学习他们的语言和某些特殊的表达方式，遵守他们内部的规则等。有时候我也会为他们做一些小的、力所能及的事情，比如上网了解某些信息或通过朋友帮他们问一些事等，但是要做什么、界限在哪里，这些都要根据实际情况做出灵活判断，以减少不必要的麻烦和保持研究的独立性。

总的来说，在关系建立的过程中，我要不断向这个群体"学习"，我感到自己的视野随着经历而拓宽。作为一个社会科学研究者，保持开放、多元的心态非常重要——接纳自己、接纳他人，在理解他人生活的过程中认识自己，对一切抱有好奇的心、宽容的心，面对他人的生活努力保持友好、真诚和谦卑。

不同研究场所的环境与研究策略

在发达的珠三角地区，性产业场所多种多样，不同种类的场所带给从业者和研究者的感受是完全不同的，由于本研究是以工作场所为主要选择标准进行的立意抽样，我需要进入不同的场所进行田野工作，那么在不同的环境下就需要不同的方法，才能从多个角度去观察和感受，即便是表面上看起来矛盾的事物也值得我们去挖掘和思考，从而获得更全面的图景（Green，2007）。

◆ 环境复杂的室内场所

室内服务场所如酒吧、卡拉 OK、夜总会、桑拿按摩馆、休闲馆等是在研究中最常去的地方。但这样一类地方在研究之初让我感到无比陌生和不适应。在日常生活中我基本不去夜店，因此对其环境和习惯不甚熟悉。即便平时偶尔去酒吧，也与"情色"

无关。我在深圳的第一次夜店之旅是和深圳报社的朋友一起去的，虽然无甚"惊险"，却让我对此有了初次体验。那是罗湖区的一家夜总会，价格大概属于大众水平。走进大门，楼梯旋转而上，铺着红色花地毯，墙上挂着巨大的美人画像，灯光昏暗，有一排穿着吊带长裙的姑娘站在楼梯上迎客。楼梯上一个穿着条纹上衣和橙色裤子的男人在打电话，一切都示意着我进入了"声色娱乐"场所。进了二楼大厅，我看见一个男人坐在沙发上，一个女人把她的头倚在男人的胸口；大厅另一侧，有七八个女孩子穿着色调统一的红色或粉色吊带衫和短裙坐在那里聊天，我们进去的时候她们回过头来瞥了一眼。大厅中央是一个舞池，整个场所充斥着高音、笑声和烟雾，人很多，大部分都是男性。舞池中央一个中年男人搂着一个穿着白色吊带裙的女人跳舞，他的手紧紧抓住女人的臀部。从一个包间半掩的门里我看见小姐和男客人搂抱在一起，他们的手在彼此身上摸索。过了一会儿进门时看见的那七八个女孩就散开了，有些跟随着客人进了包间。我们在大厅里找了个位置坐下来，朋友让部长"叫几个小姐过来聊聊"，就这样我认识了莹莹。我们点了一打啤酒和一个果盘，在莹莹的欢声笑语中我们消费着这里的暧昧气氛。第二天，我又去了位于福田区的一家夜总会，和昨天的不同，在那里我被一种"无我"的状态和感受强烈包围着——音乐是震耳欲聋的，我根本听不到任何其他的声音；灯光无时不在闪耀着，白色强光和黑色间隙交织着，中间还掺杂着绿色的激光线条；烟雾弥漫，所有人都在摇晃着身体。我的身体似乎在这一切中凝结了，感受不到时间的存在，以至于当我认为我肯定已经在那里泡了一个通宵的时候，时间才过去四个小时。那种飘荡在半空的"无我"感、奇怪的虚无感，以及似乎不属于那个空间的外来者感受令我觉得自己远离了平日的世界。在去夜总会的头几天里，对于时间和空间的正常感受似乎都暂停了，意识到这点后，我开始留意性产业中的从业人员是否曾经有同样的感受，他们又是如何处理和适应的。过了最初的几次，我也逐渐适应了夜总会的环境。我从自己的经历里也体会到了从业人员尤其是小姐对环境的调适过程：如何使自己成为那个空间的一部分，同时又保持一定的独立性。

在夜总会和某些休闲馆等室内娱乐场所中，作为研究者，我曾面临一些两难情况：无论那里的人是否把我当自己人，他们都可能期望我参与他们的一些活动，比如跳舞、抽烟、喝酒、打牌、说笑调情，甚至吸食毒品。如果他们还没把我当自己人，那么这有可能是一次"诚意测试"或"考验"，处理不好会伤关系，影响进一步的研究；如果他们已经把我认作其中一分子，那么对于他们来说这就只是一种日常行为而已，不值得大惊小怪。有一次在深圳的一个夜总会里，包厢内的"朋友"劝我尝试一下桌上的药物："你要真是研究社会的，没有社会经验怎么行？"更多的时候，药物是被混放到啤酒饮料里的，而桌上的酒杯乱七八糟，根本无法分清哪个酒杯是谁的。我很清楚，毒品绝对是在任何情况下都不能触碰的。这个时候主要联系人的重要作用就显示出来了。他们会跟那些人打好招呼，告诉他们我是谁、去那里干什么、什么要帮我、什么不能麻烦我之类的，都交代清楚。一次在深圳福田的一个夜总会里，小霞就利用自己的威信维护了我的安全：当夜场里的人非得要我试毒品的时候，她站出来说"她是我的人，你们不能动她"。由于她"大姐大"的稳固地位，其他人从此便不敢对我做出格的事情。有时候他们喝高了，又嗑了药，药物的效用一发挥，他们就喜欢把音乐放到最大音量不停跳舞，汗如雨下，站立不稳。这种情况下搂搂抱抱是很经常的事，甚至会有不自觉的亲吻和抚摸。小姐们还会对我的衣着打扮"评头论足"，有一次她们还叫我扮小姐和她们一起混到夜总会里去"玩玩"。对于这些情况和要求，我都必须小心处理，因为我的言行可能会影响我和她们的关系。我既不能为了维持关系盲目跟从，也不能因为生硬拒绝伤了关系，而且还要考虑到研究道德问题，因此需要从各方面权衡处理。我从自己的田野经验中总结了以下三个处理两难情况的方法或原则。

第一，任何时候都要搞好与主要联系人，也就是"守门人"的关系。通常情况下他们事先都会与内部人士打好招呼，商量好甚至是用"大佬"或"头"的身份"命令"他们不要对我太随便，不要给我惹麻烦，在必要的时候也要保护我的安全，避免对我的伤害。比如跟小霞混得比较熟了之后，她会主动留意我的近况，告诉我"有什么事情都可以找（她）"，"在香港就打（她）香港的手机，什么时候都收得到"。只要我打电话给她，就算不能第一时间接听，也一定会回复，有时候还问我"是不是哪个不长眼的惹到你了"，就是担心"（我）老实，人家会惹到（我），如果在香港出事，（她）就要去香港，人在那里，人家肯定会给（她）面子"。第二，尽量让尽可能多的有关人员知道我是谁，我在做什么，避免由于不知情带来的尴尬或误会。比如对夜总会同一个包厢里的人，不管认不认识，也不管他们是不是我的访谈对象，我都会在聊天的时候让他们知道我的情况，我其实并不是他们团队中的一员，我有自己明确的目的和任务，所以诸如陪酒、嗑药、赌博、提供性服务等我是不会参与的。客观上来讲，我的学生模样和气质也帮了我不少，他们通常较容易记得住我是一个研究者，因此一般情况下他们都会比较尊重我，愿意让我保持一定的独立性。第三，在参与他们活动的同时心里要时刻权衡自己是否有足够的能力对可能发生的情况有掌控性。适当参与他们的活动对于研究大有裨益，让我能从内部视角观察他们的行为，了解他们的想法，理解他们在一定的环境下作出的选择，同时也显示自己的诚意和兴趣。但是参与的度究竟该如何把握，确实是有难度的。我觉得这要"从心"出发：一是听凭自己的感觉，二是在较短的时间内考虑好可能的后果和解决的办法。如果自己心里觉得不安定或不自在，而又不能考虑好第二点，那么就不要勉强自己参与。反之，若自己情绪上和心理上做好了准备，对要做的事情也有一定的把握，比如跳跳舞、喝点酒或随他们到某些地方去看看，就可以多利用这些机会了解他们内部的文化，不宜轻易拒绝。有了"守门人"的保护和小姐们的理解，我基本没有遇到太大的难题。

总结来说，在这类型的场所中应以运用参与式观察方式为主，也可做无结构访谈或以闲聊的方式建立关系、了解情况。

◆ 街头或室外工作环境

在室外场所（如夜晚的街上）进行观察的时候又会遇到另外的一些挑战。首先的一个难题就是如何获得小姐的接纳。进入一个有既定"边界"的地盘容易引起原有成员的怀疑，进而演变成对研究者的质疑、排斥和欺负；而反过来这种进入又可能会造成对原有成员的打扰，令他们觉得自己被窥探和影响。他们可能流露出一种不耐烦的情绪，尤其是在研究者刚出现的头几次。在夜晚外出之前我都有心理准备，想象过可能的情形，比如遭到质疑、语言上的挑战甚至是驱赶。这些想象也确实得到了应验：小姐们对我的出现感到不安，有时当我介绍了自己之后她们依然对我产生了质疑，比如，"你做什么研究"，"为什么要研究我们"，"你在那里会干什么"，"你问这么多干什么"等等。我的方法是尽量详细告知我的目的和用意，特别是自己对她们并没有恶意。在外出之前我以换位思考的方式整理了她们可能最担忧的问题，并倾听自己提供的"解答"，看那是否能打消她们的疑虑。其中包括是否会危及她们的人身安全，是否会引起第三方，如警察、记者的注意，是否会因为我的"在场"而引致生意的不便等。我会着重针对这些疑虑进行介绍。当然要消除怀疑和顾虑是需要时间和耐性的，也需要一些交往的技巧。我把出现的情况当作经验的积累，每次回去都仔细回想整个过程和她们提出的问题，以便下一次"查漏补缺"，同时我也从她们的想法和担忧中了解了她们对"站街"生活的感受。做好准备，用平常心对待质疑和拒绝，给了我继续下去的动力。我明白只有放下面子、多给时间、细心耐心，才可能做到"混个脸熟"，只有混了脸熟才可能赢得信任。因此，尤其需要在进入之初多花时间与耐心考察、熟悉周遭的环境和人员，做好踩点和准备的工作，而不祈求一开始便有什么收获。

小姐们要做生意，往往比较担心我的出现会给她们造成不便，所以在这种场所中应注意尽可能以观察为主、闲聊为辅，不适宜做访谈。她们在等客的时候也会聊聊天，同时需要留意过往的路人是否为潜在顾客，还需注意周围的情况，比如是否会有醉酒的人滋扰，或来往的警察和巡逻车。作为一个"外来"者和"入侵"者，我知道自己的存在无论如何都会给她们带来一定的干扰——陌生人的凝视、研究者的姿态、我和她们的组合对路人的影响和反过来这种情况下路人对我们的影响、我的出现对潜在客人和交易的影响等。我能做的是尽可能地降低这些影响，退到一个有一定距离的地方，比如一旁的小店，我只是在那里看，不会影响她们的生意。过了几次并与她们有了一定接触之后，我与她们的聊天和说话才逐渐增多了。

从另一个角度说，在街头、室外这些场所我们的接触比较随意，交流也会较为轻松。在日常的闲聊中，关于"工作"、"玩"、"生意"、"无聊"、"赚钱"等话题也自然而然地浮现，于是我在一个"完整"和自然的环境中看到了小姐日常工作生活的细节，包括她们识别客人、讨价还价、与人互动的场景，获取了很多第一手资料。

◆ 住所等私人空间

进入这类研究场所通常有两种情况：一是跟小姐混得比较熟了之后她们请我到家里去，二是家就是她们的"工作"场所。家相对于其他的场所比较容易令人放松和放下防备，对于已经结识了一段时间的小姐，如果她们邀请我到家里去，那就说明我们的关系又向前迈进了一步。

居家环境是自然而令人放松的，在家里大家做的是最日常的吃喝拉撒之事，在聊天、看电视、煮饭、打扫、休息、打扮、打牌之时可以看到她们最自然的状态。与工作场所的观察和聊天焦点不同，居家环境往往能使某些话题的深入变得容易起来，本研究中很多较为"抽象"的话题，比如"青春饭"、年轻、家庭、婚姻、爱和感情、未来等，都是在住所这样的私人居家环境中进行的。

在我的田野经历中，较为难忘的是和深圳的小霞和广州的阿娟共同居住的日子，前后断断续续加起来大约有半年的时间。小霞的家在深圳的一个工厂附近，是宿舍式的小套间，长长的走廊上一家挨着一家。她已经买下这套房子作为和香港老公的固定居所，两室一厅不到 30 平方米，除了她自己的房间还有一个空余的小客房，我在那里住了 3 个月左右。那些日子里我常和她一起在她家附近的区域闲逛，晚上就到她熟悉的夜总会，或是去大排档吃饭、见朋友、喝酒聊天。不出去的时候我们就待在屋里看电视、聊天。因为工作关系她的老公不是经常在家，所以我们有较多的时间单独相处，而她的另一个男朋友有时候也会过去住，于是我便有机会目睹很多他们之间相处所发生的事情，包括口角、肢体冲突、和好、冷战、互相取悦等。有一次小霞与这个男友因讨论该如何对待父母观点不同而争吵，她的男友以相当粗鲁的态度对待她，还动了手。但他不承认自己打了她。小霞异常愤怒，还了手。让我非常吃惊的是，她居然跑到厨房拿起菜刀挥舞着吓唬他。大半夜的我都害怕真会出什么事。过了一会儿小霞又搬来朋友兼手下小杨当评理者和救星。小杨来到想要摆平，于是两边安抚和讨好，但小霞认为小杨不够相信自己，不能站在她这边，不够仗义。经过一晚的扰攘，情况得以平息。事后小霞跟我说，很多男人都很暴力，身为女人有时候不能就这么保持弱者的姿态。她还告诉我小杨和他女友之间既有爱又暴力的纠结故事，说女人不能总是受害的那一方，不能总是暴力的接受者。小霞用这样一种紧张的方式展现了她"拳头加菜刀"的另类女权主义想法。经过这一次，我对她关于爱情、关系、婚姻的想法和做法有了更清楚的了解。广州的阿娟则与姐妹们一起在工作的夜总会附近租了个三室一厅的房子，我和她熟稔之后到那里住了几个月。因为是夏天，我搬了简单的枕头和毛巾被在她房间的一角铺了一张折叠床，就这样分享了姐妹"共铺盖"的情谊。同住让我有机会从另一个侧面了解了她们如何在自己的居住空间内创造自主性和权力。这对于我来说真是"额外"的收获。

在这样密集的接触中我们的关系发生了变化，不再是简单的研究者与被研究者，而更多地成为可以深入交谈的姐妹和伙伴。同吃同住，分享化妆品，分享衣服，八卦明星侃社会，聊朋友、聊感情，都是女孩子们爱做的事情。这样的互动能让我从各个侧面了解她们的性格、生活方式和想法，达到在别的场合较难达到的深度。我的感受是，在住所这样的私人空间里非常适合做正式的访谈，能深入家庭日常生活，观察私人生活习惯，了解她们的过往经历、对某些事情或概念的个人看法，分享经验感受，得到其他情况下难得的资料。

◆ 市场、公园、餐厅等公共场所

和这些姑娘们混熟之后我常跟她们一起吃饭、购物、逛街，有时也会跟她们一起出去办一些日常事务。姑娘们平时大多数时候自己做饭，下午 5 点多就会出去买菜。那些住在市中心公寓里的小姐，大多数时候会选择到寓所附近的超市，既干净又方便；而住在城乡结合部或城中村的小姐，则大多数时候去市场或街边的菜摊，便宜又快捷。如果不自己做饭，通常就会到附近的小吃店吃简餐，或到粥粉面店、麻辣烫摊，到了晚上买个麦当劳或肯德基的快餐当宵夜，或者到街边士多店喝点啤酒、吃点花生。有空的时候她们会办一些家事，比如汇钱回家，到邮局寄包裹，交水费、电费、住所管理费等，有些时候住在市区的姑娘们还会去健身、游泳，有机会的话我都会和她们一起。

在这些时候，我的任务就以观察、闲聊和参与为主，留意她们是如何和周围的人打交道的；会去什么样的市场或超市；买东西的时候怎么考虑和选择，比如是注重价钱、注重品牌还是凭一时兴趣；如何谈论住的小区或环境；如何和小摊贩讲价；等等。这些日常的、微小的行为有时候能激起新的关注点。比如有一次，我在晚饭时间去她们租住的地方找她们，还在附近超市买了一盒家庭装的冰激凌，想着吃完饭可以一起当甜品吃。她们居住的那个小区在广州市一个繁华的 CBD 附近，是较为高档的封闭式管理的住宅，都是 30 楼以上的高层建筑，下面是绿化很好的花园。走到门口我被保安拦住，让我出示身份证并做来访登记。我有点吃惊，没想到保安那么严，还需要身份证。由于没随身带证件，我解释了一下，还举起了手头的雪糕以证明我并非"坏人"，但保安不让我进。于是我只能跟她们通电话告知情况，让她们跟保安说一声，放我进去。听到她们在电话里咪咪的笑声，有一瞬间我感到一丝窘迫，产生了一个念头：原来"找小姐"也可以这么难。上楼之后她们笑着说："这就是住高档小区的好处，我们也不是随随便便的嘛，看来交管理费还是有点用的！"这件研究过程中的小事引发了我的兴趣，对于大部分人来说，要交管理费不是什么值得高兴的事情，但她们的看法似乎有点不同。接触久了，慢慢发现她们有自己的一套消费观念，吃什么、用什么、怎么住，都似乎成为一种城市居住的符号。于是我开始从社区特点、生活环境、生活方式和消费模式等方面关注这些日常生活中的"符号"，中间透露出一些重要信息，比如小姐对城乡生活方式差异的理解，对消费的理解和行动，以及对城市生活的想象和调适等。日常生活场景下的考察可以帮助我们理解这些原本比较抽象的概念。

不同的研究场所不仅意味着不同的方法，也意味着研究者与受访者之间的关系不断变化。当我进入夜总会、发廊、休闲中心等场所时，我使用的是参与式观察法，从某种程度上讲我就是"局内人"；在家里或其他公共场合进行较为正式和深入一点的访谈时，我感觉自己是站在一个稍"远"的距离进行观察与互动；而在她们住处和她们聊天同住的时候，我又觉得自己就是她们的姐妹，甚至会忘记自己在做研究，这样我看到的是关于他们生活的更为全面与广阔的图景。我们的互动相互构成、相互影响，虽然各自扮演着自己的特定角色，但是合在一起便构成了新的生活空间。在这个空间里，我体验着他们的生活，他们也逐渐习惯了我的存在，在自己熟悉的生活情境中作为主体呈现着自己。

田野工作中的各种情绪与处理方法

跟小姐们紧密接触和互动期间发生过各种小情况，也掺杂了丰富的情感和个人关系。有人可能认为这样带有感情色彩的研究不中立、不客观，甚至会使研究结果产生偏颇，但我认为这恰恰是质性研究的精彩之处——它不光资料丰富，且带有深厚的情感，这些情感来源于与研究对象的互动与呼应、研究对象之间的互动、研究对象与环境之间的互动、研究者与环境之间的互动，还有研究者与自己的互动。研究不是冷冰冰的数据收集与分析和永不可能达到的中立，而是以生命体会生命、以生命影响生命的过程。她们对自己的经历有着独到的感受和解读，在我理解的过程中看到的是这些女性在生活中显露出来的或激荡或平实或无奈或期盼或迷茫或五味杂陈的情绪，看到的是她们对生活的领悟和理解，建立在一场场的爱恋情伤和一次次的失望与坚强基础上。

怀疑和敌意是研究中最常见的一种情绪，尤其是在研究初期或每一次认识一个新的联系人之时。通常他们的"测试"方法之一就是问我很多问题，看我的回答是否"靠谱"再决定是否要跟我来往，有些干脆直接说没有时间不想接触，被拒绝是常事。换位来看，这是很正常的反应——由于职业的特殊性和隐秘性，谁也不希望因为一个陌生人的出现而给自己带来麻烦，或至少是不便。退一步来说，即便不是因为这样的"工作"，也实在没有必要为一个陌生人而花费自己的时间，打乱原来的生活。再者，他们的反应也是出于一种"划界限"的需要，这样的姿态表明了他们的位置和想法。除了详细地解释自己的目的、保证隐私、知情同意这些"常规"做法之外，我会给他们更多的时间来决定有没有兴趣认识我这样一个朋友。如果他们对我有一点兴趣，那么他们往往会向我提一些问题，关于研究、关于我自己、关于念书、关于留学生活等，我也会问他们有什么问题要问我，可以是任何他们好奇或想知道的事情。通过这样的"信息交换"，研究者与被研究者之间的地位会产生微妙的变化——被"设定"的发问与回答的角色被互调过来，他们便不再处于传统调查研究中的"被动"位置；而当他们按自己的思维习惯向我提问，知道了关于我的更多的"底细"，他们就会觉得较为安全。

在广州一个大型住宅屋村中访谈小何的时候我就有这样的经验。小何是上门服务的，我按名片上的号码打过去后，她很快就来了。我先感谢她愿意过来跟我聊天，但她面对这种"不甚熟悉"的场景一直有些紧张，也显示出一些自我防卫的情绪。比如，聊天的时候，她的回应总是只言片语，而且语义模糊，都是"还可以"、"不怎么会"、"有点"这样简单的评论。过了十来分钟，我感到气氛尴尬，这样的聊天显然也没什么意思，于是我决定改变一下策略。我拿出随身带的一小盒水果口味的软糖请她吃，然后开始聊平日里喜欢的零食。接着我们聊到了身处的那个屋村，她住在附近，比我对那片区域熟悉得多，于是她向我介绍了附近有什么好吃的，有什么公园和休息绿地，有什么配套设施。进而我们就谈到了家，谈到了小何的家乡广西和农村的生活。逐渐地，她放松下来，我就问她有没有关于我的问题想问。她指了指我手里折成半个巴掌大小的访谈提纲，很好奇那是什么，说"上面有好多问题"，问我能不能给她看看。我没想到她会对这感兴趣，便马上给了她。提纲里列了一些访谈的方向性问题，比如关于个人的基本信息、关于在城市生活的经验、关于情感等。她边看边说："哦，原来就是要问这些啊。"原来她想象中觉得我会问很多较为敏感或"不客气的"问题，比如为什么要做这个、为什么不能做别的之类的，没有想到我会对个人的经验、情感等更感兴趣。在搞清楚这之后，小何显得轻松多了，话也多起来。本来访谈提纲出现在这样的聊天情景中是稍显生硬而奇怪的，但没有想到这一次因此有意想不到的收获。

在田野调查中，有时也能见到小姐之间的嫉妒和怀疑，尤其是在夜总会或发廊等姑娘们比较集中的工作场所。她们坐在那里等客人的时候便是这种情绪的"高发期"。一大群的年轻女孩子，正处在青春洋溢和叛逆的时期，妒忌、猜疑、羡慕、失望等各种情绪，伴随着伙伴情谊，弥漫在那些空间里。当我跟其中一些女孩混得比较熟的时候，我就开始接触到类似"不要和某某走得太近，她人很难处"，"平时那个谁谁挺小气的"，"某某前几天又去做眼睛了"这样的八卦或坏话。起初我觉得对于这些"互掐"的言语和信息要持能避则避的态度，以免影响自己的客观态度，给认识和理解带来困难。但慢慢地我发现这些八卦信息从一个侧面显示出她们的一些欲望和梦想，其实是帮助我了解女孩儿们的一个非常有趣的方式。比如，有一次在广州一个星级酒店夜总会的候客区，几十个女孩子坐着等候自己的妈咪"召唤"，她们一边吃着零食看着电视，一边看着进进出出的同伴们，往往会在"不经意间"流露出一些评论来。她们会在某个女孩走过之后说，

"她的头发今天这样弄好乱，太妖了"，"她的裙子不够飘逸"，
"她这也能算模特？身材也不是很好啊"，对其发型、衣着、妆
容、鞋子、身材、样貌、品位等评头论足一番，接下来便是七嘴
八舌的讨论，说自己对某人打扮风格的喜恶，谈最新的时尚流行
的是什么款式的衣服，到哪里做头发比较新潮，什么护肤品、化
妆品最适合自己，怎么保持身材，如何显得有品位，怎样才能争
得更多生意等。这实际反映了她们自己对于都市时尚和"品位"
的理解和追求。另外一个八卦的中心议题则围绕着人的性格和人
际关系。她们对某人交际中所使"手段"的"不屑"或对某人行
事风格的轻视使我能更好地理解什么对于她们来说才是"得体"
和"恰当"的，她们会如何面对一些复杂的人际关系和事件，以
及她们自己的一些价值观和态度，同时这些评论也表明了她们的
一些立场。每当有这些"八卦"出现，我就静静地听，看看她们
各自的立场和评论是怎样的，一般不发表什么意见，但有些时候
也需要小心处理，尤其是她们要求我表明态度的时候，我一般就
以"我也不是很清楚"、"我跟他/她不是很熟"等说法来尽量避
免产生什么争端。

　　对于我来说，最难面对的是小姐们叙说被强奸、盗窃、欺
凌、毒瘾复发等悲痛经历和绝望情绪的时候，而这总是和她们的
日常生活如影随形。我的第一个访谈对象小红是个 26 岁的站街
女，她皮肤黑黑的，按自己的话说，"长得不漂亮，身材又不
好"，对自己似乎抱着一种"破罐子破摔"的态度，脸上的神情
透出一股硬气，讲述自己故事的时候语气总是淡淡的。但就是这
样淡淡的似乎无所谓的叙述，让我内心翻腾，就像打了很多个解
不开的结一样。她在街头曾经遭遇过被骗、打劫，甚至有一次当
她谈好价钱与一个男人到附近的宾馆后，却发现那男人带了其他
两个朋友，在未经她同意的情况下强行与她发生了性关系，事后
他们却不愿给钱。听到这样的事情我觉得非常不安与难受，这是

明显的轮奸行为，但小红无力反抗。然而，她的叙述却是平平淡淡的，好像这不是发生在她身上的事。她总是说，"我一个小姐，我能怎样"，只有先尽量保证自己是安全的，其他都没有办法了。她后来结交的男友，没有正当职业，还吸毒，靠她赚钱养活。她爱他，却又不想为了他去站街，更恨他毒瘾不断，几进几出戒毒所，她也因此染上了毒瘾。孤独使她抓住了他、爱他，仿佛从此得到了依靠；"烂泥扶不上壁"的不争却使她更感无助，在无数孤单的夜里泪流满面。爱恨交织充满胸腔，无法抒发，只有一字一句记在日记里，到了我手中，看到的是满纸的辛酸、爱恨，失望与希望缠绵不绝。

阿雅原本有个在外人看来颇幸福的家庭，有一个工作稳定的老公和一个儿子，她却毅然抛下这一切跑到深圳做起了小姐，和一个比自己年轻几乎 20 岁的男孩子谈起了恋爱。朋友都说他们天天卿卿我我，像是小情侣一样。然而甜蜜背后总有伤痛。男友吸毒，她也跟着"玩"上了瘾，一次次想戒却总也断不了，前后进了 6 次戒毒所，一次次的希望都被自己亲手断送。到底当初的决定是对是错？重回家庭还是坚持自由？自己自在生活的选择和对儿子的责任与爱意是一对矛盾，似乎非此即彼。是悔恨？是无奈？是该像现在这样痛并快乐着，还是该像以前一样烦闷却有完整的家庭？该何去何从？当她跟我叙述这一切的时候，她的手颤抖着，点了一支又一支的烟，绝望的情绪充斥着整个谈话。我无法用任何的语言表达我自己内心感受，也不知该安慰她，还是鼓励她，还是保持静默。在倾听的过程中巨大的绝望感不断地冲撞着我。

这就是接踵而来的另一个问题：故事的"精彩"之处在于它们的曲折反复以及其中包含的复杂情感。小姐们诉说的很多恋爱、婚姻和在这一行里摸爬滚打的经历于我来说是相当震撼的。尤其当暴力、婚外情、毒瘾等叙述出现的时候，不仅叙述者本人声泪俱下，情感波动，而且我这个倾听者也倍感无奈与感伤。生活中的痛苦、纠缠、无望被带入研究中，尤其令人感到无力。如何处理访谈中的情绪，就是在这种情况下值得思考的一点。我没有这样的经验，也无法站在任何一个立场上进行"劝慰"或"开解"，因此大部分时候我只能保持静默，等待受访者自己调整心情之后再继续。假如她们觉得话题太伤神而不想继续，我们就转换话题谈别的。而且，不得不承认我有时会被叙述中的故事影响，凭单方面的印象对受访者产生同情。

每当经历这样的情景，我都会想，怎样才能减少对受访者情绪的扰动，也降低负面情绪对自己的影响呢？首先，所有叙述都应当是建立在自愿的基础上，说不说，什么可以说、什么不想说，说到哪一点为止，都是受访者的权利，必须得到充分保护。显然，对于有些受访者来说，她们选择跟我倾吐某些经历或情感，是因为信任。保护好这份信任是最基本的一种尊重。如果她们选择说出来，我相信这也是一种对记忆和经历的重新整理。倾诉其实也是一种发泄与释放，小红就说过，"说出来就是说出来了，找个人吐吐苦水也是好的，说完就舒服了"。叙述便发挥了重组记忆、改变态度的功能（Bamberg，2006；艾利丝和博克纳，2003：790－795）。有时说完她们自己也一笑置之，觉得凡事经历过都是一种收获。其次，我觉得应当多给时间使双方缓和自己的情绪，无论是唉声叹气还是沉默，都应当容忍，也不必太执着于即时的安慰或回应。停顿和静默之后我常常会问她们现在觉得怎么样，有什么感受，当作一个总结和把这件事"结束"与"让它过去"的仪式。

但事情总是两面的。建立相互信任，也只能在一定程度上，而且有时取决于我——研究者——将自己暴露到什么程度（方塔纳和弗里，2003：698）。我诉说自己的故事与经历，是为了换取同样的回应，还是在研究中自然感情的流露？有时候我也很难说清楚。大部分情况是属于后者，但当我分享了自己的故事后，我总是希望对方能给予一定的"回报"，而且有时候期待能得到"精彩"的故事。研究者的"自私"心态始终盘亘于此（同上：702）。

对于自己的情绪也要学会面对和坦承，像这样，研究中可能产生各种各样的想法和情绪，包括一些正统研究中认为应该摒除的东西，如个人喜好、偏见、对被访者的同情等，但作为研究者如果觉得自己必须保持中性的态度而隐藏田野中的这些个人情感，不仅是一种扭曲，也是一种伤害，更是一种虚伪。深入的交往需要真心实意，这必然会带来真情实感和即时的情绪反应。我们应该用更积极的态度去拥抱、面对、理解它们，而非排斥，才能看清这些情绪来源何在，这有助于我们进一步理解自己在做什么。我在实际田野工作开始之前一直忐忑、焦虑，每天都为自己就要"出去"了而感到紧张，夜店、酒吧、街边……这一切都似乎离我平时的生活太遥远，想象不到我会接触到什么样的人，会经历什么样的事情，每天要过怎样的生活，以至于在一段时间内我都无法下定决心真正踏出第一步。但当我真的开始接触这群女性后，我感受到更多的是同龄人、同性之间的熟悉与相似。她们大部分和我年龄相仿，或比我更年轻，话之所至都是这个年纪的人最关心的事情：恋爱和情感。聊必谈男友，言必提美容，消除了我的大部分不安。我开始反思自己的紧张与害怕——我到底害怕什么？是不熟悉的环境，陌生的生活方式，还是担心"那里"的人会对我不利？我总是把娱乐场所想象成声色场所，把小姐想象成说话做事浮于表面、逢场作戏的人，把她们的生活想象成一片混乱。我就是觉得这和我平时的生活习惯大不一样，仿佛会进入一个完全不同、黑白颠倒的世界。随着田野工作的进行我逐渐意识到，这就是偏见和刻板印象。虽然我不能完全摒除某些想法，但我还是从自己的害怕与不安中看到了刻板印象是如何影响人的态度的。在田野工作中我也不能完全控制自己对某些人更有好感，对某些人有自己的一套评价方式，对某些行为不能认同，或对某些场所仍有不适应，但这也是一种经历，我会把它当作资料收集的一部分，将之融入我的反思与解读中，而这恰恰可能带来全新的主题与观点。本书的第七章就是一个很生动的例子。

访谈

随着经济腾飞与对外贸易的不断扩展，一向以外向型经济为主、工厂鳞次栉比的珠三角各地各种消费层次的娱乐场所蓬勃发展，不同经营形式下的小姐群体内部差异性很大，这是我们特别需要注意到的。由于本研究的目的并非突出代表性，不是为了找出各个不同"层次"的小姐间的共性或差异，因此研究对象的选取其实并未按照严格的统计抽样方法和比例来进行。在不同制度、工作、生活环境下看每个人独特的生活处事和个人策略才是最重要的目的，因此要尽可能突出每个故事，使细节丰富起来。而个人资源、时间、精力是有限的，在这个研究里我无法涉及所有不同的场所，也无法在访谈工作中涉及所有类型的小姐，由于访谈系深入、多次的访谈，也无法大量进行。在系统性、合理性、可操作性几个原则之下，我首先根据工种考虑选择的对象，再结合研究中出现的新焦点进行立意抽样，最终用半结构访谈的方式访谈了23名小姐，涉及7个不同的工种，其中站街女6名，电话应召女郎1名，按摩女1名，夜总会女郎11名，曾经做过小姐的妈咪2名，发廊女2名；23人中6人已婚，有孩子的3人。具体的情况参见附录I"接受过访谈的小姐"（本书中的姓名皆为受访者对自己的称呼）。

其中8位经过了多次访谈，其余的是一次访谈，每次访谈的长度为2~3小时，多次访谈的人每次访谈的时间一个半小时至两小时。深入访谈有助于"获取被访谈者关于其生活世界的描述，以阐释描述现象的意义"（Kvale，1996：5）。在本研究中，深入访谈有利于对这个人群每日生活、情感、经历、体验、情境的细致描述与呈现。访谈中如果出现她们特别想聊或谈得特别多的话题，我就脱离事先设定的任何方向，专注于此，因为这些有可能就是在她们日常生活体验中最相关的事，有利于我们发现新的话题形态。

从最初的访谈开始不断积累话题和经验，最终较为成熟的访谈提纲大致涉及以下几个大的方面。

- 基本信息：包括年龄、家乡、过往工作经历、婚姻家庭情况、居住情况、家庭大致背景、以往生活经历、日常时间安排等。

- 城市生活体验：包括流动的经历、农村生活、日常生活、城市生活经历等。

- 婚姻情感经历：包括恋爱经历、婚姻经历、对男友/丈夫的评价、亲密关系中的难忘事件、对理想伴侣的想象等。

- 自我身份认同：包括对"小姐"身份的认同、对"性工作者"身份的认识、对"工作"的理解、对现在这份工作的体验与想法、处理各种人际关系的技巧、对未来的想象和期望等。

提纲只是起到一个提挈的作用，让对话有个大致的方向。在访谈中我逐渐发现，有些话题反复出现，即便我没有特意提起，小姐们自己往往也会谈及，其中谈得最多的就是感情、婚姻的议题，涉及恋爱经历，男友、老公或伴侣，婚姻经历，家庭组织形式，自己对过往经历的想法等。此外是对于这份"工"的一些想法，包括她们自己对做小姐这件事情的理解，而这个和情感经历、从农村到城市的流动经历、从业经历等密切相关。比较有意思的是，在好几个访谈中，小姐们不约而同提到了吃"青春饭"这个概念。20 世纪 80 ~ 90 年代的时候"青春饭"引起过社会上的大讨论，但现在基本已经不太有这样的说法了，我原本以为这是个"过时"的提法，没想到在这些只有二十来岁的小姐嘴里再一次听到。对农村生活的体会、对贫困的体验、流动经历和城市生活经验一同钩织了她们的"青春饭"体验，而她们对要如何吃这碗"青春饭"有着独特的想法。这将在本书的第五章中呈现。这些话题便成为访谈的重点进行深入，聊的时候会具体化，而不是只停留在抽象的层面上，以更充分地展现生活细节。因此在访谈中我较注重故事性，强调经历、经验、过程和细节。在整个研究过程中访谈提纲逐步具体化，虽然访谈多以无结构的方式进行，但提纲在必要的时候可以提醒与补充，给自己一个更好的参考。

访谈都按被访者的意愿选择地方进行，很多时候小姐们都喜欢在住家附近的小饭馆、公园/绿地或自己租住的地方跟我聊。对于我来说，最好的场所当然是安静又能满足隐私保护需要的地方，比如住家，这在田野调查过程中也是能随着与小姐关系的推进逐步做到的。对于小姐来说，有了足够的信任，住处也确实是一个舒适的地方，适合三两个人放松地聊天。这种在居家环境中的聊天或是访谈通常持续的时间都会比较长，可以进行一整晚或大半天。除此之外，她们也很喜欢到麦当劳之类的快餐店或附近的小餐馆去，因为一边聊天一边吃饭是最方便的方式，既可以享受快捷简单的美食和市井随意的氛围，又可以聊天说笑，没有拘束。茶楼、饭馆本身的环境，有时正适于某些话题的开展，如日常生活中杂碎、细微的事情，人际关系中的纠缠，或是家庭关系中的无奈。置身于人多喧闹的环境，谈论这些原本显得有些啰唆、沉重的话题便有了些许局外人冷眼旁观、就事论事的味道。点心、喝茶、吃饭这种看似平常的街头的生活习惯在研究过程中不仅淡化了学术带来的冷峻感觉，而且成为生活与情感叙述的最佳场所之一，不得不说是一种意外的发现。不过在外面的餐厅聊天不利于录音，有时即便只是现场听起来悠扬安静的音乐到了录音笔中却成了一种可能遮盖对话的干扰。有过一两次这样的经历之后在这样的场所中我就狠下心抛弃了录音笔，却猛然发现没有录音笔的时候其实别有一番收获。比如有一次在和小红聊天的时候，又照例说起了她的男友。本来我对他们的事也有所知晓，也不是第一次讲起他，但没想到那晚小红一支接一支地抽烟，显得有些不知所措。当近十个烟头铺满了饭馆地面的时候，她忽然对我说："你能不能把录音关掉，我告诉你一些我和他的事情吧。"接下来的一个多小时里，我听到了跌宕的情感故事，包括他们的很多亲密举动和多角关系。小红后来对我说，有些事情她一直在纠结要不要告诉我，她担心我会用异样的眼光看她的一些想法和行为，怕我会觉得他们之间的关系很复杂，但也就是因为这些纠缠不清的关系和事情让她对男友爱恨交织，欲罢不能，所以她终于在下定决心后向我诉说，但又不想我在听录音时对这些事有多一次的"判断"机会，关掉录音使她更有安全感。所以录音设备的使用在访谈中并不是必要的，很多时候它确实能使我专心于谈话，不用担心是否能记住细节和要义，但没有它的时候一次"访谈"就变成了一场"交底"的谈心，往往能收到意想不到的效果。

也有一些时候我会造访小姐们的工作场所，如歌厅、夜总会的大厅或候客区域、休闲馆的候客或按摩区域等，那里嘈杂声、烟雾、干扰司空见惯，就更不适于用录音设备或进行半结构访谈。这些情况下我会采用观察加闲聊的方式。要特别指出的是，除了半结构访谈外，本研究中敞开闲聊，即无结构访谈也占了很大的比重，从中收集了丰富的资料。聊天的对象不仅仅是这23名小姐，还有在田野工作中接触到的她们的朋友、保安、妈咪、客人、社团组织人员等等。由于这是他们的"主场"，对环境熟悉，熟人也多，他们会显得比较轻松自在，谈论的话题也完全由他们掌控，小姐们所表露出来的一切都是日常情境下的日常反应，是与熟人和朋友之间的交谈，而我则退居一边，尽量减少自己的参与，只在一个相对自然的情境下看他们如何互动和不同人之间的关系，这就是一种"共景"（潘绥铭、黄盈盈、王东，2011：302）。在这样的聊天中，我已经不是单纯作为一个研究者存在，而是他们中的一分子，活动在他们的空间里，体会着他们的日常生活，经历着他们或细碎或重要的事务。闲聊看似"漫无目的"，却最能够体现这个群体的自主性，因为这是他们共同构建的聊天话题，谈论的是他们最关心的事，是他们身处的活生生的环境。因此，"散漫"的对话可能包含重要的信息，从闲聊中发掘出来的话题不仅呈现对某些事的集体感受，更反映了小姐群体中的多元和差异。不仅仅是谈话的内容，连说话时的神情、动作、情绪都可能透露出小姐们内心的情感和态度。某些事件带来的印象、一场独特的经历等都可能不是有预设问题的访谈能带出来的，所以我特别珍惜每一次旁听或与她们闲聊的机会，从内心里觉得畅快淋漓。我会利用去厕所的时间简单记下谈话要点以防遗漏，回到家中再马上进行补写，把印象最深刻、谈得最多的内容补充完整，同时把所见所闻的一切细节，包括场景、人物、发生的事情、人物之间的关系、互动、神情、反应、氛围、情绪等都写下来，再加上自己对一些情景或事件的感想、反应和反思，就形成了较为立体的访谈记录和田野笔记。有录音记录的访谈经过誊写形成逐字稿，所有这些资料就成为数据分析的原始材料。

其他方法

为了提高所收集资料的质量和减少研究偏见，我会配合其他形式的数据收集方法，比如跟小姐们联系紧密之后，我们会时不时互通电话，问问彼此的近况，随便聊聊天。有时候电话里聊着聊着也会聊到一些特定的话题，比如跟某些客人打交道的事，跟男友/丈夫的关系等，这是访谈和闲聊之外的另一种互动方式。打电话能稳固已经形成的朋友关系，尤其是逢年过节之时，电话或短信的问候能保持与小姐直接的联络。她们流动性非常大，有时候过年过节一回家也许就不再回到原本的城市了，电话也随之失效，及时的联系有助于更新一些信息。除此之外，网络聊天（如 QQ）也是常用的方法。虽然她们在线的时间不长，但经常在网上露露脸聊几句也能起到维护关系的作用。我相信利用多元方法（multi–method），在不同的时、地、事、物中能获得更全面、客观的数据（胡幼慧，1996）。

整个研究过程中最让我感到"意外"的是小红的日记本和小霞自己写的剧本。小红的日记记了一年多，断断续续的也有大半本，每一篇都有一页的样子，写的几乎全是她与男友之间的情感纠葛。小霞的剧本只写了个头，起了个题目叫《月之阴晴圆缺》，虽然只有几段话，但我十分惊诧于她写剧本的这个想法。在本书第七章我会有更详细的阐述。读着她们的文字，仿佛在安静中与她们展开了聊天和访谈之外的另一种私密对话。有些口头没法表达的辗转复杂的情感在纸上慢慢舒展开，看着其中的纠结、痛苦、反复、矛盾，和芝麻、绿豆般的日常生活小事，情感的起承转合在或微妙或直接的表达中体现得淋漓尽致。

数据解读

数据解读在数据收集时即开始。本研究用的是开放编码，依主题概念或类别归在一起，比较不同受访者之间的叙述、故事、事件、形象、情境等。在解读中，除了留意叙述中的具体语言、行为、意义、过程、背景等外，我还通过对相关概念的思考和疑问来确定下一轮解读的方向与重点。比如，小姐们讲了很多她们自身的经历和故事，还有对做小姐的看法，在留意她们关于日常"工作"、生活具体事件和感受的描述的同时，我开始考量这些叙述背后的情境，尝试提出下列理论性的问题来帮助自己弄清什么是她们所理解的"工作"，这又如何影响她们经历和经验。

● 她们理解中的"工作"通常指什么？有哪些要素？

- 这些要素如何影响她们作为小姐的经历？
- 什么因素在影响着小姐对"工作"和"性工作"的体会？
- 她们自己如何看待自己的身份？是"性工作者"吗？

在下一轮的解读中，我就会特别留意有关这几个问题的方面，寻求进一步的理解。分析过程中我不但注意那些清楚表述出来的事件和想法，还特别留意言辞背后的情感和可能隐藏的意义，为了做到这一点，整个数据解读的过程分四轮进行。

第一轮的解读我采用逐句编码的形式记录下叙述中出现的一些主题。这一轮的编码一般都是较短的描述式的词语，比如"自我安全感"、"避免污名"、"对农村生活的描述"、"眼下的生活状态"、"婚姻的意义"、"朋友圈子"、"夫妻关系"等等。因访谈内容围绕日常生活进行，覆盖面很广，因此这些编码也是五花八门，涉及不同的话题。即便是在同一句话中也会有不同的编码出现。在读誊写记录时，字面意义或明确表达的意思是比较容易被解读出来的，但从字里行间、说话语气我们还能体会到叙述者的一些隐含意义和微妙的情感变化，这相对来说就要复杂一些。尤其是涉及婚姻的话题，往往包含很多的情感，其中的意义也不是爱憎分明、毫不含糊的。复杂的情感和经历在每个受访者的叙述中都会出现，不仅是已婚者，单身者也有很多纠缠的细节。谈及感情的不愉快时，往往伴随着伤心、失落、委屈和痛苦，但是在这些细节的描述中我们又能看到她们做出的一些挣扎、努力和调适。又比如，谈到农村生活的时候，贫穷的记忆往往充满了清晰的苦味，讲劳动、讲读书、讲农村的生活方式，都表达了想要离开农村的决心。就像以往文献分析的那样，多赚点钱似乎成为这些姑娘做小姐的"放之四海而皆准"的推动因素——但除了钱，还有别的原因吗？我愈来愈感觉到关于贫穷和钱的叙述背后有一些别的什么，但到底是什么呢？在资料解读的过程中通过组织原始编码，我逐渐理清了一些思路：她们常常谈到"要多出去

看外面的世界"，"趁年轻多闯荡"，"不想一直在农村待着"，也
讲到了很多消费上的事情，比如买漂亮衣服、过生日送礼物、买
摩托车、买电器等，这里面折射出她们对城市化和现代化的渴
望。农村和城市生活方式的不同刺激着她们的消费欲望，使她们
渴望改变，而父母一辈外出打工的经历和由此得到改变的生活进
一步增强了这种欲望——她们渴望的不仅仅是钱本身，更重要的
是都市化的生活方式，而这在我国城乡二元的巨大差异下显得尤
为突出。这都提醒我多关注她们日常生活中交织的情感、复杂的
关系和事情的多面性，明确的字面意思和字里行间表达的情感一
道，帮助我理解她们的经验。

　　第二轮，发现叙述中共同的较重要的主题，成为解读的重
点。通过彩色标注我把第一轮中相同颜色（即相同的编码）集中
在一起，于是同一个编码下就有了不同的叙述。例如，"与伴侣
的关系"，在很多受访者的叙述中都是谈论的重点之一，但在不
同受访者的叙述中有不同的描述形式——"我老公三十了，还像
个小孩子，天天喝酒，还跟我吵架，跟着他没有安全感"；"男友
也吸毒，没有钱了我就要出去，我也很痛苦，但又离不了他"；
"我老公是个很沉闷的人，最好什么东西都按部就班，什么都不
要改变，我就不喜欢这样"；"我在外面那么辛苦，他就在家里天
天打麻将，还以为我赚钱很容易，对我一点感激都没有"；等等。
我把每个案例中涉及此编码的相关论述集合起来，形成不同的
"形态"（pattern），发现小姐们与伴侣的关系受很多不同因素的
影响，而且关系是非常微妙的，如："能赚钱他就不管我做什么"
（钱和生活来源保障），"他就喜欢我的豪爽、直接，不兜圈子，
所以也不在乎我是做什么的"（性格），"我们就像是互相依靠，
各取所需"（生活方式），"他不在身边，我又找了个男朋友，但
其实我跟他还是挺好的"（距离）等。不断总结和归类，能使叙
述的意义逐渐浮出水面。同样的，"对两性关系的看法"、"婚姻

的意义"、"恋爱经历"等编码下也出现了诸多不同的形态，这些都是在访谈中反复出现的重要话题。通过在不同受访者之间的不断对比，我总结出了"保持单身"、"对长期关系感到迷茫"、"多性伴/多重关系"、"婚姻是模糊的念想"等不同形态，这一方面阶段性地总结了数据，另一方面又为下一步的访谈和资料收集提供了方向。

第三轮解读注重的是各种形态、类别出现的情境与条件。每个人的不同行为、选择和想法都是产生在不同的情境下的，那么这些类别间有什么相似或不同？是什么影响产生了这些异同？每个故事发生在什么脉络情境下？产生各种看法或行为的背景是什么？这样的分析能帮助我找出各形态间的联系，整理故事脉络，根据分析框架提出一些理论性的概念。例如，在"对自己现在工作的认识"这个主题下，通过对叙述的归纳、对形态的比较，我得到了四种不同的形态，分别是"玩"、"做生意"、"出来"和"工作"。这些认识模式是建立在一系列的条件之上的，比如小姐们的"工种"（是站街、电话应召还是夜总会等）、工作环境、收入水平、家庭关系、对未来的想象、有无毒瘾，以及和这一切都相关的她们在这个行当里的自身经历等。她们对自己"现在在做什么"的回答并不完全是信口拈来、顺其自然的结果，比如认为自己在"玩"的一群，觉得现在的状态比较漂浮，工作时间不定，"不是朝九晚五"，工作的环境也不像其他"工作"那样"在写字楼里对着电脑"，而且自己也不知道以后想要干什么，总之觉得是一种暂时的过渡性的阶段，因此不能说这是一种"工作"。相对于站街或在家中接客的小姐，在夜总会"上班"的女孩子可能有更"稳定"和良好的工作环境，收入也较高，而且她们接触的客人也与前者不太相同，因此她们中的一部分认为自己是在"做生意"。至此，可以整理出如下一些初步的论点。

• 城乡差距刺激了小姐消费的欲望；

●婚姻或其他亲密关系对于小姐的生活道路选择有着长久的持续的影响，包括向城市流动、进入性产业等决定，也包括对生活的种种期望；

●小姐利用各种都市化表征来满足自己都市化的欲望，虽然这里的表面意义大于实际意义；而作为流动人口真正的市民权对于她们来说依然难以企及；

●小姐对工作的理解随着自己在性产业中的经历不同而不同，影响因素包括工作环境、收入、是否有人生目标等。

随着这些论点的出现，我的数据收集可以更有针对性，而新的数据或进一步支持和丰富这些论点，或促进其修正和重解。

第四轮，我运用了马勒和佩莎（Mahler and Pessar, 2001）的理论框架来进一步分析这些互相交织的因素是如何影响这些女性作为在城市生活的流动人口和小姐对生活和工作的理解的，从而帮助进一步推出论点。根据上一章中提及的理论框架，我从社会位置、地理尺度、能动性和欲望四方面分析小姐的日常生活经验，重组她们叙述的故事，发展出新的概念或元素作为既有框架的丰富与补充。这是资料解读的最后一个阶段，我尝试通过讲故事的方式解释一些较为抽象的意义和理念，比如"玩闹间的生命力"、日常生活实践、微小抗争和"战术"等。理论框架中"欲望"的部分也是这样从资料中发展完善出来的：小姐日常生活中的因应策略、微小抗争和"战术"都是她们能动性的反应，然而它们都非经过精心策划的"战略"，更多的是无意识的、模糊的、日常的行为，因此在"能动性"外我们必须要有这样的元素去反映资料的特征。她们对自己性别身份、形象的期望和打造也能反映出她们的自我意识，这是日常抗争的外在提升。

数据呈现部分，即第四章至第七章是根据四轮解读得到的四大主题来安排的，分别是：恋爱与婚姻、消费与生活方式、对"工作"的理解及对自己正在从事的"这份工"的理解，以及战术和生活技巧。每一章中都可以看到小姐们不同的生活实践、价值观、生活方式、"战术"等，彼此在婚姻选择、亲密关系实践、对工作的理解、生活方式、生活计划等方面的差异为我们探究她们的欲望提供了很好的切入点和视角。

研究伦理、信度、效度与自反性

虽然关于质性研究有效性和信度的争论还在持续（参见Kvale，1995；Dorothy，2003；Guba and Lincoln，2005），它们并无统一的定义与检验方式，而是情境性和相对的（Maxwell，2002；Golafshani，2003），但无疑质性研究学者还是要关注如何在实际研究中理解与贯彻效度与信度。在以人为主体对象的社会科学研究中，还要考虑良好的研究伦理，以"保护个体、社区和整体环境，潜在来说有利于创造更加和谐的世界"（Israel and Hay，2006：2）。在田野调查中，除了尽力从研究过程中得到更多外，我考虑的便是如何既保护自己，又能最大限度保护好我的研究对象们（Jason，2007：519－520），使其也能从研究过程中有所受益。本部分整理了我的经历、经验、想法和反思，期望跟读者一起分享。

知情同意

通常来说，研究伦理有四方面的考虑，分别是：知情同意、信息保密、趋利去害与保持良好和公正的关系（Marshall and Rossman，2006）。本研究中的所有受访者都是在自愿的基础上接受访谈的。在访谈之前我都会花一段时间与她们混熟一些，好让她们知道我是谁，我在干什么，为什么会对她们和她们的生活感兴趣，为什么需要她们的帮助和参与，研究是怎么一回事，整个过程大致如何，成果将会如何运用等，因此花在日常交流上的时间是比较多的。我告诉她们如果时间不允许或出于任何原因她们不想继续参与了都可以随时"退出"，并且如果她们有任何自己的想法或疑问都可以随时提出，总之目的就是一个，不要让自己觉得不自在。前文也提到，让她们提问是个好方法，如果她们想要了解任何她们感兴趣或关心的事情都可以尽管问，然后再决定是否乐意参与或与我交朋友。有意思的是，最常问的问题是关于读博士到底是怎样的、是不是很难、每天要做些什么、是不是要读很多书、国外生活又是怎样的等。大学生活、国外生活对于她们来说都只是"想象中的事情"，在她们的日常生活中连碰到一个大学生都不是件理所当然的事，更不要说我这样一个高学历的人，因此她们充满了好奇心。这种好奇心甚至延伸到我同学身上——她们是些什么人，在做什么研究。在聊天中我告诉她们，我在香港的同学里有一个在做恋爱暴力的研究，一个在做生于20世纪70年代的在上海生活的年轻女性的研究，一个在研究性交困难，一个在研究单亲母亲的生活。小姐们对此感到既新奇又高兴，一个典型的反应就是，"原来有人在做这些的"，"原来有人关心我们"，都觉得应该有人多看看女人的生活。阿娟就明确跟我说，"你们做的这些事情是很值得尊重的，我觉得应该支持"。另一个受访者明姐则说，论文放在图书馆是件好事，这样就有更多的人可以读到它，能了解到她们的生活。

还有些更为热切一点的女孩们会问我国外关于她们这样的人的生活是怎样的，国外的那些研究又会把她们看成什么样人，这个话题的讨论到目前为止有什么进展。我告诉她们我看过的一本对我的研究兴趣产生了重大影响的书——奥康奈尔·戴维森的《娼妓，权力和自由》，里面是如何描述了处于不同生活"阶层"的妓女的复杂处境，又如何开拓了我的视野和加深了对此问题的了解。除此之外，国外还有很多关于是娼妓还是性工作的争论，不同的人有不同的看法，从业女性自身也有不同的理解和经历。

正如文文和娜娜两姐妹说，每个女人都有自己的故事，所以有些经验是不能等同和由此及彼的。我还跟她们叙说我是怎样一步步寻找与接触受访者的，我对更好地理解女性生活这件事情怀有的热情和希望大家做朋友常来往的意愿。通过彼此分享，她们中的一些表示"知道自己不是孤单的，别的地方还有很多人跟自己是一样的，感觉好多了"，尤其是"还有人关心我们的生活和想法"，她们觉得内心看到了一些希望。

知情同意其实是一个持续商榷的过程而非一次性的努力（Sin，2005；Israel and Hay，2006）。在整个研究过程中如果有什么信息我认为是受访者应该知道的或在任何阶段需要征得其同意或意见的我都会随时告知。整个信息的交换应该是平等坦诚的，除了研究者从对方身上获取研究需要的信息外，让受访者从自己这里得到更多的收益——无论是实质的信息还是情感上的满足也是非常重要的，我认为这是一种起码的互相尊重，这也是解决一些相关问题的最有效的方式。

在田野调查的最初阶段我曾支付过访谈酬金给三个小姐（小红、莹莹和小何），她们是我在夜街上、夜总会里和打电话上门碰到的。由于是第一次见面就提出了我的研究身份和聊天的要求，占用了她们的工作时间，我就提出支付相应的钱给她们，以表感谢。在当时的场景下我觉得那样做是合理也是较好的方法。我跟她们说那些钱是我的一点心意，感谢她们愿意为我这个陌生人付出时间，和我聊天，否则的话她们在同样的时间里也能赚到那么多。解释和表示诚意在这样的情况下是很必要的，因为给钱这样的举动容易给她们带来一些情感上的不快，比如她们可能会觉得这是看不起她们，因为身份上的差异而导致失落，或误认为你会觉得她们很势利；还有一种可能性则是，她们说的话、给出的信息会因此不同——既然你给了钱，我就说一些你可能会想听的，或迎合你的喜好，或按主流的观点制造一套说法，完成交换的过程，这都是非常微妙的。在第一次见面的短暂时间里我就尽可能地表示自己的尊重与诚意，由于年龄上的相近聊天都是比较轻松的，我再表示非常愿意与她们再次相见，然而就不是以"研究者"与"被研究者"的关系来进行了，而是刚认识的新朋友。在随后的见面里我就不再给钱了，而是请她们喝东西或吃饭。我也会跟她们解释，我没有研究经费用以支付每次见面的聊天或访谈，她们也非常理解，都说朋友之间是不需要给钱聊天的。约吃饭的时候我都会就她们方便请她们选择餐厅，一般来说她们都会找住处附近她们比较熟悉的小饭馆。除了这三个人，其他的小姐都是通过一些朋友或熟人的关系找到的，或是以滚雪球的方式通过认识了的小姐介绍的，这样的认识方式更为"自然"，也就无须给钱了。但我也会买些小礼物送给她们作为答谢，比如唇膏、饰物、小孩的衣服等，有时上家里去的话也会买些甜品、雪糕、零食等大家一起吃，小姐们都非常乐意接受。

信息保密

在田野调查中我发现并非所有的人都会担心透露自己的真实姓名和个人信息。原因之一是所谓的"真实"姓名有时候可能只是不同情境中的称谓而已，很多人到广东来之后用惯了一个"假名"或称呼，久而久之也非常习惯了，在生活中的方方面面大家都这样叫他，"假名"也就成了众所周知的"真名"。这些"假名"其实并不一定是为了隐藏真实身份，有时只是为了称呼方便或好听，尤其是对于客人或妈咪来说，因此这些名字一般是两个字的，比较好记。第二个原因和我的身份有关。我作为一个香港的学生，生活环境与她们有很大不同，心理距离也较远，因此她们不会太担心信息泄露可能导致的麻烦。但无论如何，我还是事先告诉她们在我们的交流中和以后的论文写作中都可以选择自己认为方便的名字。至于家乡、教育背景、性经历、婚恋经历、家

庭状况等更私密的信息，我则采取"逐步披露"的方式——她们
什么时候愿意说、怎么说、说多少，都取决于她们自己，尤其是
像性与亲密关系这样的内容。如果在之前的交流中她们觉得安
全、舒服，对我有足够的信任，那么在接下来的接触中她们就会
说得更多一些。

趋利去害和公正关系的建立

常常有人提出质疑，觉得可能有人会在访谈中隐瞒一些"不
利于"自己形象或与传统女性期望不符的事情，比如大家会问：
"你如何保证她们跟你说的是真的呢？假如我有什么婚外情、不
伦恋啊这样的事情，我肯定不会告诉你啊。"他们也想知道，小
姐究竟会不会为了迎合我的理解而"为我"打造一个"可怜"、
"悲惨"、"无奈"以至于要进入此行的"受害者"形象。我觉得
这确实是极有可能的。在不熟悉的情况下一般人都会选择在他人
面前展现一个"正常"的自我形象，而这往往是根据社会规范和
社会期望来打造的。因而她们的叙述不一定能"精准"反映发生
过的事情或她们的"真实"内心和形象。但我认为，访谈只是一
种场景，一种经过设置的、特殊的谈话场景，个人观点、经验、
看法等在此场景中本来就是以一种特殊的方式呈现。小姐们也许
根据自己对这次访谈和研究的理解来决定她要以一个什么形象出
现，以什么形象留存于我的研究中。过去的经历和对未来的期望
联系在一起，因此即便"撒谎"或隐瞒也是她们的自我决定，使
其修改现在的呈现方式，也是一种自我展现（艾利丝和博克纳，
2003：793）。在这个意义上，这也属于一种身体的空间再生产。
出于研究性质和目的考虑，我并不是十分在意信息的所谓"真实
性"，因此我并不去刻意判断她跟我说的是真还是假，也不会刻
意通过其他途径或与其他人"对质"，来印证叙述的真实性，所
以大部分情况下我可能还是不知道她是否撒谎或隐瞒。同时，我

觉得让受访者自己决定哪些信息她愿意分享，哪些她不想诉说，能保护她们的隐私，也能使研究过程更真诚，因此是一种实在和道德的做法。毕竟，研究的目的在于真诚沟通，增进理解，而非一味挖掘有趣、曲折、悲伤或激烈的所谓"猛料"。此外，小姐群体本来就以"堕落"和"乱"的形象呈现于世人面前，无论这是否扭曲，无形中也减少了她们害怕损害自己形象的"叙述成本"，有时候甚至恰好相反，她们选择以一种"破罐子破摔"的形象呈现自己，以增加协商和抵抗的资本。这一点在本书第七章会有更详尽的阐述。

如果受访者自愿透露某些信息，不会对他们的利益、安全和心理等造成任何损害，那么这种交流就是符合研究伦理的。我主要考虑的其实不是他们什么可以说、什么不能说的问题，而是如何趋利避害（Hallowell et al.，2005；Jason et al.，2007）。比如，我们一向认为关于性的话题对于大部分人来说都是禁忌，所以在访谈中属于较敏感的问题，但在田野调查中我发现，有些小姐会很主动地跟我谈她们的性经历，阿娟就是其中一个例子。她说她预期我一定会问的，因为我是在做关于小姐的研究。所以当在访谈中我还未问到的时候她反而感到有些着急，问我是不是害羞不敢问她。珍姐却认为我"太年轻了，还没结婚呢，谈这些不太好"。这里面有一种很微妙的权力关系，是一个变化和不断平衡的过程——虽然她们中的大多数都比我年轻，但在性的方面却比我有经验得多，性经历此时成了一种谈话和增权的资本，而我的学生身份更凸显了这一点。在我面前她们是性和情感经验丰富的女人，在这个关于性产业和小姐的研究中也是行内人，信息的天平偏向她们一边，这在某种程度上提升了她们的自信和自尊，使她们能更自在地透露关于性、性别、工作、爱恋、婚姻和家庭的故事。

有些时候我们之间的互动和交流无形中成了这些妇女解开心

结的时机，她们会忽然发出"哎呀，就是，以前我怎么就没这么想过"或是"讲出来就好了"的感慨，因此聊天是一个抒发和整理思绪的过程。一方面，小姐们期待我能理解她们所想、所需，那么她们就愿意对我袒露更多；另一方面，我也从她们身上学习到那些我不曾或很少经历的生活经验，开拓了自己的心胸。

作为一个研究者，我在他们生活中的出现究竟会给他们带来什么？他们为什么要接受我的这种"介入"？这对他们来说有什么好处，或至少如何做到没有害处？我在他们日常生活中的不断出现意味着他们要不断接收和处理我不断呈现的情绪和感受，我的年龄、性别、个人经历、个性、价值观念、经验和由此形成的"阶层"差异都影响着这个过程，而这又是不可避免的。我相信，提高研究对象的参与性是一种可行的趋利去害的做法，使研究过程更系统、透明，这样也可以减少研究偏误。每次访谈我听了一段时间后都会整理一下小姐们的观点，在多次访谈的案例中，我在第二、三次见面的时候都会把之前的访谈总结一下，告诉她们我的想法，而她们也会告诉我她们的意见。在访谈中，当我综述一个问题的时候，她们也随时会告诉我有没有正确反映她们的想法。这个过程也是我获得信任和同意的过程。实际上她们对我的解读也很感兴趣，想知道我这样的一个人会提出什么样的问题，比如我对农村生活的一知半解会让我较为关注她们过往经历的细节，每当我提问她们都会详细地再解释给我听，帮我理清思路。她们中的一些人会用比较直接的方式对我进行反馈，比如阿娟就曾在生孩子的问题上直接跟我说："你这样说不对，为什么一定要这样去理解这件事呢？"田野工作从头到尾我都试图把小姐们更多地纳入研究过程中来，也就是说，让她们的意见或想法更多地体现在下一步的进程中。这毕竟是关于她们生活的一项研究，她们应是主角和主体，所以对自己的经验——比如提问的时候该问些什么更为合适，哪些话题是重要的，生活中哪些情感更需要关注——更有发言权。比起理论上的阐述，她们说的要更生活化、更细致，却也更模糊和无法解释，但生活就是如此，很多东西难以讲清，很多情感难以释怀，很多事情难以摆平。而我要关注的恰恰就是这些模棱两可的东西，这是大多数女人生活里最重要的部分，却被理论忽略。

研究中的自我反思

还有很多朋友感兴趣的一个问题，也是我在整个研究和写作过程中不断思考的，就是我自己的身份给这个研究带来了怎样的影响。大家都觉得，我是一个在"蜜糖罐子里长大"的女生，住在大城市里，家境优良，成长在大学校园的环境中，受教育条件良好，还能出国留学，一直读到博士，长期以来个人的发展和成长都非常顺利，没遇过什么大风大浪，家庭和个人的人际交往圈子也都很"纯良"，这么看来，跟我的研究对象们差距不可谓不巨大。我以前在英国的博士导师有一次跟香港的导师在一个场合相见时还说过我"本来没有必要做这样一个研究"的。其实这也是我研究之初感到害怕和不安的原因：对未知领域、对一个极度不熟悉人群的遥远与陌生感。我和她们太不同了。如果是这样，我怎么能理解她们跟我说的那些事情和情境？该如何处理我们之间的差异？事实上，一进入田野我就感到了，有时我们之间的共同点多于差异，我跟她们并没有那么不同。如果我摆正自己的位置，把自己单纯当作一个女孩/女人而非处于权力天平另一端的研究者，这种他者的感觉和差异就会减小很多。所以我时时提醒自己，不要以研究者自居，我在她们的领域里是无知的，就跟很多人认为的她们的无知一样，我什么也不懂，有很多问题需要了解和请教，我就是一个不折不扣的年轻姑娘，像朋友对我的描述一样，虽然谈过几场恋爱，但都逃不了校园恋情的套路，在男女关系、婚姻、性、情感处理、人际关系方面都有很多故事值得我聆听。

因此，这也是一个自我开发和发现的历程。我觉得自己的心胸日益开阔，不再那么容易一惊一乍。当我容纳了越来越多的故事，听到了越来越多的情感披露后，我觉得自己变得圆融和宽容起来。我认识到，世界上有很多跟我不同的人，虽然我不一定能接受他们的生活方式，但至少在我了解他们之前不会太轻易地产生厌恶的情绪，也不会一下子把那扇门关闭起来，不允许自己有接触的机会。这也为我拓宽了研究之路。我不逃避自己的偏好与带有一定感情色彩的理解，因为这是不可避免的，而且我随时准备接受他人的质疑与批评，这些意见不一定和自己一样，但他们能成为一面镜子，基于他们自己的成长背景和价值观念折射出一定的看法。

我作为一个境外学生的身份，虽能在某种程度上减少她们的猜疑和防范，但也在一定程度上阻碍了我对某些事情的理解。在她们眼中我就是一个精英，一个"好女孩"，在面对我的时候她们可能会产生一些不安。而我对一些事情缺乏了解（比如农村生活、贫困和由此引起的剥夺感）也会让我们之间的距离感拉大。在这种情况下其中一个可能的反应就是，她们会隐瞒一些事情，不想跟我讲太多，或在我面前刻意塑造某种形象，以迎合或避免我的偏见。读者在本书中看到的可能更多的是一种"玫瑰色"图景：小姐们很多都能自立自强，在狭缝中努力寻找生存的方式。一方面，这就是我的研究重点，在众多的灰色或黑色描述中寻求这个人群生活的主体性和能动性；而另一方面，这确实也可能是难以避免的因我的角色定位而引起的研究局限性。作为同龄人，她们可能想要在我面前避免弱者的形象，尤其是我各方面的条件都要更优，她们更会想要呈现较强的姿态，至少证明自己不是那么"悲惨"或"坎坷"，或证明自己在娱乐行业里也能较为自在和幸运。

　　传统上认为，访谈应是中立的，研究者应保持学术研究的立场，避免卷入其中，减少自己的回应，但我就是研究对象中的一员，我自己身为研究者的同时，也是被研究者；既是旁观者，又是当局者；我虽是学者，也是学习者，不断地从被访者身上学习到关于工作、生活的诸多经验，访谈他人的同时我也在思考我自己的经历，回顾我的故事。这在性别化的访谈中尤为常见。如何才能分享意义，建立同理心，是我们要面对的问题。对于我来说，这项研究的另一个（也许是比较私人的）目的，便是通过研究他人来研究自己，从他人的故事中厘清自己生命发展的脉络与线索。我的这些身份特征，同时也影响着被访的小姐的回应：她们知道我是处于这个年龄阶段、拥有相对简单的情感经历、与她们处在不同的成长环境中的一个研究者，会选择以一种什么形象和姿态来回应我呢？在她们的理解中，这样的研究应得出什么结论？那么她们所说的是否反映她们的内心，抑或只是为了迎合她们想象中的研究而给予的表演？这也是上文提到过的一个问题。无可避免，这些互动正时时刻刻、有意无意地对整个研究过程产生影响，她们是自己故事的建构者，而我作为一个参与者和听众，却也在时刻建构着她们的建构。

　　自反性就是这样一种"自我批判式的充满感情的回顾和自觉的分析式思考"（England，1994：82）。研究者所处的位置和个人经历会直接影响到田野工作和解读，而后者又反过来影响研究者的经验，因此这是双向的、互相建构的过程。事实上，自我反思自田野开始就一直持续到现在。虽然田野工作已经结束了好几年，但其中的一些问题我一直在想，当然，有些一直都没有最好的答案，只是随着经验的积累不断有新的体会。能这样看到这群女性的生活是我为之骄傲的一个经历，我觉得自己面对着一群常被歪曲误解和妖魔化的女人，我看到的是一些不同的生活选择和道路，目睹了一些为争取更大的生存空间而作的挣扎和努力。我在讲述一些被忽略的故事，把它们放到台面上讨论，希望有更多人能看到或听到。我十分希望这部书可以成为一块砸向平静水面的小石子——如果它能激起圈圈涟漪，引起一些关注和讨论，无论读者持有什么样的观点，也算是一种自我赋权。

第四章
婚姻与亲密关系：小姐的情欲实践

　　我想他，今晚大概又要睡不着了。我又恨他！为什么他要带给我无尽的烦恼？为什么我要为他受这么多的苦?！我想忘记他，好痛苦……

　　这是小红在男友被强制戒毒的时候写下的日记。在她的日记本里，通篇都是"爱"、"想念"、"恨"、"痛苦"这样的情感和字眼，包含着对男友的爱、恨铁不成钢的难过、对自己的痛惜、对家庭的愤恨、对不婚的决心、对爱的向往、对有个家的渴望、对朋友的失望，以及对生活艰难的感叹，拿在手里沉甸甸的。我们聊天的时候，她内心纠结的情感也表露无遗，她为他而活，因为他是她唯一的一个伴儿，但是她恨他，因为他没有动力，也没有能力，靠她而活。男友吸毒，小红认识他之后被"拖下了水"，每天的站街就变成了两个人食粮的必要来源，日常花销一切都要钱。如果她不上街，大家不是饿死就是忍受药瘾发作的痛苦，但是男人从不去找工作，每日浑浑噩噩、得过且过，只要她上街他就什么都不管。这样的男人怎么会是她的依靠？她想要的安全感、可依赖、稳定性在他身上都不可能得到，但她就是爱他，就像着魔一样离不开他。小红想要保持单身，这样就可以远离这种单方面经济依赖的亲密关系，远离纠结和烦恼，但她又极度渴望被爱，想要有一个稳定的家庭生活。对于自己正在做的，她不认为是一种工作，因为她赚钱"只是为一顿饭和一顿药"，"只要今天有钱够吃的就不出去了"。她生活中的方方面面都和这个男人有关，包括她对工作的认知；她一方面不承认他是自己的男友，另一方面他却又是她爱着、恨着、情感上依附着的男人。

小红的经历在我访谈过的小姐中绝不是孤例。感情、婚恋是小姐生活中非常重要的部分。平时我们无论是闲聊还是访谈，常常谈着谈着话题就转到男友、老公、家庭、婚姻上，无论有多少痛苦和不满，始终是内心的一个牵挂。我发现，她们总是有能力在亲密关系上作出一些决定，对于自己的选择也总能找到一些理由和说法。那么对于小姐来说，婚恋经历对她们的生活选择有什么影响？反过来，走进这一行对她们的婚恋经历又有什么影响呢？她们在亲密关系上有着怎样的期盼，经历过什么，对于以后又有什么打算？到底感情的事对于她们来说有多重要？她们又是如何在自己的日常生活中顺从或者抵抗现有的婚姻制度的呢？这就是本章的核心内容，一是城乡迁移、娱乐行业从业经历与亲密关系之间的相互影响与关系，二是小姐的婚恋经历与经验，三是她们为争取更多的自主和自我安全感所做的努力。

第二春：已婚小姐的情与欲

在我的 23 位受访者当中，有 6 位在到城市里做小姐前就结了婚，这 6 位里，阿雅和小霞来自湖南的小县城，拥有城镇户口，其他的 4 位（王文、王娜、珍姐和 Bobo）都是农村户口。

消费式男女关系

珍姐 41 岁，是所有被访者中年纪最大的，老家在湖南。她入行已经超过 15 年，主要在广州周边，比如黄埔、增城以及东莞一带做生意，哪里有客就骑着摩托车去哪里，主要服务过路的长途车司机和附近的男客，同时她也是妈咪，开了个发廊，手下有好几个年轻小姐，还在各种夜场里培训新来的小姐。她19岁的时候嫁给了同村的一个男人，婚后不久婆家便说要分家了。她和丈夫分到了"一点米，一点油，还有6000多块钱的债"。她曾试着养牛、养猪、养鸡，但都不如同村人养得好，稍赚一点钱就要还债，日子过得紧巴巴的。当两个小孩出生后，情况就更糟了，一度连几块钱的电费都交不起。珍姐原本以为婆家那里能给他们一点支持，至少丈夫能担起一点养家的责任，但很快她就发现，在那样极度困苦的日子里其实只有她在苦苦支撑，丈夫丝毫不管家里的事。一切重担都让珍姐对婚姻感到失望。我问她她的老公是否知道她在广东做什么，她说：

> 一般的湖南人的老公都知道，他都不骂不说。因为他自己没有本事，他怎么管得了那么多，家里又穷，只要有钱拿回去就可以。我们家里那些老公，在家里啊，一般湖南人就是，你寄钱回去，他在家里打麻将、打牌，还跟一些女人啊，风流啊！上一次我回去交6000块给他，今天交的，明天就……今天交的还高兴，明天搞菜给你吃，还不是鸡肉，也不是牛肉，他搞那个辣椒汤给你吃，我说真的好笑哦，交6000块给你还搞辣椒汤吃！

而男人们在家似乎只是等女人们把钱送回来：

> 一般的男人比在广东的女人还好过日子一点。他在家里，坐在家里就看看电视打打牌，有时候有一点点田就去种种田，他以为广东就是坐在那里就有钱捡，其实很辛苦赚回来的，一回到家里好像你欠他的一样。我今年也回去两次啦，没有说我一点功劳、一点苦劳，没有说两个小孩要读书，也长大了，房子又建得那么漂亮，又对老人家那么好，

一点好话都不说。家里的人就要钱，就喜欢钱，钱钱钱……一不讲人情，二不讲感情，三不讲你有一点苦劳，就要钱。

她觉得这些年来她对丈夫付出的爱远比从他那里得到的多得多。她意识到"其实一般都是女孩子爱男孩子的多啊，一般男人爱女人只是一部分，女人爱男人爱得辛苦啊"。她本来以为男人应当作为劳动持家的主力，这从某种程度上说明了她有着传统的性别角色和家庭责任划分的观念，但恰恰又是这样的文化传统让男人在现实中"翘脚等吃"、"大模大样"，而女人则必须辛苦挥汗，任劳任怨，这让她不得不重新思考女人的作用和地位。于是，当同村一个"大姐"看见她过得那么"可怜"，说要把她带到广东去的时候，她就去了，一去就当了 15 年的小姐。她说："我来广东 15 年没有打过工，一开始过来就是做这个。"对于一个当时只有 26 岁的农村妇女来说，这显然不是一个容易的决定，然而生活教她要把握一切机会。她觉得自己"聪明"、"不错"，不值得在这种一对一的关系中浪费在一个不怎么好的丈夫那儿。当她离开湖南农村南下广东的时候，她就有了很清楚的目的——不仅要赚钱，而且要看看自己在两性关系中能走多远，能享受到多少乐趣。

心怀此意，她很快就克服了很多困难，在城市中找到了落脚点。她说："我来广州 12 天就知道讲白话了。"当时和她一起的一群女人知道要把自己辛苦赚来的钱交很多给做"鸡头"的大姐的时候都不停地骂，只有珍姐忍了下来，赢得了那个大姐的赏识，大姐称赞她说："我带那么多女的出来，最讲人情味的是你，你又懂礼貌，我就送部录音机给你。那些女的，我赚了她的钱她都骂，骂得我要死，你就不骂，还给些旧衣服给我。"对此，珍姐说："我比人家要聪明。我不骂，第一次骗了我，带我去连山、东莞、惠州那些地方，走了 18 个地方，把那些路走通了，以后我自己就是师父了。"实际上，当她自己做到了妈咪的地位，到处在酒楼歌厅里"跟人家上课"的时候，她已经利用自己的经验开拓了新的男女关系模式。一方面，她跟丈夫保持着婚姻关系，因为他们结婚已有22年，还是"有感情的"，没有必要离婚；另一方面，在城市里她又享受着"花钱买来"的性爱，这也反映了一种她对性爱的消费式的态度（Illouz，1997）。她抽烟、喝酒、赌马，玩的时候什么都不想，这些爱好成了她目前最享受的事，对于以后的日子她说不想考虑太多。

这种消费式的男女关系观和她对性欲望的大胆表述给我留下了深刻的印象，其中我最记得的一句就是，

> 你以为只有女的可以挣男的钱，男的也可以挣女的钱啊！你觉得只有男人可以玩女人吗？谁说女人不可以愚弄男人的？！

珍姐相信自己在那些年轻男性的眼中是有钱又开放的。她从一个顺从勤苦的农村媳妇摇身一变成为游走在城市之间的性感"荡妇"，同时凭借良好的人际关系和性技巧赢得很多表演的机会，积累了广阔的人脉和一定的声誉，实现了自己婚外的"第二春"，她仿佛被灌注了一种能量，更能面对生活中的跌宕起伏，也使原本无味而令人失望的婚姻能继续下去。

自我安全感

王文和王娜是两姐妹，老家在四川，王文25岁，王娜23岁，两个人都是年纪轻轻就结了婚，现在两人同在广州的一家星级酒店夜总会上班。酒店位于广州的一个商业中心，那里有许多高级写字楼、酒店和高档购物中心，白领密集，以忙碌、人流与高消费著称。她们与另两个姐妹一起在酒店附近租房住，小区房租颇

高，但环境和物业管理都不错。

初次见面，王文就跟我聊她的丈夫，她觉得自己之所以到广州来做小姐，与婚姻密切相关。她说老公完全是孩子脾气，散漫的生活作风"对家庭不好，对将来也不好"。两姐妹在一起常说起各自的老公，抱怨也有，想念也有，也一边想象和计划着将来。

她们对广州男人有一种好的印象，觉得跟四川男人比起来，他们"更有礼貌，有文化，顾家和对女人好"，不像四川男人"会觉得我有钱，我可以管住老婆"，"这样觉得他有面子"，"反正就喜欢和自己的老婆吵"，"靠不住"。王娜说自己的老公就是"典型的四川男人"，"大男子主义，又自私"。他爱赌博，常彻夜不归，而家里开支主要靠王娜推销保险赚来的钱，男方基本没有固定收入。他俩是某年夏天没事干在一起打麻将认识的，没多久就决定结婚了，王娜说那时太年轻，什么都不懂，也没多想，"就天天在一起玩，就那样在一起了"。她相信老公是爱她的，但这并不能改变他的玩性和本质，"无所事事，又不成熟，没有家庭观念，也没有什么计划性"，这是王娜对他的评价。

王文是通过自己的朋友圈子认识她老公的。接触几次之后她觉得他"挺有趣"的，又因为自己"没啥子事做"，"没想太多"，就决定结婚了。婚后王文住在男方家里，两人开了一个小餐馆。对于两人的关系王文说道：

> 还不是吵嘛，因为没钱就吵。因为他们家里面有一个姐姐，他还有个母亲把他惯得没样子。他没有正事，但偶尔会找一点，有一点收入。像他在他那个地方有点名气，别人会找他帮忙给他钱。偶然挣点这种钱，但没有真正做什么生意，没有固定的。他在家什么都不做。他是家里唯一的儿子，是最小的。他爱喝酒，喝完酒回来就要顺着他，如果不顺着他就会和你吵。有时候喝到半夜回来，就在那里吵说肚

子饿了，叫你帮他做吃的，如果不帮他做，他就会吵。那我就得半夜起来给他做，我有什么办法？

我说，你们不是开了个餐馆嘛，能通过那个挣点钱。王文说他们生活在小镇子上，生意也是小小的，目前够吃饭穿衣没有问题，但不能保证一辈子都这样，她想得更多、更长远：

> 以后没钱花向他妈要，向他姐姐要，你一个男人三十几岁没事做，还要靠妈妈、靠朋友，像这样的人，你说，要我怎么靠得住他？我们没有留得下钱，现在我们没有孩子，万一将来有个小孩就要花钱，要上学，而且我们餐馆不一定保证开一辈子，不能保证一辈子挣钱，所以没办法，出来做点事挣钱回去，万一到了没办法的时候还能有钱。

虽然丈夫不时地会叫她回家，说回去他也能照顾她，而王文也曾感动、犹豫过，但是她说："两个人没钱怎么办呀，回去就这样耗下去，就想挣点钱再回去，你要考虑过一辈子呀！"最终决定留在广州。跟珍姐不一样的是，王文和王娜两人都很年轻，而且都结婚不久，如果说对于珍姐来说作出留在城市的决定要简单一点，那么对于这两姐妹就不那么简单了。她们对自己的丈夫都是有感情的，但在她们心里还有一些更重要的东西。当我提出"你们觉得自己生命中最想要的是什么"这样一个复杂问题，自己也不能确定她们是否能回答的时候，王文想了一会，说：

> 自我的安全感吧，有固定的收入和长远一点的计划，要保证稳定的生活。这不是一个可以供你衣食住行的男人可以带来的安全感，而是来自赚钱的能力，有成就感。

但在婚姻中丈夫并没能提供这样的一种安全感。对她来说，这种安全感不仅仅意味着经济上的自足，还是一种成就感、自主感和对自己生活空间的把握。王文说她是在结婚后才意识到这些的。

王娜则更加喜欢那种被很多男人团团围住的自豪感。在我们见面的时候，她总是拿着手机收发短信，不时说那是谁谁谁，这是哪个客人发给她的，说些什么，她要怎么做等，她乐于和同屋的姐妹们分享她和这些男人们的琐事。王娜觉得有更多的机会接触各式各样的人，能有比较，给自己留有空间和余地，是一件很好的事情。

有一次王娜喜欢上了一个客人，是一家会计师事务所的职员。刚见面他们就聊得挺投机，几天后男的打电话给她，见了几次面之后王娜对他有点感觉了，觉得他温柔大方，对她也好，重要的是，他还是单身。几个月之后，王娜遇到了另一个男人，是个小玩具厂老板，对她示好。姐姐王文建议娜娜多留意那个老板，因为他比会计师事务所职员有钱。王娜清楚地知道，要想留在广州这个大城市，经济状况很重要。玩具厂老板无论是经济、社会关系还是个人机遇方面都应该比事务所职员要好，能给她的也一定更多。在和老板交往的同时，王娜也没有和职员疏远，她想要保持所有的开放性和可能性，以便为自己留后路和选择空间。

王文也尝试在客人中寻找可能的"那个"，她谈过几个男朋友，把他们互相比较，希望能遇到有礼貌、能尊重她的好人。如果真能进一步发展，就有希望留在城市，那么要离婚还是继续就比较容易作决定。

她们俩找男友的想法道出了她们内心的希望——改善经济状况、被尊重、城市化、能有更多选择，以及生活更稳定。两姐妹到广州就是抱着这样的想法，如果有可能，就"找一个好一点的"，能让自己更有安全感，以及得到对方的更多尊重。更重要的是，像王文说的，"你必须靠自己，就想自己挣点钱做点事情"。婚姻，对于这两姐妹，如同很多其他女人一样，原以为是能让自己有安全感的一种寄托——它由单纯的二人感情关系变成了女人们赖以生存的社会资本。但是事实并非像她们想要的那样，婚姻并没有给她们更多的安全感，反而促使她们重新思考自己想要的是什么。因此，离开婚姻关系，离开农村生活，就成了合理的选择。

"老牛吃嫩草"

阿雅是湖南人。在到深圳之前她是个小学老师，父母在学校和政府工作，家里条件还不错。30岁的时候她嫁给了县上的一个公务员，他为人"老实、平淡"，阿雅自己并不是很喜欢他，但父母说这个人是老公的好人选，所以她就跟他结了婚，在访谈的时候他们的孩子已经7岁了。婚后生活很平静，但阿雅嫌它"太平静了"以至于"很闷"，她很想看看县城之外的世界是怎样的，但丈夫对于外面并不感兴趣，阿雅觉得很不甘心。

> 他每天上班就是坐办公室，下班就回家看看电视，11点左右就睡觉，第二天起来又上班，每天都这样一成不变的。他就是喜欢这样按部就班地过日子。开始的时候我觉得他挺老实的，应该很容易相处，但每天这样，每年这样，我就觉得他太闷了！他一点变化都接受不了，有时候我把桌子椅子挪挪地方他都不愿意！神经病！像这种事也不止一次了。他一点激情、一点热情都没有，反正就要过他那种日子才行。

为此这两口子常常闹别扭，而问题的核心就在于阿雅想要出去看看的想法。她想要到大一点的城市里尝试一下不同的生活，不想一天到晚在照顾儿子和做家务中度过，但老公批评她"只想着自己、不负责任"，不像一个"妻子和妈妈应该做的"。最终阿雅选择了逃离，跑到深圳，成为一个站街小姐。

当我第一次见到阿雅的时候她 39 岁，皮肤较白，遮掩了年龄。她觉得自己像一个小姑娘那样生活，几乎忘记了自己的年龄。她说这是因为自己交了个比她年轻 20 岁的小男友，他俩在一起有两年多了。男友是个瘾君子，跟着他阿雅也染上了毒瘾，实际上阿雅与他的结识也源于毒品。阿雅说男友很"可爱"，而他对待她的方式让阿雅觉得自己就像初堕爱河的少女，比如说常拉着她在街上瞎逛，走累了买一根雪糕给她吃，互相用昵称称呼对方，跟她说"我爱你"、"我好喜欢你"这样的情话，于是他们很快就住在一起了，阿雅也觉得自己渐渐离不开他了。在邻居小红的眼里，他俩就是对"小夫妻"。当然，"小夫妻"也是经常吵架的，为了钱，为了"粮食"。没钱的时候，自然就没有"粮"吃，阿雅就要出去站街挣钱，但她不喜欢，觉得又累又闷，可也没办法，小男友靠的是她的钱过活。

毒瘾不断，麻烦不断。阿雅已经三进戒毒所，痛苦的疗程之后出来却依然如故。访谈的时候，她一根接一根地抽烟，牙也被烟熏黄了，说话间不停地清理喉咙，仿佛总有吐不出的痰。她说自己也很痛苦，染上了毒瘾就是一切烦恼的开始，发作的时候要死要活的，所以吃完这一顿就要赶紧想办法弄下一顿，需要钱就只能上街，每日的生活都很不安定，跟以前的日子比起来，这简直就是另一个极端。在深圳的这些年里，她也想过好几回，自己这么把儿子和丈夫抛在一边不管不顾的是不是一个正确的决定，心里非常矛盾。一方面，她觉得婚姻就是一团迷雾，不知道应往哪个方向去，丈夫跟她不是一路的，那种生活方式让她觉得失望和压抑，总有种想要逃离的感觉；另一方面，儿子还小，就这么离开他，自己是不是太任性？她喜爱城市里自由的生活，但又后悔自己"太贪玩"。她喜欢小男友，喜欢他们在一起的生活，但同时深知他的毒瘾和懒惰已给自己带来不可逆转的影响。阿雅把自己的一切选择归结于自己的"贪玩"，导致无法拒绝与男友同居、玩乐的诱惑。这一切就像深渊，但又让阿雅觉得刺激有趣，甘愿像个小女孩一样去"冒险"。

她已经不再确定婚姻是否为适合自己的一条路。

> 我想就这样算了，除非什么时候我能想到更好的生活方式。我自己也搞不清楚，但也不想去想那么多。深圳这个地方还是挺好的，又没什么人认识我，我做什么都可以。有时我都忘了自己已经是结过婚的人了。唉，生活就是这样的啦，一下就过了那么多年。我都不知道自己到底要怎样，总之呢就是自自由由就好了。

就这样她在深圳一待就是近10年，也不想回家。阿雅说自己"老牛吃嫩草"，起码尝试了一下不同的生活。

> 有什么不好呢！反正他也看得上我，我也算喜欢他，就完了。很多人都说不觉得我已经要40岁了，跟年轻人在一起大概就是会觉得自己也年轻很多吧。这跟以前的生活完全不一样了，要是还像以前那样我大概早就不想动了！

这四个女人都诉说了对丈夫的不满和对婚姻的失望，她们决心要靠自己过上不一样的生活，想多赚钱，想要更多选择，以及更开放和更大的个人空间。为了实现这些她们来到城市，当了小姐，交男朋友，花钱消费，婚外情和性减却了压力，释放了不快，还是潜在的获取经济利益和建立社会关系的途径。

有些人也许认为婚姻不愉快是她们离开家庭、离开农村、搞婚外情的原因。确实，婚姻一向是迁移研究中的重要议题，尤其是对于妇女来说。研究表明，中国农村到城市的人口迁移很大程度上与婚姻有密切的关联。Beynon（2004）和 Tan and Short（2004）等学者的研究指出从农村到城市的迁移支撑了异族通婚/外嫁外娶的习俗，而中国农村很多地区原来就有把女儿嫁到外面去的习惯。妇女利用迁移寻求向社会上层的流动机会，以获得更大的经济利益、更高的社会地位以及稳定生活。对于一些女性来说，迁移和工作是"将自己从不愉快的境况中赎买出来"的途径（例如，离婚后女性到城市中谋求工作以便支付离婚诉讼费、子女赡养费等等）（Davin，2005：30），它关乎女性自主，尤其是在父权主义强烈的农村环境中（同上：33）。学者们同时也看到了女性在这个过程中面临的两难局面：很多人到城市之后婚姻择偶出现"高不成低不就"的状况，而对于未来是否仍打算留在城市也比较迷茫，存在不确定因素。而已迁移出去的女性很不愿意嫁回农村，即便在城市里要面对诸多困难和逆境，她们也不想再回到原来的生活环境了（Gaetano and Jacka，2004，Davin，2005）。但在本研究中我们可以看到，受访的已婚小姐中也有婚姻似乎没有出现什么问题的，她们与丈夫之间的关系也是良好的，那为什么还会有婚外情的情况出现？婚外情除了弥补不愉快婚姻的缺憾外，还能给女性带来什么？

"偷情的快感"

小霞是我在田野调查中见到的最"有意思"的人之一。之所以说她有意思，是因为她的经历、她的个性和她的一些想法。这个32岁的湖南妹子，在深圳的一家夜总会做了两年小姐后，便在同区的另一家夜总会当起了妈咪，之后她又利用自己积累起来的人脉关系逐渐成了那一片的"地方头目"，包揽了地区大大小小的事务，手下有一帮子"马仔"跟着她做事，随时听候召唤。

她在这个地区有着绝对的权威。

虽然小霞是个十足的帮派"头目"，大大咧咧，却喜欢上了一个"纯良"的正经人士——她的丈夫阿伦，是个香港电影人，这也是我认识小霞的途径——我在香港大学的一个朋友是电影编剧，她认识小霞的丈夫，于是在得知我的研究需要后她帮我联系了他。很快我就得到了回复，他丝毫不介意自己老婆的身世背景，很乐意介绍她给我认识，就这样我认识了小霞。他们俩的缘分说来也是很奇妙的，有一次他和一个朋友到深圳出差，忽然手机被抢了，他的朋友认识小霞，就打电话给她，小霞很仗义地说："在我的地头，保证你没事！"她发动了自己手下的所有"马仔"，吩咐他们在最短的时间内找到那个抢手机的人，要他当着她的面把手机归还给人家，并交代下面的人以后不许再"欺负"他们，他们是她的人了。这件事后，阿伦发现自己喜欢上了这个雷厉风行的女子，觉得她很仗义、直爽，人家都觉得她这样的背景很复杂，他却觉得其实她比起一般的女子更单纯。

他跟她表白，还坦陈自己以前的三个女朋友都是大学生，还有一个是和他一起在加拿大读书的。但他认为爱这回事跟文化没有关系，说"大学生要是做对不起你的事情也一样，那些人做的不要脸的事情比你做的还多得多"。他并不认为小霞的身份有什么问题，并且说自己"一开始就清楚（她）是怎样的人"。小霞问他会不会后悔，他说"打死都不后悔"。这样一个男人让小霞有了一种"安心"的感觉。

　　自从他给我这句话后，我就安心了。自己是风流，很烦在外面混，累。我不可能在外面应付完人家还要应付老公，真累。你自己想想是不是这样。事实上现在我觉得我和我老公在一起的时间是最轻松的时间。他人很忠厚，有时候也烦，有时候想和他说两句话，转头一看他，像猪一样睡了。

后面想想，也只有这种男人才能和我过一辈子。我以前见过很多种男人，斯文的、帅的、年轻又有钱的，他们都和我过不了，因为我性格太硬了，没有哪个男人会受得了。

因为他的平实，小霞下定了决心，做了一个身边众人都觉得颇奇怪的决定，就是嫁给这个香港电影人。她觉得跟他在一起很安心，也没有因为这个"奇怪的"组合而改变自己原本的个性或影响自己原来的事情。对这段婚姻，她真心觉得满意。

我老公经常说娶我娶对了，和我在一起真的很轻松、开心，我也觉得我嫁对了，很多人问我这一辈子做得最成功的一件事是什么，我说我最成功的就是在我 30 岁的时候把我老公骗到手。其实说骗是假的，绝对没骗，最成功的是嫁给我老公，这是真的。开公司、做老大都不是一辈子。这点绝对没错，这点我现在越来越相信。所以说作为一个女人，起码有一点是不可否认的，你嫁老公千万别图钱、图才华，那些都没用，那些都是表面的。

两个人都很珍惜对方，对于他们来说，在一个充满物欲的都市里找到这样一个真正喜欢自己，不计较物质又能互相依靠的人很不容易。而且，对于小霞来说，老公不是经常在身边，起码要一个礼拜才到深圳一次，忙的时候也没有固定的时间，所以跟他在一起她还是很轻松的，平时的生活可以说是随心所欲。婚后他们在盐田的一个工人宿舍区买了一套一室一厅带个小浴室的小房子，生活还过得有滋有味。

就这样，小霞还是"不死心"。在第一次跟我见面后的两个月，她打电话给我，告诉我她"在外面有人了"。新男友叫家宁，是一个香港厨师，据她说他没读几年书，是靠自己打拼出来的，人很老实，现在隔三岔五地到深圳找她。因为老公常不在，每次家宁到深圳，小霞都与他出双入对，到夜总会，一起吃饭，还会把他带回家。对此，小霞内心也非常纠结，一方面她觉得对不起老公，想和家宁分手；另一方面，她又觉得对家宁的感情和老公的不一样，又因为怕被发现而觉得有一种"偷情的快感"。

> 我老公对我很好，我觉得心里挺暖的，虽然我也不知道他喜欢我什么，但他给了我安全感。家宁是另外一种感觉，很新鲜，反正不一样。我其实也知道自己不对的，但好像没办法。实话告诉你，有时候我觉得有选择挺好的，你可以对着两个不同的人，不会那么闷，老公不在的时候家宁陪我，那就整天都有人陪。而且要面对两个人也会占用我的时间的，我就觉得整天都有很多事做，哈哈，我就喜欢这样。

大概就是这种充实感让小霞满足，另外，两个人的家人也是一个影响因素。小霞老公家里比较有钱，而老公本身干的又是正经的电影行当，所以家里对于这桩婚姻不予认可，根本不认她这个媳妇。小霞说有一次她生病上医院要5000块钱，他家里也不肯给。虽然自己很爱他，但要面对这样的家人，让她非常苦恼。而家宁的家人对小霞非常好，虽然两人只是情人关系，但小霞说他们简直就把她当儿媳了，说真的儿媳都没这么好。她也很孝敬他们，经常给他们钱花。为了见家宁，小霞有时也到香港去，她会告诉老公她是去购物。她喜欢去那边和家宁一家吃饭，还会买礼物给他们，觉得这样自己才真正像个"香港人的儿媳妇"。小霞很看重这一点，但无法从老公那边获得。与香港人有家庭一样的来往也让旁人羡慕，小霞感到很自豪，常常跟朋友和手下人说家宁和他家人送了什么东西给她，请她上哪里吃饭，又夸香港人哪里哪里好，自己多么幸福。对她来说，跟这个国际大都市有这样密切的联系是一种值得炫耀的东西，让她在当地人中更有了一种优势。

小霞跟家宁的关系日益密切，以至于我在深圳的那些日子里基本没见过她老公，反而次次见到的都是家宁。家宁对这个"大姐大"型的女友显示出服服帖帖的姿态，每次到夜总会都尾随其后，小霞讲的话他也能快速领会，然后顺其意吩咐手下。该察言观色时他不会多一句话，该做什么事的时候他又能及时出现。就是这样，他俘获了她的芳心。

几个月后，我又一次接到小霞的电话，说她怀孕了，但孩子不是老公的。她问我是不是该流掉孩子，但不是因为它的非婚性质，而是她担心之前吸毒会对胎儿有不好的影响。电话中她听起来一点也没有不安，还是那样嘻嘻哈哈、咋咋呼呼。在电话里难以说清，于是我约她见面。她说这个礼拜不是很有空，约我隔周见面。再见面之时，她已经把胎儿拿掉了。这个举动既在意料之内，也在意料之外。她说，孩子绝对不是她这一段关系的最终目标，反而会给她与老公的稳定关系带来麻烦，所以不能留。没想到的只是她居然那么迅速，似乎一点也没有因为与家宁的密切关系而犹豫，当时她问我的时候只是出于倾诉的需要，选择早已定下。

很快，小霞又恢复了在区内叱咤风云的生活，她常常出现在港口码头，指挥着收购海鲜的生意；有空时到酒楼去吃吃新运到的货；隔几天出现在夜总会里主持一下工作，看看新来的小姐，瞧瞧各位妈咪。家宁常背着背囊跟在其后，既是情人又像"马仔"。而小霞家里养着两条拉布拉多犬，小小的地方保留着与老公的一份情意。穿梭在两个男人之间，就像她处理自己的多项事务一样，游刃有余。我曾问她怕不怕被发现，她说，顺其自然吧，但她清楚自己对这段婚姻的立场，是一定不会离婚的。

　　我老公是我自己选的，再怎么样我也认了，我不会因为哪个小白脸和他离婚，也不会因为哪个男人有钱和他离婚，如果我想要钱我会想另外一种办法把它骗到手，但绝不会离婚，老公是我过一辈子的。做人一点意志力、一点规律都没有怎么做人？这么容易立场不坚定，做什么事情能做得成？

对于女人之于婚姻，她有以下的评价：

　　要不然你就不要嫁人，保证自己一辈子过得好，充实、开心，开心不是别人给的，一定是要自己创造的。如果要嫁人，就一定要嫁对了。我并不认为嫁人是唯一的出路，你可以追求别的，名、利，任何一方面做好就好。

暴力相向的亲密

还是关于小霞的故事。2006 年 5 月中，我从香港过关去找小霞，傍晚时分，她带着小杨和他的女友阿丽带我到外面的大排档吃饭。几杯酒下肚，不知怎么的，小霞开始说起家宁打她的事情。她抬高了嗓门，拍桌子拍凳，爆出一串粗口，气就是顺不过来。

　　小杨说："大姐，上次你这么打他就不对了，打得太狠。他在我们面前是一个字都不敢吭啊！"

　　小霞回道："我打他就不行了？你没见到他是怎么打我的，关起门来打得那么狠，你们都不知道！"

　　"但是他在我们面前真的很安分，你看上次我要把他拉开，他都说不用，让你打。"

　　"你以为他是什么人啊！这种人就是欺软怕硬！在家里

他把门关起来，把我所有电话都扔出去。他知道，我只要一出门他就完了。打得我啊！！我这么好心请他一家子吃饭，喝了点酒，你知道我喝了点酒口里就乱说话的啦，就爆了一个粗口，他居然当着他家人的面扇我好几个耳光！我好心全给狼吃掉了！也不看看什么场合，在他家人前打得我这么惨，我堂堂一个大姐，居然被他这么对我！"

"不是，如果真的是这样，我们就要另外想办法了。"

"想什么办法！还轮到你想办法?！你就是不相信我，小杨，你真的太没良心，你居然不信我！"

"不是这样的，大姐，不是不相信你，只是要弄清楚。他在我们面前都不是这样的，老徐也知道嘛。如果真是你说的那样，我们就要想办法另外处理了。你上次打得他那么厉害，我们都说再打下去会出事的。"

"你就是不相信我！你跟了我这么多年都不相信我！！他在家里把我用绳子绑起来打啊！你都不知道他是怎么对我的。关起门来就不是一个人了！你看他是什么人，能把你都骗了！他昨天明明说了分手，现在还反过来问你我怎么了，怎么又不高兴了，你说，自己说过的话都可以假装不知道！"

对话就这样不断重复地进行下去，小霞越来越气鼓鼓的，喝了一杯又一杯，眼睛都红了，旁边的人都直勾勾地看过来，男人们都是一脸坏笑。阿丽见小杨一直钻牛角尖，也看不下去了，悄悄地碰碰他说："算了算了，就说相信不就行了吗?"当时的情景，据说是小霞把家宁打得很惨，用手机在他脑袋上狂砸，砸出十几个大包，而且拳打脚踢的，家宁都一声不吭。等小杨离开上厕所，小霞向我和阿丽说话了，"我们女人就是被人打的吗? 别以为我们弱，男人就是觉得打女人很正常，你看小杨怎么都不信我，他自己也是这样的，所以他就觉得没什么，你不信问问阿丽。"阿丽点点头。原来小杨跟阿丽也是相爱的同时也暴力相向。小杨有一次在夜总会里喝多了，回到家关起门来对阿丽拳脚相加，人家怎么分都分不开。可是第二天，他就去给阿丽买药、煲粥，好得不得了。爱和暴力本身就是一体两面，暴力不代表不爱，恰恰可能越暴力越爱，爱也不代表不暴力，可能爱就是暴力，暴力就是爱（Wang and Ho，2007）。这些在阿丽、小杨，小霞、家宁身上体现得栩栩如生。

小霞很苦恼，家宁和家人对她挺好的，但暴力总是相伴，她不明白事情为什么会变成这个样子。她说：

> 我要跟家宁分手！他这个口是心非、欺软怕硬的人，人前人后都不一样，告诉你，他要跟我玩心计，根本比不上我！今天我叫他来就是特意给你看看他，我要在小杨、老徐面前问他，是不是打我了，我要他当面说，他敢不承认！分手也要我报复完了才分！没有那样简单的事情！

"大姐大"的每一句话里都渗透着女权的力量，她的女权是拳头加菜刀。

第二天晚上，我们去了夜总会。家宁来了，还是那样，穿着牛仔裤和波鞋，背个背囊。进了包间，家宁很识做，该喝就喝，该跳就跳，该命令就命令，一副大姐的男人的样子。他也会帮小霞喝酒，很大方地说一句："这杯我帮她喝！"他搂着小霞跳贴身舞，动作热辣，旁人喝彩，小霞趁势踢了他两脚，烟头晃来晃去的，似乎一不小心就会烫到他。酒越喝越多，小霞对他越来越不客气，一看就知道在故意用身体引诱他。趁着酒意他们如胶似漆的时候她猛然甩开他，逼问道："那天你打我了吧？"让他出丑，伺机报复。家宁就这样被当成皮球踢来踢去的。有几次我看着也担心小霞会大打出手，但她总算忍住了。后来她扑到我跟前说：

"你也看出来了吧，我就是要玩玩他。"每当看见小霞在我面前说他不是的时候，家宁总要对我暗暗地摇头，示意我不要轻信她的话。小霞自己也喝多了，那些东西里都掺杂着药物，所以她处于半兴奋半迷醉的状态。有一个穿背心的男人在我们的包间里坐着自顾自地摇头晃脑，小霞一下扑到了他身上，骑着他，嘟长了嘴要亲他。她已经迷迷糊糊了。家宁看见，冲上前去一把把小霞拉开，抓住了背心男人，一副就要开打的表情。拳头举在半空，似乎在表明，我是大姐的男人，你竟然敢招惹大姐！半晌，才放开他，拾掇了一下自己的拳头，坐回到了我身边。他跟我说：

> 你看看，她自己喝高了什么事情做不出来。脑子都糊涂了，不知道自己在想什么。经常说的话前言不搭后语，都坏了头了。她跟你说我打她的事情了？你知道是怎么回事吗？她啊，在香港，喝醉了酒在大街上随地撒尿啊！还满口的粗言乱语，成什么体统！你叫我怎么办啊？啊?! 难道任她叫啊？自己做了什么都不知道，还说我打她！她平时在这里太强势了，上哪里都压着人。你跟着她在这里玩，都见到了，她怎么对别人的，都是她说的算。我昨天已经跟她说分手了，你看她转眼又叫我来，还不是想着某些时候我能为她收拾一下局面，干些活儿。她知道我在的话她醉了还可以扶她回家，就这样嘛！她上回打我打得可厉害了，用手机敲我头，起了十几个大包！你看看这些伤疤！这里，这里，还有这里……

这似乎是我第一次听家宁一口气说这么多话，就是在抱怨小霞。他揭起衣服，我看到了脸上、肚皮上、手臂上、手腕上的一道道伤痕和疤结。

小杨眼中的家宁是一个识做的人，似乎老老实实，不说假话，更没有打女人尤其是打大姐的可能性，于是他觉得大姐上次在众人面前打他有点太过分。小霞眼中的家宁是一个欺软怕硬、口是心非的伪君子，还有打女人的暴力倾向。他在小杨面前的表现是装出来的，欺骗了小杨，就不怕小霞有帮手。所以她叫我感觉一下家宁在我面前是不是也那么虚伪。家宁眼中的小霞是一个粗暴又坏了脑子的大姐，以淫威压人，以强势地位吓人。她说的话是稀里糊涂的，甚至有时自己都不知道自己在做什么，这样的人，还信她说的吗？小杨眼中的小霞，是一个义气十足的大姐，他为她赴汤蹈火、出生入死，因为他从心底服她，他在经济上依赖她。可是大姐有时候的拳头却可能长错了眼睛，所以他觉得自己有必要弄清楚事情的"真相"，好下决定。小杨眼中的阿丽，是自己的女朋友，总是安安静静跟在身边，既能容纳他的各种抱怨和负气，也能承载他的粗暴，是一个值得努力去爱的人。阿丽眼中的小杨，是个忠心耿耿的"马仔"，对大姐好，对自己也好，但就是会打人。

　　而我眼中的他们，在这件事上是一群讲故事的人，每个人都讲自己看到的那一点，将自己的感受放大。谁都有刀疤，我也不知道那些刀疤的来历。谁都要把自己的责任缩到最小，为了稳固自己的角色——小霞是堂堂大姐，时时处处维护自己的权力形象；家宁是个老实的厨子，绝非见风使舵的小人；小杨是负责的心腹，做事情有分寸、不偏袒；阿丽是乖乖的女友，忍气吞声，做小杨身边的女人。

　　哪里有软弱，哪里就有谎言。暴力以爱的名义出现，女人们要么忍受，要么用自己的方式还击。以小霞的个性，她决不能容忍别人的欺负；在她看来，阿丽在这种事情上就太过软弱。虽然小霞最终也是付诸暴力去解决，她却有着一种自觉，意识到这个是"大事"。

"蓝颜知己"、情人与老公

Bobo 是我在广州认识的一个发廊妹，来自广西。那年她 28 岁，已经出来做了 11 年。23 岁的时候她嫁给了同村的一个青年，觉得与他性格相似、情投意合。5 年的婚姻生活可谓平平静静、波澜不惊，以至她叙述的时候都"不知道讲什么好"，总的来说，她觉得自己的婚姻还是很幸福的，丈夫对她很体贴、关心，回到家无话不讲。几年前，丈夫在同村一个朋友的介绍下去了越南的一个木材厂工作，Bobo 就落单了，夫妻俩分隔两地，一年也不一定见得到一次。在广州的日子里，Bobo 要一个人应付在陌生大城市里的生活：租住的房子里什么东西坏了都要自己修理，搞不定的要找人帮忙，还要注意出租屋的安全问题。在这个过程中她认识了一个男人，愿意帮她跑前跑后，逐渐地他俩就成了男女朋友。

Bobo 说这个男人"做了所有老公会做的事情"，包括满足她精神上、身体上的需求。因为大家都很清楚两人之间的关系是怎么一回事，所以都不会提出更进一步的要求。Bobo 觉得这样的亲密关系"刚刚好"，既满足了生活需要，又不会影响自己的婚姻，因此"蓝颜知己"是老公以外的另一个合理存在。松散的性关系和两人之间的互动、沟通在一定程度上缓解了两地分居带来的压力，也冲淡了在大城市中身为小姐她所需要面对的孤独感和复杂感，在有需要的时候有一个人可以依靠。Bobo 在访谈中说道：

> 现代女人应该有更多的机会和选择。我不觉得一定要永远都是那个人，有多点选择不是更好吗？这不是背叛啊，人有时候是需要依靠别人的嘛。知道自己在做什么就可以了，那就可以控制自己了。有他的话很多东西可以跟他说啊，我

老公又不在，反正现在我觉得自己挺开心的。

Bobo 还对有亲密关系的男人作了不同类型的划分，她认为现在这个男友是"蓝颜知己"，不同于情人，也不同于男朋友。于她来说，情人属于身体上的关系，两人有性，但不一定有很多的情感互动；男友是比较"表面"的，就是"平时没事的时候玩一玩，陪一陪"，"不是那种要过日子的"；而"蓝颜知己"可以做丈夫所有该做的事，其实就是没有名分的丈夫。Bobo 觉得这种关系"在需要的时候可以很亲密"，有时又能保持一定的距离，松紧有度，很有可控性。

婚姻生活就是这样充满了矛盾性：既甜又苦，既爱又恨，想离开又不能，离开了又想回去。这些纠缠的思绪对女性的亲密观、亲密行为都有很深的影响。婚姻就像一面镜子，能照到自己的内心，通过它，女性对两性关系的微妙、复杂、牵一发而动全身的性质有了更深的了解，也更清楚自己到底想要什么，不想要什么。其中一些女人曾经以为婚姻是通向稳定生活、幸福家庭、和谐关系的道路，但可能事与愿违，成为她们另寻快乐、另找幸福的驱动剂。她们通过婚姻经历对幸福有了新的理解，她们或许舍得放下，走向一个完全陌生的城市开始新的生活。从农村迁移到城市的过程里，过往的婚姻经历不断地让她们思考自己作为女性的欲求和渴望，由于她们的细心、苦心、决心和新的生活态度而达致一种平衡的状态——既然付出了，就安心获取。

婚外情和性让这些女性成为婚姻制度下的堕落者，她们不是好太太，不是良家妇女。对于身披"小姐"标签的这些女人们来说，身份已然是一种污名，那么有"破罐子破摔"的勇气也不足为奇了，虽然这种观念在道德层面常为人所不齿。她们正在用自己的方式让我们看到性别关系、婚姻关系的不同脚本。

如果是好女人，她要早结婚，过了 25 岁还不结，就很容易被冠以"剩女"的标签，被用各种方法逼婚；婚后她要贤良，对丈夫忠诚，虽然这种忠诚往往是单方面的，男人不忠也就是一念之差，或是犯了个"全天下男人都会犯的错"①，女人若不忠就是道德败坏、水性杨花，背负骂名之余得不到任何同情与原谅；她要乐意生孩子，婚后若想不要小孩，若说想要过二人世界，寻求自己的独立空间，会面对贪玩和不负责任的指责，被贴上怪异的标签；她要懂得照顾家庭，知道健康营养美味如何搭配，知道各种婴儿用品的牌子和功能，还要保证孩子德智体美全面发展，不输在起跑线上；她还要在劳碌的同时让自己保持健美和时尚，不能不知道最新的潮流，也不能错过外面的精彩，誓做潮妈、辣妈，否则一不小心就熬成黄脸婆，失去丈夫的恩宠；她不能在性的方面太过主动，否则会被视为淫贱；她要站在丈夫身后做默默支持他的女人，在他辛劳了一天之后给他递上一双拖鞋和一杯热茶，无论自己有多忙或多累。在一个性别环境不尽如人意的社会里，这些付出往往是单方面的，男女平等的宣传掩盖了更多不平等的遭遇，很多故事不能外道。好女人深受这些规范的约束，不得逾越，否则名节不保。

但一个已经有了小姐标签的花花妻子，反而可以随心所欲，大方承认自己的爱慕之情，吐露自己内心的情感。通过这些经验她们获得了更多关于爱、情与亲密关系的知识，意识到婚姻也许并非幸福生活的唯一入口，未必是女人的最终归宿，也不是亲密关系唯一的选择。她们的性观念变得更加开放，意识到女人可以利用自己的身体和性去实现内心的一些欲望。

这些已婚的小姐们以自己的经历告诉我们，糟糕的婚姻生活令她们反思自己身为女性的身份和能力，她们逃离婚姻以获得更

---

① 1999 年影星成龙在香港女星吴绮莉自曝怀了成龙的孩子后，承认与其有过性关系时用了这样的一句话。

大的情感和经济自由，而这也是她们迁移到城市的重要原因。但这不是引致婚外情的唯一原因，图新鲜，尝试新的感情、生活模式是另外一个重要动机。这些尝试令她们感叹原来生活还可以这样进行，还有这样的机会，自己还可以再年轻一次。她们中的四个在谈及婚外情和性的时候都提到了"第二春"，认识城里的男人让她们有了被照顾、被需要、被爱的满足感，给她们带来了她们认为现代、开放和时髦的生活。这就是她们赋予这些传统道德层面认为不道德的行为的新的意义。第二春给了她们反思自我、摆脱限制、享受生活的空间，让她们重新焕发青春活力。

未婚：结，还是不结？纠结！

当然，像已婚的这一群经历过之后想得比较清楚的只是小部分。我的访谈对象中17位是未婚女性，大部分对于婚姻还是非常纠结的。然而她们没把婚姻当作亲密关系的终极目标，有些还挺享受单身生活。她们想得更多的是自己的需要和欲望，比如一段关系中自己想得到什么、避免什么，城市生活中自己最想要什么，目前自己最想要的生活方式是什么。在本部分中我想要讲两个故事，让我们了解一下未婚小姐的恋爱经历是如何影响她们进入这一行的决定的，而做小姐的经历又如何反过来影响了她们的恋爱婚姻观。

一波多折的小红

小红的家乡在贵州。19岁那年，就是因为拿了家里150块钱给朋友过生日怕被责骂，就稀里糊涂地跟随男友一个堂姐到了珠海，开始了她的小姐生涯。那时她在酒吧里坐台，每天喝酒陪聊，由于出台的机会少，赚的钱不多。过了一阵子她辗转到了深圳，先在夜总会，但竞争太激烈，每次出台只有两三百块钱，还要交"份子钱"，生意相对来说就比较差，索性自己出来成了站街女，也就是这时她染上了毒瘾。她生在一个"不是很穷，手头还能有点余钱"的家庭，父母离异，她跟着妈生活，还在上学的妹妹就跟了父亲，父亲又找了个女的重组了家庭。小红的妈妈后来嫁了人，继父有个和自己年纪差不多的读过大学的女儿，在家乡当老师，小红形容自己跟她"反差特别大"，她有份好工作，而自己一天到晚在外面玩，游离浪荡，总是没个正经事儿。小红不喜欢继父，说自己感觉继父也不喜欢她，因为他常批评她不做事，又乱花钱，还常拿她和自己的女儿作比较，让她很不高兴。母亲似乎站在继父那一边，觉得她无药可救，所以不怎么搭理她，也不关心她。处不来，于是小红决定离开他们，自己出来生活。

在我们的对话中，小红提了好几次她的家庭，我感到她对此既迷惑又痛苦。她渴望一个完整的家庭和父母的爱，于是恨她的父母离婚、再婚，只喜欢乖的孩子而不喜欢她。她说自己的母亲：

> 很自私，只顾她自己一个人高兴。搞得离婚啦，我妹妹也分开啦，一家人都分开啦。就为了她自己一个人的幸福，而且我觉得看她现在也不是很幸福。那个男的不是什么好人，我觉得。他跟我妈在一起是第三次结婚了，原配就生了两个女儿，跟我们家两个一样大。第二个女的是保姆，他们家的，那是他把人家肚子搞大了，赖着他结的婚，这样子。后来他经常去跳舞，就跟我妈在一起，就走在一起了，才跟那个保姆离了婚，跟我妈在一块的。我觉得这样的男人绝对不是好东西啦。……有一次，我打电话回家，我问他在哪，我妈说又去跳舞了。我说，他一个人跳舞啊？几十岁的人了，还去跳跳跳，结了三次婚了还去跳，这种人，我觉得我妈跟他在一起也不会很幸福的。

她和妈妈谁也不过问谁的事，"互不干扰"。对于亲生父亲，她埋怨道：

> 我原来的爸爸也不怎么样……都是很自私的啦，反正，只顾自己吧，也不是只顾自己，怎么说呢，他不怎么管，也没好好管过我们，我觉得。我做错什么，他真的从来没认认真真地挽救过我。我觉得，如果有的话，我也不至于走到今天这一步。

小红埋怨父母没教育好她，无论是物质上还是感情上她都没得到关爱，而父母觉得她就应该乖乖地上学念书，像妹妹一样。他们觉得她很难管好，又爱花钱，跟他们又不亲。小红说有一次她要回家，她妈"不希望（她）回家"，竟然说"你回来的话又和他（继父）相处不好"，她很不开心，觉得自己在这个家里不受欢迎，是没人要、没人管的，"想回家，家里又没有一个立足之地"。渐渐地，她不想回家，不想父母，也跟在湖北的妹妹没有了联系，对家庭"已经没什么感觉了"。

她觉得父母离异和再婚带给了她婚姻的错误示范，她从小渴望的"像其他人一样，一家人一起坐着吃饭啊、看看电视啊"的"天伦之乐"因此彻底破灭：

> 后来我也很少回家，我也不愿意回这个家里。觉得一个家都不完整了，我也不愿意回去。

对于父母离婚她觉得很无奈，"我说不离，你们还是要离的；我说离，你们也是要离的"。而父母双方在这个问题上也没处理好。

> 我爸就特别恨我妈，然后就教我妹，不准去我妈那里，
> 不准怎么样……就是灌输给她说我妈很坏很坏，这样跟我妹
> 妹说。

然而他自己又找了老婆，让小红觉得"男人都是那样的，都差不多，大同小异了"。她对亲密关系也产生了怀疑，尤其是在她跟第一个男友交往之后。男友开始时不让她去做这个，给她钱花，过了一阵子说坐台也可以，就是不要跟客人出去。那时生意不怎么好，小红在家又闲不住，就慢慢又出去坐台了。男友老是在外面赌钱，对小红的生活不大理会了，对她出去这件事也不大介意了，好像无所谓的感觉。小红心里开始觉得接受不了了，她认为"如果一个男人习惯了你这样出去无所谓了，那在一起没什么意思了"，于是提出了分手。她觉得男人起码要有固定收入，如果要依靠自己用别的途径挣钱的话也能接受得了，但如果依靠自己做这行挣钱就接受不了。她觉得如果一个男人真的喜欢一个女人，就不会接受女人"卖身赚钱给他花"。

所以到后来她又找了现在这个男友并发现自己真的喜欢上他的时候心里就有些崩溃了，因为这个男人也是一样的：赌钱，靠她挣的钱过日子，还是一个瘾君子。小红说这本不应该是自己计划内的事情，认为自己干这个应该不会再找男朋友了，但是和他在一起后，他成了她的一个伴，虽然满身坏毛病，对小红却是"很天真地喜欢"。没有家庭关爱，"过一天算一天"的她尝到了被人"关心"的滋味，陷入了无法自拔的境地。她内心很煎熬，就像本章开头她的日记里写的那样。

对于感情，小红显得比较消极，我们第一次见面的时候，她一直没说自己有男朋友，而且对男人表现出一种这个年纪少有的厌恶。她说自己对男孩子不怎么感兴趣了，别的女孩在一起比较喜欢聊男孩子，她就不喜欢，因为"好像看透了那样子，就对这

方面的问题不是很感兴趣了"，对男孩"不抱有什么幻想"，"都不愿意再找男朋友了"。对于自己在这一行里学到的东西，其中有一点她提到：

> 我觉得做这个能看到男人心里面最丑恶的东西……真的，最丑陋的一面都暴露出来了。我觉得，嗯，如果可能的话，我以后不会找男朋友了。如果自己一辈子能养活自己的话，也许一辈子不会嫁人了。

对于婚姻，她更是觉得是生活中的最后一个选择，只有在别无他法的时候才会考虑：

> 如果有能力这样子的话我就想一个人过也不要结婚。如果有一天我实在是没办法啊，很惨很惨的一天，我也许会找一个男的嫁了，就是为了吃饭，为了过日子嫁一个男的。不过也说不定，也许以后会碰到自己喜欢的，不过现在就不会这么想。

她对此很是坚定，对男人的评价也一直很负面。导致这种情况一方面缘于她的家庭，另一方面与之前的恋爱经历和做小姐的经验有关。她非常强调做小姐后"有了这段经历……心理跟别人不一样了"，如果不是这样，她可能会找个男人成家生孩子，现在却从身体到心理都对两性关系没了兴趣。她说自己不喜欢"性方面的一些事情"。这种态度也延伸到了接客的时候，她不喜欢客人跟她亲嘴、抚摸、聊天，只希望能以最快的速度完事。她常跟客人说不能摸她，摸了她会很难受；要快点快点，不要聊天，那样很无聊；不要开灯，否则大眼对小眼的，特别别扭。客人就总叫她不要催，要慢点，有点情调，催了就没感觉。小红却说，要感觉干什么，"又不是找老婆，有感觉了还麻烦了，跟老婆还闹不和了"。小红说别的女孩子态度很好，客人叫做什么就做什么，但是她没那个耐性，心里急，每次都是"闭着眼睛做，心里恶心他们"，而且自己看不起他们，感觉他们也看不起她。所以小红的回头客很少，"都是一次就没了"，就连一些男的要她做好一点，下次再找她的时候，她都回应说，"找不找我无所谓，我还不想陪你"。

她那时只有 25 岁，对于以后能有个幸福的家庭这种事其实也不是铁石心肠似的一点都不动心，她也想象过找一个合得来、能真心对她的人，不需要有钱，不需要帅，过简单的日子。在我眼里，她是一个性格很硬的人，爽快，直接，不会拐弯抹角，但是另外一面，她却表现出一种深深的孤单感和对生活的悲观意念。她有时候觉得一个人太孤独了，看见街上一对对的情侣，会觉得有一点羡慕，想有个伴，说说话、聊聊天，有什么事情有人一起分享或是承担。她总说她这辈子不会结婚了，但有一次她也说，其实也想有一个自己的家，"因为我已经没有家了，我也想有一个家，那就只能靠自己了"。没有可依靠的人，这样的梦想非常模糊，连她自己都说不清楚，也不是很敢去想，而做了小姐后要找到一个好男人的可能性也很小，因此保持单身的选择比较起来要更实际和更明确，而且单身对于她来说"没那么麻烦"。

有了这种经历和经验，她对亲密关系也有了一些新的体会。我的受访者中有一种观点认为做小姐比一般女人更可以看清楚男人到底是怎么样的，可以帮助自己找到更好的男人，不失为一种筛选机制，小红却不这么认为。她觉得有时候糊涂一点好，看得太清楚了不是件好事，世界上没有完美的人，如果经历了小姐这一段，再用这样的眼光去看正常男人的话，就会挑来挑去都觉得不满意。她认为两夫妻在一起过日子就是要"难得糊涂"。对于男人出去"混"这样的事情，她保持一种开放的心态，觉得这个年代男的出去找女的就像"在外面吃一餐饭那么简单"，他大部分时候都是"玩玩而已，不会很专心的"，在不影响婚姻的情况下就不要太在意，"结了婚的、没结婚的都不要把自己老公看得那么紧"。

她第二次被包养的时候包养她的就是一个有老婆和孩子、"很顾家"的男人，他一周去找她两次左右，都是上班的午休时间，下午下班、周末他都不会去找她，而是会陪老婆、陪小孩。他"比较尊重人，不会觉得你是做这个的就不一样"，"不会跟你斤斤计较，不会干涉你的私生活，不像有的人包了你要限制你这样、限制你那样"，小红不仅受尊重、有自由，还有钱收，所以对他挺有好感。至于为什么这个男的一边说自己是模范丈夫，一边会出来包养她，她说自己没想过那么多，一方面她不会因此而喜欢上他，另一方面她认为这是一种"你给我钱我就拿着，你过来你要干吗就干吗，然后你就走"的互不干涉的交易行为。在金钱基础上建立的关系于她来说就是一种不投入的关系，找小姐就意味着男人不想麻烦，她觉得出来玩的人心里都是"给了钱谁也不欠谁，各走各的"，"没有后顾之忧"。她说如果她以后结了婚，老公"出去勾女"的话她"应该会看得很淡"，但会"努力维护（她）的这段婚姻"，"如果没有真正危及（她）的地位的话，（她）应该不会干预"。

> 人嘛，就是那么回事，几十年。男人嘛，都是这样子，十个九个都是这样子，我没想过要找个什么很完美的，也找不到。（那有没有想过以后结婚啊？）想过啊，但是……不知道跟谁结啊。我都没找到，不知道跟谁结。哈哈哈。

做小姐对于小红来说是一种逃离：离开不开心的家庭，离开失败的恋爱。它将她置于直接、粗暴又复杂的两性关系中，彻底改变了她对男人、朋友、亲密关系、工作、生活等很多方面的看法，另一方面它却是她赚钱的唯一和较快的途径，通过做小姐小红能基本保持正常的日常开支，这又令她感到独立和自在，能过上不用依靠别人的生活。

"浪女"不回头

陈妹20岁出头，圆圆脸，一副学生妹的样子。她是从广西农村出来到深圳做事的，在一家夜总会上班。跟她初次见面时她正在 K 房里唱歌，脸上挂着那个年纪的女生特有的那种青春和孩子气，说话也是"萌萌的"。认识之后，她年纪轻轻就圆滑世故的特质和对爱情的绝望给我留下了很深刻的印象。

17岁那年她还在广西乡下，认识了邻村的一个男孩，和他成为好朋友，常一起玩耍和聊天，互相喜欢。那时陈妹已经没有读书了，白天帮家里干干农活，闲暇时要么去找男友，要么他过来，陈妹以为那一定会是一场婚姻，然后他俩到城里打工，赚一些钱开个小店，过这样自给自足的小日子。他们这样交往了两年多，陈妹觉得开心满足，虽然干农活不是她喜欢的，家里条件也不是很好，但倒也不用非常担心经济情况。生活一切如常，直到男孩去了惠州的一个家具厂打工，很快喜欢上了同厂的一个姑娘，跟陈妹分了手。男孩说那个女孩"人很乖甜"，更重要的是，人家是"城镇里来的人，说话的样子很好看，也很会照顾男人"。他拿她跟城镇人比，嫌她土气。陈妹不仅为此感到十分伤心，而且感觉自己受了侮辱。

> 我是打算结婚的呀！我就跟他说，人家就一定比我农村的好吗？你又没跟她生活过，她怎么就比我强了？感觉他背叛了我一样，觉得我原来想好的生活一下都没了。我本来以为跟他可以很好的……（分手以后）整整一个礼拜我都吃不

下饭，一想到他我就伤心，就哭，我朋友都说我就像变了个人。我都想去找他了，看看他过得究竟怎么样，是不是真那么好！我难道就不能像人家女的那样吗？然后我就来了深圳嘛，人家跟我说夜总会赚得很好的。我爸妈一直劝我，也没能劝住。其实一来的时候我犹豫过，我都不知道怎么就干了这个，跟以前的生活完全不一样。都是他搞的！

至此，陈妹的生活发生了翻天覆地的变化。她染了头发，学会了喝酒抽烟，穿衣服也性感了很多，买的很多都是吊带背心、紧身衣、小短裙、高跟鞋。一个月三四千的收入让她在合租房子之外还有盈余可以买些化妆品，她认为这些对于一个在大城市生活的年轻女孩来说都是非常重要的装备。她跟父母说自己在一个啤酒公司做销售，好让他们放心。

她的分手经历深深刺痛了她，做夜总会小姐对她来说反而是一个"养伤过程"。她一般晚上9点上班，常常通宵，招待许多不同的客人，还要学习跟妈咪和其他小姐相处，这种时间不固定的生活方式在一定程度上冲淡了她的伤心。在一次访谈中，她说自己"已经越过了线，不可能再回头"。

> 我走出了那个阴影，但是现在已经没有办法把自己从这里拉出去了。我十天就学会了抽烟喝酒啊！我不可能回去了！

这样一个恋爱经历看似普普通通，很多年轻女孩儿都经历过，她们就是这样学会处理自己的情绪，变得成熟起来。农村女孩和城镇女孩的那些差别在陈妹做了小姐之后已经不是什么大问题了，更大的收获在于她认识到了婚姻未必是一段感情的最终归宿，有时候就算你情我愿也未必能如愿以偿、一帆风顺，更不要说感情中还存在各种变数。在接触了很多男客人、小姐、妈咪后，陈妹意识到，亲密关系其实是有很多种形式的。昔日和男友在一起的那些时光是简单美好的，她把它收在心里，但已经不再常常怀念，因为她已经有了新的生活。虽然这种生活某种程度上来讲很混乱——时间乱、人多杂乱、工作环境乱、吃喝混乱，但它给了陈妹更大的自我空间。陈妹有一段话说出了这种"360度转变"之后的感触：

> 城市很大嘛，很多东西对于我来说都很新，很多事情我都是第一次听到或看到，别人跟我说一件事情，我就说，咦，还可以这样；跟我说另一个事，我又觉得，哇，还可以那样！就是这种。地方大就是这样，没有人认识你，你可按自己的意愿生活，谁也不会管你怎样，只要钱够花就可以了。还好我出来了，不会像以前那样傻。我现在都不想结婚了，我不抗拒，但是也没有所谓了，反正如果有人喜欢就可以一起，有人包也不错，只要能像现在这样生活就可以了。

在夜总会里她找到了自己的一些空间，哪怕再小、再辛苦，也是一种释放和成长。她获得了新的两性观念和性知识，对于感情有了更开放的体会：如果婚姻不是一段感情的最终目标，那么她就可以享受和他人的亲密而不用过多操心将来会怎样，换言之，她的选择就更多了。

关于婚姻的三种思考

小红和陈妹的故事反映了未婚小姐群体对于爱和婚姻的一些思考，她们因爱而入行，因爱而离家，又因入行再学会爱，只不过，更多的不是如何爱别人，而是如何爱自己。对于她们来说，亲密关系不是光讲感情就可以的，有很多实际因素需要考虑，如经济方面的考虑、职业发展、生活居住环境、身份接纳、安全感、城市户口等，有时候感情是次要的事，自己能得到什么反而更重要。这些女性的爱情与婚姻经历让她们对城市的环境以及她们在那里会面对的生活有了进一步的心理和情感准备，而后者又从一个独特而激烈的角度给了她们经验和提示：婚姻并非唯一出路，它只是众多可能性中的一种，如果婚姻之路走不通，她们兴许还有别的路可以选择，也许能带给她们更高的情感或经济回报。

未婚的女性中大致有三种关于结婚的想法：不结、纠结和结。

◆ 暂时不婚主义者

除了小红外，26岁的海斌也是典型的"暂时不婚主义者"。她是受访者中唯一从上海来的女性，家乡在上海郊县，全家都是做生意的。她在广州的一个CBD商圈附近和另一个女孩子合租了一套公寓，过着隔天上健身房、煲汤做美容的自在日子。她认为一个人的生活很自由，也允许她慢慢探索周围的世界，打开自己的视野。她不结婚的念头还是挺坚定的，婚姻对于她来说只是"为了保证活下去从另一个人那里弄一些钱"的途径。

> 我是没有计划要结婚的。做小姐让我见了很多男人，我觉得（结婚）没什么意思。另外一个，是我觉得现在的生活蛮好的，自己生活蛮好的，我不想那么麻烦了。

在城市里她们受到媒体舆论的影响，接触了很多关于"城市白领单女"的信息，"单女"自由、高质量、时尚、开放的生活方式从不同程度上影响了这些女孩子们的恋爱婚姻观念。一方面，自身的经历令她们对感情持怀疑态度；另一方面，这些新的生活方式让她们感觉到安全感可以由自己提供。

对于一些年龄稍长的人来说，除了自己一个人生活，也许还可以有更多的乐子。明姐是广州一个夜总会的妈咪，从做小姐开始入行已经差不多 20 年了，摸爬滚打之下锻炼出一种既温柔又犀利的个人风格。每次我打电话给她，她总是柔声细语，态度极好："小丁啊！不好意思，刚才我洗澡，没接到你电话，就要打给你了……""你刚回来啊？最近好不好啊？""没问题，我尽快安排，打电话给你。""没关系，不用客气的。"每一句都伴随着亲切的哼哼哈哈，那种笑声听起来像是一串珠子，掷地有声又泛着圆润的光泽，有时候我觉得她连说声拜拜都要提起三分语调，拖长尾音，听起来像是情人间道出的带点笑意、带点甜蜜的情话，每次通话她都让我倍感舒服，那种隐隐的担心对方拒绝、冷淡，或者高高在上的情绪总是无影无踪。明姐的名片上印着国际酒店"营业副总"的名头，大概七分性格的背后也有三分职业习惯，对我这个学生也从来是以礼相待。她人很聪明，虽是湖南人，却学了一口地道的粤语，对客人也照顾得非常周到，能记住绝大部分客人的名字、职业、喜好，加上为人热情爽朗，回头客很多。有好些男客都非常喜欢和她来往，常邀她一起吃饭或打打电话聊天。我和她的第一次见面事实上也是通过他们中的一个安排的。他们有生意上的伙伴要去夜总会玩的时候就会提前打电话给她，她会根据需要和价钱安排好房间、酒水和小姐，和他们见个面，闲扯两句，喝上几杯，为他们招待客人增添些乐趣和色彩。这些回头客中有几个和她不仅是好友，还是性伙伴。他们"像朋友一样聊天，像情人一样做爱"，明姐说有时候他们会互称"男女朋友"，但从不超越这条线。明姐对男人若即若离，她说自己从不和他们发展更亲密的关系。

我们在一起的时候就聊天吹水①啊、喝喝酒啊、打打牌

---

① 吹水，粤方言，指天南海北地闲聊，即北方方言的"侃大山"。

啊，反正都是那些啰。有时候吃完饭晚上我们会一起睡，做一下。大家都有需要嘛，这个年纪，是吧？但我也不想搞太多。我也不介意他们去找别的人，我也可以嘛。这样简单一点，自由一点，又不用担心什么结婚以后的家庭问题啊，你知道那么大的家庭很多事情的，两个人什么都要担心，还有钱啊，最麻烦的了！我这样就是，好就好，就一起打发时间，不好就拉倒。

不想经历婚姻的麻烦，免除一对一亲密关系的烦恼，从多性伴关系或多元性关系中找出路，是明姐拒绝婚姻的原因和抵制的方法。对于这样的"不婚主义者"来说，经济独立是非常重要的。明姐说，女人要为自己赚钱，为自己而活，单身可以很快乐，婚姻不是必需的。这一点对于所有受访者来说都是重要的，无论她们对婚姻有什么样的看法，在这一点上大家看法一致。进入小姐这一行后，她们更知道社会如何实际，时日如何艰难，而女人从来只能靠自己。海斌说自己做小姐之前"曾经很浪漫理想"，到广州之后"学会了现实"，学会了如何权衡得失利弊，"赚到钱填饱肚子才最重要"，给自己找个安身之处，无论是住处，还是合适的工作，才是核心。只有这些都解决了，才能言情爱。她说，"不想找个人来拖自己的后腿"。这就是王文所说的自我安全感，男人或许能给一套房、一些钱、一段舒服的日子或别的保障，但对于她来说，只有自己经济独立、生活独立并且有独立的想法才能算得上安全，从这个角度来说，这是一种自我实现的需要。

做小姐能让她们接触到形形色色的男人，由于这种交易关系大部分是简单直接的肉体关系，往往两性之间的虚伪、浮躁就暴露无遗。迷茫和抗拒常常使小姐们产生单身的想法，为的就是不让自己痛苦，不受到感情的伤害，这在小姐中也是很典型的。

◆ 左右摇摆者

这种纠结心态在受访者中是最常见的。她们既非坚决的不婚主义者，也非坚定的必婚主义者，对婚姻有模糊朦胧的想象，既向往，又犹豫，一心想找一个能共度一生的人，但又身处困境而不得已。小姐的身份对一些人来说提供了认识人的机会，然而对另一些人来说则是一种阻碍。她们需要的是靠得住的男人，真正关心她们，能陪伴她们，但小姐的身份和这个行业本身又令她们对长久的两性亲密关系很是怀疑。因此，挣扎、徘徊、犹豫就是很常见的心态了。

阿娟是一个单亲母亲，女儿4岁了，是她和一个本地的政府官员生的。她在广州的一家星级酒店夜总会做事，被那个官员包养了好几年的时间。因为阿娟的小姐身份，女儿生下后没得到认可，一直都是她独立抚养。她想尽力给女儿最好的，无论是吃的穿的用的玩的，都在力所能及的范围内尽善尽美，也希望以后能给她好一点的教育。为此，她工作十分努力，每晚都必回夜总会上班。她是个坚强的母亲，一个人面对单亲所需要面对的所有问题，那些"小姐"要面对的困难也逃不开。女儿现在在家乡，由她的父母抚养，她每月寄钱回去，一有空就打电话问女儿的情况。

对那个官员她想得不多，但偶然还是会上上网或看看电视，希望搜寻到一点他的踪迹。对这个男人她是"真的喜欢"，她说：

> 我们在一起的时候确实他还教过我、爱过我，反正我把他当自己的男人一样，没把他当一个摇钱树，和他在一起，心甘情愿为他做事。我是真的喜欢他，也许金钱不占太大比重。

当谈及这段感情，她显得有些激动，她说她有时候恨男人，他伤她太深。虽然知道自己是个小姐，不可能会怎么样，但因为有了女儿，她对对方的反应和责任就看得比较重。

> 有两三个男的我对他们特别好，把他们当好朋友对待，他们也和我玩得挺好的，我也是个很实诚的人嘛。但到了最后怎样？他们跟你做完了，就不管了。碰不到一个好人！不过你说真的坏人的话也没有。我付出了很多，我也默默地做了很多。一两句话说不清楚，和他在一起也可能不幸福吧，但……我也觉得他好像不负责任吧。

> 人的生活本来就是多姿多彩的吧，尤其是广州男人的生活是五彩缤纷的，是你想都想象不到的。有些了不起的他有一栋别墅，一层住一个女人，二层住一个女人，三层住一个女人，四层住一个女人，老公来了，就住下来，老公走了，他们几个人就在一起，而且互相还不吃醋。有这样本事的男人。想到他们这样，我就觉得自卑呀，从公平来讲，我付出那么多，你出来就是找快乐。

婚，她还是想结的，但可能不是现在，她认为那要看际遇，所以也不会有太多的想法和期待，一个人也过惯了。对于爱情，她有如下感悟：

> 男人和女人从心灵上来说，男人在感情上永远是占优势的。女人本来就依赖人，可能与中国的文化有关系。女人在感情中总是希望长久，男人呢，说不理你就不理你。有时候他说打电话的，但可能转眼就忘了，也没当一回事。男的没有女的一样生活，但女的还得靠着男人。

这听起来是很传统的说法，但在另一方面，阿娟却表现得格外有力量，那就是女儿。我说，不觉得有孩子的话是个负担吗？你要对她负责任，她成长需要钱，成本又高，你和那个男的又不好了，不怕自己吃亏吗？为什么还要给他生小孩？我夸她有勇气，她却觉得我的想法"不正确"。她自怀孕以来就从没想过要堕胎，就一直想要把它生下来，两个人虽然不好了，但孩子就是个生命，是属于自己的。

> 为什么要说是他的呢，为什么我们女人一定要说是给别人生孩子呢？每次一说小孩子就觉得是男人的，就是给他生，给他们家生。他凭什么！（孩子）在你肚子里长大，是你的生命，凭什么说是他的。这个观念是不正确的，她父亲只给他……有他的基因，但她毕竟是从我肚子里出来的，我为什么要说是他的？孩子是老天赐给我的礼物。……她给我很大的安慰。

她的这番话让我一直记到现在。当时的我还没有结婚生子，可能还没能很好地理解她的意思，只觉得她非常坚决，掷地有声。现在我已经经历了这一切，才深深地体会了孩子对于一个女人来说的可贵之处，它就是女人在婚姻外的一个最值得依赖的亲密关系。阿娟明白自己身为小姐要独力抚养一个孩子长大成人有多么不易，除了要面对实际的经济、生活困难外，还要承担小姐与单亲妈妈的双重污名与压力，但为了女儿她愿意倾其所有。她让女儿跟她姓，给她取名逸之，就是想她无忧无虑，安逸成长，一切事情都能安然面对。她把生孩子看作一个女人的享受和乐趣，不认为独自抚养一个非婚生关系的孩子是一种羞耻或是没面子的事情，而是女人的骄傲和成就，她想要靠自己把她抚养大，克服一切困难，尽力让女儿快乐，这在充斥着对单亲母亲偏见舆论的社会环境中尤为可贵。

有女儿的四年多来，阿娟经历了对婚姻的渴望与纠结，怀孕和孩子出生的惊喜，对男方冷漠的失望，身为妈妈独立承担生活的骄傲。所有的情感都是磨炼，经历的一切都是学习的机会，这让她成为更成熟的女人。她爱女儿，希望她也能这样独立自强，说"她能成为什么都无所谓，有乐观积极的心态就好"。

莹莹是我在深圳华强北一个夜总会认识的小姐，有一次我们一边喝啤酒、吃水果，一边聊天。她给我分析了一番婚姻的好与坏。她放在"好处"一列的包括有人爱、有人关心和有经济支持，"坏处"则包括被束缚、闷、失去个人空间和琐事缠身。26岁的她心里有一个"亲密关系排行榜"，"榜单"的首位是"心交"。这指的是男女两人心灵上、精神上有沟通，也就是所谓的惺惺相惜、心心相印，她认为这是两性关系中最完美的一种，她理想中的结婚对象就是这样的，能明白她心意、有共同语言、宽容理解。榜单末尾是纯粹的性关系。她把自己和男友的关系归到榜单中间的一种，就是情侣关系。莹莹说面对他的时候跟面对客人的时候感觉不一样，所以做起爱来就不一样。他们之间不是没有爱，然而又谈不上"心交"关系，总之还没到可以把自己托付给他的程度。她非常想有一个人能符合她的理想，"把心给（她）"，她就能和那个人结婚，但同时她承认这几乎不可能，她自己也不怎么相信现实中有这样的关系，所以婚姻又似乎是遥不可及的事情。有些小说里总把婚姻形容成爱情的坟墓，莹莹也会动摇她的理想，觉得单身可能会更好，尤其是做了小姐之后，有过一次堕胎的经历，她说要"打起十二分精神来跟男人相处，否则很容易受伤害，身心都受伤"。

◆ 坚定的必婚者

在众多受访者中，晓菊对于婚姻的态度是最坚决的，她说自己一定要结婚，因为婚姻能避免孤独，让一个女人老有所依。

晓菊长期被人包养，我做田野调查的那几年里她一直跟两个男人同居，那两个男人都管她叫女友，他们在不同的时间来访，晓菊终日忙于在两人中间穿梭转换。对于她在同一时间同一屋檐下跟两个男人相处我一直很佩服也很好奇。跟其他小姐不同，晓菊不用上班，她在广州黄埔的一个城中村里租了一套小房子，白天没事的时候就在家里帮附近的牛仔厂绣花钉珠，干干家务，跟别的主妇一样。其中一个男人就住她隔壁几间房，几乎每天都到她屋去，另一个有老婆的则时不时过来一下。他们在家的时候，与其说她是小姐，不如说她是家庭主妇，煮饭、洗衣、聊天、陪睡，样样都是老婆做的事情。晓菊对此很是满足，她说自己"干的是老婆的事，拿的是小姐的钱，又不用操老婆的心"。

其中一个男人是她以前开发廊的时候的老客户，那时她手下有好几个小姐，发廊生意还挺不错。那个男的常去找她，一来二去的就熟识了，后来晓菊不开发廊了他还是常去见她。他们的关系已经维持了7年多，但那个男的依然不愿意和老婆离婚来娶她。他隔一阵子过来一下，把晓菊当成"二奶"，每个月给钱包养她。晓菊曾经很想和他组建一个家庭，但他总是有各种各样的理由让晓菊等，让她很失望。不开发廊后没多久，晓菊就认识了那个邻居，和他交往着，但在那期间那个男人又和别的小姐发生关系，染了性病，晓菊很生气，警告他不能再这样。那个男的果然收敛了很多，还找了个临时工作，把晓菊当成女友一样和她一起过起来。

晓菊要面对的最大问题，就是如何在一个男人面前隐瞒另一个。开始因两人来的时间不大一样，她觉得还好办，有冲突的时候找点理由搪塞一下，基本都是优先照顾远的那个人，因为他毕竟不常来，但不久之后情况变得有些复杂。第一个男人不知道邻居男人的存在，但他同意晓菊如果喜欢就可以去找别的男人，不在一起了还可以回来找他。邻居男人有一次发现了这个男人，质问晓菊，晓菊把他数落了一顿，他就不敢怎样了，因为他有"黑点"，曾经"背叛"过晓菊，而且没能好好赚钱支付给她，只好认短。但在那之后，晓菊也不敢太公开了，毕竟两人都相处了一段时间了，她还打算仔细考量，挑一个作为长期伴侣的人选。第一个男人赚钱能力要强些，能给她更好的物质条件，两人在一起久了，虽是包养关系，却也习惯了一起生活，但最关键的婚姻却成了晓菊心中的梗；第二个则有更好的结婚条件，住得也近，能更多地陪伴她，但这个人又缺乏养家糊口的能力，还有过"不专心"的不良记录。这是两难的选择，他们各有各的好处，又各有各的缺点，还需时时留意不要让他俩碰面起冲突，当然最好有另外的选择，有机会都不能放过。晓菊心目中的"理想伴侣"，要老实、能赚钱和会关心人，而且有一条原则底线，就是不能欺骗她，否则她"发现了会打死他"。

小　　结

当婚姻还是绝大部分人亲密关系的最终目的的时候，这群小姐已经开始重新考虑它的重要性和唯一性了。为什么我们觉得不需质疑的事在她们的生活中成了可有可无之选？或者说敢于重新洗牌，挑战它在情感中的权威地位？

首先，这是小姐身份之下的现实困境。回头看，性别与经济共同作用在婚姻中产生了很重要的异化效果——由于经济收入的差异，丈夫/公婆对妻子/儿媳的性别角色期待相应发生变化，丈夫利用这种经济差异格局以男性"家长"地位的优势来为自己争取更多的资源和利益，而女性往往在此格局中失去部分自主权，需在婚姻家庭生活中作出一定程度的让步。这在已婚小姐群体中有显著的表现，而部分女性也是因为这个原因选择离开家庭，外出打工。她们作为流动人口在城市中要找到立足之地已经不简单，身负小姐污名要追求完美婚姻（或再次婚姻）更是难上加难。城乡二元对立与性别标签合力下城市里的好男人和靠谱婚姻可遇不可求，但她们不想因此放低自己的要求，也不想嫁回农村或小城镇，违背自己当初出来的意愿，这就造成了两难的局面，小姐身处其中倍感纠结。

在这种情况下，她们开始反思自己的独立性：经济独立与人格独立。如果依靠婚姻获得美好生活的想法不容易实现或这条路根本走不通，那就不如依靠自己。这群小姐从自己走过的生活道路中悟到女性独立首要就是经济独立，安全感只能自己创造与给予。无数的挫折、不幸、不满和欲求造就了她们独特的"现代属性"，不屈服于传统性别角色的桎梏，不安于父权文化下的顺从生活，宁可独辟蹊径，也要摆脱一切"旧"的印记。而小姐的身份与污名此时恰好赋予了她们这份"破罐子破摔"的勇气与决心。我们不敢的，她们敢，我们或许只是反思，她们已经开始行动。

其次，这又与她们价值观、人生观的改变互为因果，尤其是在亲密关系的认知方面。虽然绝大部分小姐来自农村，但她们成长于市场经济的环境中，有别于以往的乡土情怀，这一代人身上有更多个人需求与个人价值的影子。她们身边发生着各式各样的新事情、新变化，社会发展日新月异，人的观念也不断变化。从书籍、报刊、电视、广播等大众媒体中，她们能获取更多信息，尤其是家庭与爱情，在剧烈变化的时代中如同社会的缩影，性别关系在国家、社会、市场的多重影响下变得更多元和复杂，出现了多元关系、婚外关系、单女、核心家庭、丁克家庭等各种现象，给她们带来了不小的冲击。

这群女人从农村迁移到大城市，为的就是过上更有保障的生活，满足那种对城市生活方式的渴望，对于感情，她们中间的很多人都只是有一种模糊的念想。未来的路很不确定，不想回农村，但留在城市也很有难度，所以对她们来说，婚姻不仅仅是安抚情绪的需要，它更是一种获取稳定生活的保障，因此在这个阶段，她们觉得婚姻是应该有坚实的物质基础的，包括经济条件、未来的发展潜力、安全感、身份问题等。当初她们或因感情、婚姻选择流动到城市，或因婚姻、爱情进入这一行，又在性产业中摸爬滚打，让她们从一个一般人没法体会的独特视角去看待和反思两性关系，以一种激烈的方式浓缩地体验着性与性别在男女身上造成的不同后果。亲密关系依然是生活中的一件大事，但现在的她们已经和过去有了不同的经验、不同的理解，接受的思想也远比过去复杂。她们的成长背景、感情经历和城市生活带给她们的观念上的变化都使得她们有一种谙于世故的特质，对男女关系的理解尤其成熟，考虑最多的是各种关系带来的实际的利弊而非单纯的情感上的享受。婚姻和专一的情感也许已经不是唯一的出路，"爱"可能已经从自然感情流露的结果变成了一种策略。这些小姐中有些人喜欢把自己叫作"做生意的"，就是因为她们懂得如何权衡生活中的付出与收益，她们利用这个机会扩大自己的圈子和社交空间，为自己以后可能的发展积累社会资本，拓宽道路。这里面，固然有痛彻心扉的苦，有缠绕不清的乱，也有辛酸无奈的悔恨，其结果，就是崭新的个人体悟——如何才能变成一个现代化、开放、独立的女性，拥有更大的个人生存和发展空间，无论是想保持单身、想结婚，还是想享受别的情爱关系，每个人都有不同的方式方法，不同的考虑让不同的人走上了不同的路，有些人迷茫不定，有些人似乎已经看透，作出了选择；相同的是，她们都不再囿于过去单调的生活、不快的关系和农村的贫困中。

婚姻与关系在女人的生活中是非常重要的，女性对于自我的认识通常建立在对关系的叙述上，她们是在"保持关系"中认识自我的，她们的自我意识就建立在"与自己、与他人、与这个世界保持关系"上（Gilligan，1993），但现有研究常常忽略亲密关系在女性生活中的重要性。我的研究发现，婚姻、恋爱与情感关系作为日常生活的一大块，在女性由农村向城市移动的前、中、后期都对她们的生涯和生命发展施加着持续而广泛的影响力，以致影响了她们进入性产业的决定，更"激励"她们开拓两性关系的更多可能性，亲密关系与流动经验互相作用、互相影响。对于小姐来说，亲密关系就像一个平台，在那里她们改变着自己的生活和观念，在不同的生活阶段里，她们对此有不同的理解，保持亲密关系就成了一个持续的自我规划、自我实现的过程。虽然亲密关系未必包括婚姻关系，她们的亲密关系如以社会大众的标准也未必是"成功"的，但这里面更多的是她们自己和自己的关系——自我成长、自我调节、自我适应和自我改变。

并非所有人都是为钱而流动。钱固然是重要因素，而从农村流动到城市的一个重要目的也是挣钱，但从受访者的叙述中我们可以听见更多的心声：放弃不满意的婚姻生活，离开一对一的婚姻关系，想过都市生活，想变年轻、现代、性感、时尚，想有更多个人自由和个人空间，想要更好的生活环境，想有性自主权，想享受性快乐，想看外面的世界，变得更成熟，等等。这些女性进入城市，在色情/半色情环境中工作，例如夜总会、卡拉OK、桑拿按摩城和休闲中心等，用自己的身体、青春、性经验和交际能力维持着与客人之间的亲密关系，同时还要学会保护自己。对于她们来说，那些候客的时间，闲适的时间，还有每次交易的间隙都不是毫无意义的等待，而是探寻新的生存方式的机会，尤其是在这种色情环境中，还有在充满了令人不安的"敌意"的社会里。在与客人和高度复杂的环境的互动之中，她们逐渐融入了城市生活，获取了信息、经验、观念与技巧，她们把这些通过一种话语的（discursive）方式转化成"性资本"，颠覆传统的性别关系。性和亲密情感的欲望是这群女性在日常生活中实现自主性的一个渠道。她们渴望好的情感生活或新鲜有趣的性实践，敢于"冒犯"既存的社会规范，从另类亲密关系中获得快乐，这是身体上的尝试，更是精神上的解放。虽然她们的这些欲望有时只是一个念头或一个幻想，模糊不清，也未必能实现，但能驱使她们向前看、向外看，最终走出去。她们从农村妇人到城市小姐的转换中积累的知识和实践给她们带来新的选择和可能性，以及实现自主的力量，她们在不断地探求新的情色关系和都市生活过程中得到的是更广阔的空间，对于她们来说，这就像是一次情感上的新生。

第五章
消费、身体和城市生活

> 那是1988年或1989年的时候吧，我小学五年级。看见那些到广州打工的人啊，我不知道他们赚多少钱，但是都穿着漂亮衣服！可能大多数人是干保姆的，我就想是不是她们的主人给了她们那些好衣服穿，还带回家去。那时候我好羡慕哟，真想到城里去看一看、玩一玩，看看是不是每个人都穿得那么好。

这是Bobo说起13岁那年看见从城里回乡过年的同村人时的感受。她说印象最深刻的就是她们的外表发生的变化。家里很穷，她和姐姐都没念完书，她初中没毕业就急不可待地跑出来打工，帮助家里补贴生计。童年的生活里都是贫困的印记，她说没什么好留恋的，能想到的只是和姐姐每天干不完的活。

在被访小姐中，这样关于农村生活的叙述很常见。23位受访者中有10位详细描述过她们所经历的贫困。"想要多挣钱"是农村人口向城市流动的一大驱动因素，也是女性进入性产业的一个显性驱动力，这在很多学术讨论中都提到过（黄盈盈、潘绥铭，2003：58；Jacka，2006：123，130；Li，2006；Guo，2006），在小姐自己关于为什么做小姐的叙述中也是一个"便宜"的理由。我所接触的个案中，大部分人都提到过因为"没钱"而入行。这其实也是在"笑贫不笑娼"的风气下一种挪用正当论述为自己正名的方式（何春蕤，2001）。但若我们不停留在解释的表面，让她们多谈，循着这些叙述深入，便会发现除了贫困，还有别的因素影响着这群女性流动与入行。比如，我发现，虽然总体上比之前有较大提高，她们目前从事这一行所得的收入并不稳定，尤其是对那些位于性产业职业分层较下端的人来说，最近几年的"严打"更使她们遁入地下，靠积蓄生活。由于消费习惯偏于大手大脚，她们的积蓄大多也只有几千元，有些甚至常常要为下几顿发愁，似乎永远也实现不了"攒足了5万块我就收手不干"的愿望。我还留意到她们购物、消费中的一些细节：她们往往很容易满足于一些微小的事物，例如使用某个品牌的卫生纸、到哪个商场去买东西、吃麦当劳或肯德基快餐、住进要交管理费的小区等，她们觉得这会影响到"自己的形象"。为什么在我们看来微不足道的、表面的东西于她们来说却是重要的？如果说经济考虑是她们流动的重要因素，我们应如何解释生活无实质改善的同时对生活细节的注重？本章就是要探讨这一系列的问题：小姐们是如何描述自己的农村生活的？她们如何谈"青春"？在空前的国家变革中，作为农村向城市的流动人口，她们最想要获得的是什么？她们对城市生活的理解和需求是什么？珠三角的社会、经济、文化环境如何激发和维持着她们的各种欲望？她们如何通过日常生活表达自己的欲望，为自己争取更多的生存空间？

贫困叙事

在访谈中我发现，农村和小城镇生活在这群女性的心目中既是值得回忆的"单纯美好"，也是记忆深刻的"穷困艰难"。10位受访小姐详细聊到了她们所经历的贫困，有趣的是，在说到贫困的时候她们没有一味地讲日子怎么苦或家里多穷，而是各有各的说法，各有各的落脚点和重点，叙述的元素也不尽相同。同样是讲贫困，有的人会说到自己被剥夺的教育，有些人说要谋求改变，有些人说到因消费观念和家境产生的代际冲突，有些人会谈及无法改变家庭经济状况的失败婚姻。叙述中涉及的"贫困"元素更多，比如小学之后缺乏上学的机会，不想上学，缺乏社会经验，没有进步，看不到希望，没有漂亮衣服穿，没有好玩的东西，没有家电，渴望都市生活方式和乐趣等。

读书无用还是读书有用

阿娟是20世纪80年代出生的，那时候她四川绵阳农村的老家穷得叮当响，玉米、小麦等粮食作物产量不高，自己都不够吃，还要交粮食，靠喂鸡卖几个鸡蛋挣点钱。家里没有别的经济来源，能省则省，平时也不吃油、肉，菜自己种，需要买的就是肥皂、蜡烛这样的日用品。她和姐姐五六岁的时候就要天天干农活。

> 大清早五六点起来把牛拴好，有时候太困就睡倒在牛棚里，到七八点的时候衣服都湿了。吃了饭还要去放牛，走路就要几个小时，走累了，吃点剩饭又割猪草，很大的一片。晚上回来做完饭，累得躺下睡觉，大人叫起床的时候，精疲力竭。觉得小时候我姐姐更可怜，很小的时候就要放鸭子，从小又要背背抬抬，个子都长不高。她从小就割猪草，背不动的时候就拖着回家。那个手……挑水，挑木桶，肩膀又红又裂。

她和姐姐还要念书，每次要交学费的时候家里就卖小猪。阿娟念到初二就没有再念了，对此，她说道：

> 初二的时候，在我们村里面，那时候就学英语、学代数，我觉得学这些没用，我自己每天……哦，你没在农村生

活过，你不知道在农村做些什么。每天在农村，割草啊、放
牛呀，这些东西拿来都没用处，觉得有些文化就行了，就没
有读书，就想出来，帮别人刷刷碗筷啊、打扫卫生呀，还有
钱挣，还能买衣服。因为我们那时候，说实话，自懂事以
来，一年当中，只有过年的时候才有新衣服穿，在我们
那里。

对不再继续念书的决定阿娟的理由是在农村念那么多书没用处，
她希望看到的是生活中的即时变化，比如有钱能买新衣服或家
电，而不是通过读书产生的持续但缓慢的改变——这显然要花上
几倍的时间和资源，但她们家出不起，还不一定成功，事实上，
成功的概率很小。

　　小李和小何也像阿娟那样，把自己辍学归结为自己不愿意去
学校，而不是因为家里太穷上不起学。小李 20 岁，在深圳一个
夜总会坐台，家乡在江西。小何在广州郊区一个超大型小区做上
门服务，访谈的时候她才 18 岁，是所有受访者中年龄最小的，
老家在广西。这两个小姑娘在谈到自己为什么出来做事的时候，
都说起了读书的事。小李说她们村里很少有女孩子会念完初中，
小学念几年，能写会算，就已经挺不错的了。要是她去读书了，
家里不仅要花钱，还少了个帮手。她说：

　　　　我反正不会是个好学生，因为家那边的学校都没有读书
　　的气氛。我就想，我读书成绩又不好，又不喜欢农村的生
　　活，那为什么不出来看看有什么事做，反正待在家里也没什
　　么用。我就不读了。

小何辍学几乎也是出于相同的原因。

我觉得我不是很想读书。我成绩不好，也拿不到什么好分数，那我就没读了嘛。老师问问题我也不会回答，考试也不好，就不想再读了。我家里肯定想我读书的嘛，他们怕我找不到好的工作。现在找工作都要有学历的、有技术的，所以他们就担心，但我不后悔，反正我读书不好，那我为什么还要读呢？还不如早点出来见见世面更好。

她觉得"术业有专攻"，既然自己不擅长学习，就不必跟人家在这方面比，况且教育只是诸多路子中的一条，她可以另择别路，做自己能做的事情。

她们在叙述贫困的时候讲到了读书，但都没把贫困归结为辍学的原因，而是采取"主动"的方式，说放弃上学是自主选择。莹莹则不这么看。她认为自己之所以没念书就是因为家里穷。这个说法虽然在文献中很常见（Jacka，2006：121 - 122；Guo，2006），但在我的田野访谈中相当少见。

莹莹在深圳一家夜总会坐台，她 25 岁，在这之前她做过保姆、茶楼地哩和部长①。韶关是广东经济较为薄弱的地区，她又长在农村，在莹莹眼中，那虽然是家乡，却是她和弟弟失去教育机会的地方——而对于他们来说这相当重要。莹莹已经念到了高中，这是她一直引以为傲的，因为一般干这个的女孩子教育水平都不高，在她所在的夜总会里，她是"最有文化的"，而她比起其他受访者也确实要好些，其他人大部分都只念到初中，年纪大些的只有小学学历，很多人在十四五岁的时候就辍学了。莹莹说：

---

① 粤语方言和习语中"地哩"是指茶楼、酒楼负责送菜、收拾碗碟、斟茶加水等在楼面走动的服务人员，而"部长"指的是负责点菜、结账和协调各方面工作的人。

　　我和我父母、弟弟住在韶关。韶关可能是全广东最穷的了。我爸在煤矿工作，我妈是村里学校的老师。我弟读书可好了，成绩好，又爱学习。如果不是我们家那么穷，他肯定能上大学的。他现在也在小学校当老师。唉，有时候我觉得像我们这样的人在这种地方显得太好了。

　　她对没能继续读书耿耿于怀，很是惋惜，觉得自己的希望就断送了。她还让我一定要好好念书，因为我是"城里的孩子，条件要好多了"。她对农村一成不变的生活很是厌倦，家里穷，"想钱也没钱"，但她"想过舒服日子"，"想像城里女孩那样漂漂亮亮的"，所以她不得不很早就出来打工补贴家用。17岁的时候她到珠海当保姆，没多久又到了广州，这期间积累了一些人脉关系。一个酒楼的常客介绍她去了深圳的一个夜总会，也就是我见到她的那家，说工资较高，工作环境也较好，不用来来回回端盘子、收拾桌子、蹭厨房、扫剩菜。她先做了一段时间的洋酒推销，因为长相甜美、谈吐得体，很快就被一个妈咪纳入麾下，成了一名小姐。

　　莹莹鸭蛋脸，皮肤白皙，说起话来慢慢的、柔柔的，人看起来斯斯文文，按她的话说，"气质很重要"。她是聪明的，从她的谈吐、从她来城市的决定、从她日常分析事情的条理，都能看得出来，而这也是她引以为傲的，是读过书的好处。

　　谁说教育没有用？我就觉得教育很有用！受过教育的人懂得多，做事更有能力，整个人都不一样的。现在的男人很挑剔的，他们喜欢的女人不仅要样子好看，他们还喜欢有品位的人。你读书多，就有品位，就有人喜欢。我现在觉得当初出来的决定很正确哦，既然不能上学了，就没必要待在家里。我读过了书，又出来了，在这里我就肯定比别的小姐机会多。

有意思的是，她的"读书有用论"用出了"性意味"，这个文化资本成了"性资本"的一部分。莹莹觉得自己在一群以初中文化为主甚至小学文化的小姐中是"鹤立鸡群"，她高中文化程度的绝对优势能帮她赢得客户，因为自己无论穿着打扮还是讲话都"更有品位"、"更文雅"。她常常把头发整整齐齐梳成马尾，简单干净，还夹个细细的带水钻的发夹。我见她的几次她的衣着都颇为"密实"，比如白色花瓣领衬衫配黑色长裤、浅绿色背心连衣裙、深紫色蝴蝶领结衬衫配黑色西装裙等，加上耳垂上细细的圆形耳钉和脖子上的细项链，感觉像在写字楼工作的上班一族。我第一次见她的时候听着她柔声柔气的说话声，甚至觉得她像一个幼儿园老师，与夜总会灯红酒绿的场所颇有点格格不入，与别的穿吊带背心和短裙的女孩风格也不太一样。她有着自己的打扮心得，她觉得这样才能显示自己和别人的不同，"性感不是只有露"，穿成这样更能突出她的温柔与雅气。她把这也归结为读过书的好处。所以，读书很有用，能提升自己的吸引力，能带来客人，更能留住他们。读书的好处于莹莹来说不在获得更多的知识和更好的工作机会，这些在她的叙述中都没有提及，教育的价值是在"面上"，在身体上，是一种用以交换别的资本的资源。

莹莹的"读书有用论"与别人的"读书无用论"在表面上形成了鲜明对比，但有趣的是，两者的核心都是寻求一条路以离开农村的贫困与无聊，获取现代化的都市生活方式与更大的个人空间，而这条路，就是做小姐。当然，也有别的选择，比如做服务员、保姆或在工厂打工，这些都能解决温饱问题，也能积攒一点点钱寄送回家，但如果想实现现代化、都市化的目标，却显得有点无力。而且就工作舒适度和收入水平来说，都不如在卡拉OK、酒吧或夜总会上班。因此，在娱乐场所工作近年来也越来越被接受。

教育在社会流动方面起着重大的作用，有良好的教育背景，

有了技术，就更容易在大城市找到工作并有一席之地，对于很多
农村孩子，通过教育改变命运在户籍制度下几乎是唯一一条向上
流动的可能路径（Jacka，2006）。事实上，自古至今，读书对贫
寒人家都是这么重要，以至于寒门学子不远万里赴京赶考，岁岁
年年，直到高中。在人们的观念里，教育如同连接两个世界的桥
梁，一边是"落后"、"贫穷"、"愚昧"与"蛮荒"，另一边则通
往"先进"、"富裕"、"文明"与"发达"，农村是前者的代表，
而城市则是与之遥遥对望的另一极。这种城乡二元对立的想象在
国家关于现代化建设的话语体系中更加凸显（Gaetano and Jacka，
2004；Zheng，2004），人们倾其所有想尽办法往城市涌动，希冀
在现代化进程中分得一点果实。对于贫穷的家庭来说，让孩子念
好书就成了这种希冀实现的唯一方式，只有通过教育这座桥梁才
更有可能改变自己的命运，获得更高的社会地位（李春玲，
2009）。然而，农村的教育条件不尽如人意，由于教育经费分配
严重不平衡、教师资源匮乏而造成的缺少学校、校舍破旧、缺少
课本、没有老师、没课可上等使农村孩子受教育困难重重。虽然
我国推行九年制义务教育，但直至 2006 年国家推行新的义务教
育政策前孩子读书仍需缴纳一定数量的课本费、学杂费、文具费
用、住宿费或交通费用等，一学期几百块钱对于一个贫困家庭来
说是个不小的负担（杨琼，2003）。如果孩子有幸念完中学进入
大学或大专，情况可能会变得更糟。根据中国扶贫基金会的一项
针对特困生的调查，2005 年时贫困生占在校大学生的 20%，特困
生有 5% ~ 10%，他们要交的学杂费相当于贫困县里一个农民 35
年的纯收入（张剑锋、刘英才、张太凌，2005）。[①] 经过大学四年

---

① 详见新华网 2005 年 8 月 10 日报道《我国首次调查特困生　大学学费相当农
民 35 年收入》，网址 http://news.xinhuanet.com/fortune/2005 – 08/10/content_
3334403.htm。

的学习之后，还有部分人面临找工作难的问题，就业质量不高，以非正规就业的"低地位"就业为主，平均工资较低，住房条件也不好（李胜强、李虹、金蕾莅，2011；豆小红、黄飞飞，2011；温卓毅、岳经纶，2011）。

在教育中投入的钱和时间与产出在这样的背景下显得不成比例，毕业后向上流动机会较少，有代际继承的倾向，无法实现通过教育改变命运的想法。况且，许多农村家庭还没有经济能力供子女读到中学或以上，这条路显然不好走。女孩比男孩更缺乏教育机会，由于贫困，很多家庭不得不牺牲女孩上学的机会来保证她们的哥哥或弟弟能读下去。

与老一辈不同的是，年轻一辈并不认为教育能在多大程度上改变自己乃至家族的命运。它当然是一条路，但仅仅是其中一条，而且既花时间又不好走，还不保证回报。小何就说过，"成绩好能上大学然后留在城市工作的大概只有很小很小的一部分人吧"。所以教育并不是没有用，而是他们根本缺乏教育，被剥夺了良好教育、公平受教的机会，尤其对于女孩来说，教育体验更加贫乏。小姐们说教育无用，不爱读书，并非因为她们懒惰，不爱学习，其实是教育在农村不好用，因此对于她们来说不是一个好的选择。贫困与艰苦在她们的叙述中并未过多体现，她们这样说强调的是在外出、入行等事件上的自主性，强调是她们自己决定不继续读书而不是被迫放弃，表达的是一种渴望摆脱繁重劳动、寻求新生活的意愿，以摆脱贫穷、被动、文化水平低、无技术的弱势形象。

年轻可以干什么

美惠的家乡在湖南益阳的一个乡村。那里没有工业，美惠形容"农民就是靠天吃饭，种的东西也不多，只是供自家吃喝"，所以几乎没有盈余。美惠有一个弟弟，做姐姐的除了要照顾他，还要帮家里种地，整天"除了看天就是看地，什么都不想"。她念完初二就没有再继续念书了，在家里务农，过了两年因为"不想再这样过下去就到了城里换换另一种生活"。

美惠到广州是千禧年，她跟朋友开玩笑说"要在千禧年让脑子进点新风"，所以她们决定要"出去闯世界"。那时她 17 岁，父母不赞同她外出打工，担心她太年轻会受欺负，而且城里环境复杂，她在外面没有经验去处理生活上的一些事情。但美惠觉得在农村找不到自己喜欢做的事情，年轻的她又不爱干农活，待在家里是浪费时间、"浪费青春"，而青春恰恰就是她出去闯荡的资本。父母最终同意了，"内心不安分"的她就和同村的另一个女孩一起到了广州，先在手机店和服装店工作。在我跟她见面的时候，她在黄埔的一家休闲中心已经干了 4 年了。到休闲中心是朋友介绍的，说收入会比卖东西拿提成要好，也不用老站在那里费半天口舌也卖不出一件东西，弹性上班时间，工作场所环境也不错，美惠想想觉得挺好，就决定去试试看。她是从按摩师开始做起的，虽然开始的时候手按得发酸，"拿筷子都发抖，只能多吃鸡爪补补"，但觉得自己还是学到了一些技术。习惯了之后，她开始加服务内容，到后来就可以出台了。她几乎天天都开工，有时连例假的时候也做，有姐妹觉得她太拼了，但她觉得通过自己努力能赚多点钱，心里很乐意。她和中心的另一个女孩在休闲馆附近的城中村合租了一套房，条件不算好，装修很旧，水电煤气用得都不太方便，几乎没有楼距，光线不好，外面横满了各种电线，她却感觉很满足。

> 住的一般般吧，在城市里算可以了，总比在农村好。现在收入也不是很稳定嘛，又没什么保障，但像我这样的女孩子干什么还不都是那样。有时候我很庆幸自己出来了。什么事都是两面的嘛，看自己怎么看咯。在广州这里我还是学到

了不少东西，也成熟了很多，毕竟我们做这个的接触的人多，也会有一点点关系。当然能做文员什么的更好啦。不过我也不介意，我也没念多少书。到时再看看怎样吧，反正现在还年轻，就可以什么都试试。不喜欢或干不下去了再说。

美惠觉得因为年轻，所以可以尝试，找到自己觉得最适合的生活方式。年轻的时候身体好，也可以多拼拼，趁年轻多积累些钱和社会经验也许对将来会有好处。

阿静是 Bobo 的同乡，也是她的好朋友，她到发廊做工也是 Bobo 介绍的。她们关系非常好，常聊天谈心，有什么高兴的不高兴的事都会一起说说。访谈的时候，阿静提起她们小时候的一件小事。那是她 8 岁的那年春节，Bobo 的妈妈从省城南宁打工回家，买回了一些糖果带给孩子们过年，Bobo 送了几颗给自己。阿静一接过那些糖就爱不释手，她剥开一颗橙子牛奶味的放进嘴里，立即被那种香甜味深深吸引。她形容"那时候真觉得是自己吃过的最好吃的东西，真不舍得那么快就吃完"，她只好舔几下又拿出来，等到嘴里味道没有了又放进去舔几下，就这样反反复复直到糖果完全吃掉。糖纸花花绿绿的，上面印着橙子、苹果、菠萝的图案，阿静把它们折成小人，"就像穿着裙子的公主"，压在家里的一块砖下，晚上就拿出来看。她说：

糖纸折的小人穿着公主裙，那时候觉得好漂亮哦！我都希望自己能有那样的衣服穿，我觉得公主就是那样的。我就想，南宁的人是不是总是能吃到这样的糖呢？他们是不是也能买到这样的衣服呢？那个春节我整个节都在想这个，老想着城市和城里人是怎样的。我很想快点长大，就可以出去看一看了。

后来 Bobo 到了南宁，辗转做了几份工，做过玩具厂职工、餐馆服务员、钟点工，然后到了广州做美容技师，又在一个朋友的介绍下进了夜总会当起了小姐，年纪大了就出来当了发廊小姐。Bobo 离开家乡后几年，阿静也出来了，她们都向往城市生活。有趣的是，两个人讲到目前的工作和状态，都用了"吃青春饭"来形容。Bobo 说：

> 我现在 28 岁了，其实做发廊的话这个年纪都已经太大了。所有女孩子都是二十二三岁的样子。夜总会要求还更高。我比起来的话就有经验一点咯。我现在就是吃青春饭嘛，也没办法的了。又不想在农村种地，过得那么穷。我也想穿得漂漂亮亮的，住得好一点。所以青春饭也是要吃的，趁现在还年轻，还能做得动，难道要等老吗?!

这样的叙述是关于贫困的第二种表述。美惠、阿静和 Bobo 没有明确谈及贫困和贫穷的体验，但她们都认为农村的生活方式不适合自己，都讲到要趁年轻出去尝试新的生活，希望有更多的社会接触和经验，而贫困阻隔了她们对外面世界的认识。

家庭冲突：该存还是该花

小红和兰兰讲到农村生活的时候提到的是和父母两代人之间的冲突。两个女孩都爱花钱，喜欢买"各种小东西"，过得"时尚一点"。但当她们对城市生活方式的渴望具化并固化成仅仅是消费行为时，就不可避免地与持有不同意见的父母产生冲突。

小红和父母之间的不和不只是在因父母再婚重组家庭而引起的家庭矛盾上面，还在于大家不同的生活方式。她父母在贵州安顺当地做点小生意，家庭年收入能过万，相比起村子里年收入几千的人家来说条件还算好的，但小红主观上还是认为家里居住条件太差，比如，房子太小，小红形容"一楼放粮食杂物，乱七八糟的，二楼住人，四个人就很挤"，"冬天又冷又湿"，那时候家里还烧煤，"整个房子感觉黑乎乎的"，房间里"就一个灯泡，暗暗的，不过白天看起来更破烂"，家里没什么电器，"就一台彩电，一个冰箱，还有一辆摩托车"。她在家时常跟父母说家里太旧，住得不舒服，但父母说她不懂事，"太挑剔，不知道生活艰辛"。十来岁的时候跟朋友一起玩，她想问父母要零花钱买点零食和玩具，父母觉得不必要，没同意，小红就很生气，和他们顶嘴，还被妈妈打了一个耳光，说小孩子应该听话，不能乱花钱，"要想花钱先自己学会挣钱"。平常他们就经常因为这些小事吵架。

19 岁的时候小红交了个男友，男友有个堂姐在珠海做小姐。那年春节她回贵州，就去找自己的堂弟和小红玩，初十的时候是小红一个同学生日，他们打算一起去给她庆祝。小红想买件新衣服穿去参加生日会，就从继父抽屉里拿了 100 块钱，除了买衣服，她还买了一个电子表，她说：

> 都不知怎的钱就用完了，觉得特别爽！但很快就害怕了，我继父过两天就要回来了嘛，都不知道怎么跟他说，怕被骂嘛，肯定被骂的，因为这些东西他看起来肯定觉得没有用。

继父发现后果然大发雷霆。他责骂小红"败家"，也不应该在他不在家的时候不说一声就拿他的钱，说不加管教的话小红"以后偷东西都不知道"。一气之下他让小红"走开，不要在这个家再待下去了"，这让小红很伤心。她觉得继父伤了她的自尊心，而且"只是 100 块钱，就觉得很不可理解"。她觉得继父太凶，而妈妈又不闻不问，对于她要被赶出家门这件事好像没有太大的反应。小红期待妈妈能为她说说情，但妈妈什么都没说，而且也责怪她拿了爸爸的钱，"尽买些不顶使的东西"。小红觉得自己想要的生活方式和爸妈的完全不同，虽然他们花销节俭，但并未带来生活上的改善，没有因此变得更有钱，她觉得赚钱就是用来花的，"钱不去不来"，这种一味节省本身并没有太大意义。这时，男友的堂姐就劝小红跟她一起到广东去"做工"，说她这样待在家里没意思，还不如出去自己赚点钱，就可以过得更自由些。小红也认为自己这么年轻，应该出去试试看，赚自己的，花自己的。男友对她准备去广东做小姐没什么反应，没有出言挽留，小红觉得挺伤心的，这些都促使她下定决心出去，于是就跟他堂姐一起离开了家乡。

到广东后大概一年的样子，小红被一个客人包养，七个月里赚了两万块钱，这令她感觉非常兴奋，再不久，更是有一个客人在一个半月里给了她5万多，这使她养成了大手笔花钱的习惯。开始的时候她跟男友的堂姐和另一个女孩一起租房，每个月的房租1000多块和每天的吃喝花销都是她负责，她们买衣服、买东西也都是她掏钱。结果5万块钱一下就用光了。她平时喜欢逛街，买衣服、化妆品，有时候还会去美容，在这方面花销不小，有时候寄一点钱回家。小红说自己是攒不了钱的，虽然后来生意不如以前容易，赚钱也越来越少了，有很多时候甚至吃了上顿就没下顿，但也改变不了她的用钱方式。她说：

　　我老是积不住钱，不知道为什么。好像有钱了非要把它花完心里才舒服，存不到钱的，我从小就是存不到钱的。而且我又不贪心，有那几百块钱，够活，我就不会再出去……也许钱来得辛苦一点会珍惜很多。那时候给别人包起来50000多块钱两个月一下子就花完了，一点都不心疼，掉了3000多块钱也不觉得心疼，如果是辛苦赚的肯定心疼的，自己一分一分赚的肯定不一样的。钱来得容易，去也容易。我现在花钱像流水，

　　大手大脚一点，所以如果回家的话，肯定不习惯原来的生活
了。始终那样的生活嘛，钱来得太容易了，那一下子转不过
来，钱花完了，就又出来了。反正习惯了那样的生活，吃不了
什么苦，也不知该做什么，反过来做其他的事也很难。

钱赚得多的时候花得就快，赚得少的时候就只得出去站街，有了
钱就又不干了，所以小红一直都积攒不到钱，她"想有了几万块
钱就不做"的愿望一直无法达成。

　　兰兰的父母自她小时候起就在城里打工，他们年节时期回家
的时候会带回一些家电，比如电饭煲、电扇、录音机、电视机
等，她从小就体会过城市生活的便利与时尚。电饭煲是他们家第
一个家电，就在买它的前三年他们家还穷得连电费几乎都交不
起。父母外出打工三年，就改善了家里的条件，煮饭都用上了
电，都自动了，兰兰觉得"不可思议"，她兴高采烈了好久。这
个电饭煲从此激起了她对城市生活的好奇。又过了两年，父母买
回了一台厨房用的排气扇，他们家的厨房就开启了"电器化时
代"，不再充满油烟，也不再黑乎乎了。兰兰有了电视机和录音
机，听上了音乐，认识了卡通小伙伴。她从这些电器上看到了城
市生活的影子，梦想着能到县城去看看，甚至到大家口里说的成
都、北京、上海去。她觉得现代化生活就是一种"花钱消费"的
生活，比如，要把家里布置得更现代，就要买电器、家具，重新
装修；要把自己打扮得更时尚，就要买衣服、鞋子、化妆品；要
过得更便利，就要买手机、电脑、电视等；要过得更健康，就要
买营养品、吃得更好、去健身；要跟得上时代步伐，就要多出去
看看、多认识人。而所有这些，都是消费。直到她自己到城里做
了小姐，她才体会到原来父母买那些东西改善家里生活所要付出
的努力。

　　我以前常责怪我父母，说为什么人家赚那么多，你们就赚那么少。我就是不满足，说过一些挺伤他们的话，我说他们打工浪费时间，说人家都好多万好多万回来，一回来就买摩托车，就买什么买什么。我妈说，我们家不是有摩托车吗？我说已经过时了。我妈说，家里建了三层楼，多好啊，但是我又说过时了！那些家具我也说过时了，我妈说过时了你去买嘛，你那么有本事你去买嘛，我就那么点本事。就好像手机一样，今年一个黑白的，明年又兴彩屏，电视机也一样，兴什么买什么，他们做父母的只有这么点本事，要他们兴什么买什么，他们都是打工而已，又不是偷钱抢钱。我妈那时被我气得够呛，他们总是说赚钱不是这么花的，是要用来盖房、留给我结婚、用来养老的，但我就不喜欢这种想法。

　　他们的关系因消费观念的差异受到了影响，兰兰为了证明自己有本事过自己想要的生活，也因为渴望到城市去，不到 19 岁就到了成都，从歌厅开始做起，到休闲中心、夜总会，再到了广东、香港，最后"过南洋"去了新加坡。这样不平凡的经历令兰兰从头到脚散发着自信，也成了她对客户最大的一个"卖点"。

　　对于老一辈来说，储蓄是最重要的，工作赚钱的终极目标就在于盖房子、嫁娶和养儿育女，其他都要为这些重要计划让步，因此生活中任何一切花销都要有计划。但对于年青一代，消费是凸显自我情感与个人风格的方式，他们重视的是当下的满足感和对某种生活方式的追求，不会想得那么长远。这两种观念不可避免地会发生冲突，而结果就可能导致下一代离开家乡，向城市流动。

从"土包子"到"小姐"

我的受访者们在决定外出来到城市的时候很多都经历过思想的转变，她们是如何从农村的环境中脱离出来，从传统的生活中走出来，接受现在的这一份"工"，逐渐转变成时尚、现代、开放的女性的呢？从上述例子中我们可以看到转变往往是一个持续和流动的过程，她们的生活经历促使她们体验和思考，同时，朋辈和同乡的影响也不容小觑。

阿娟说她还小的时候，大概是 1989 年或 1990 年，就已经知道同村的女人们"有出去干这个的"，她们常常寄钱回家，同村都知道"不干这个赚不了那么多钱"。"世上没有不透风的墙"，阿娟说村子当时的环境如此，大家都习惯了，逐渐越来越多年轻男女外出打工，在工厂上班，也有些女孩子做小姐，挣到了不少钱，她们回家的时候就住不惯也吃不惯了。原来看到人家做这个还觉得很困惑，后来看到比自己稍大一点的女孩赚到了钱，原来"就算打死也不会去挣这种钱"的想法就开始动摇了。因为觉得读书在农村没有用，就想出来，到了县城里的面粉厂上班，可是厂子效益不好，常拿不到工钱，她就去做了保姆，觉得"帮别人刷刷碗筷啊、打扫卫生呀，还有钱挣，还能买衣服"。主人家的女儿年纪跟她差不多大，阿娟每天要做饭给她吃，接送她上学，老板和老板娘在家的时候，她"要看人家的脸色"，"菜也会少夹一点，话也少说一点，有种不好意思、低微的感觉"，心里感到"生活有点不公平，人家本来就有自由，就有条件"。后来她回到面粉厂上班，但年纪太小，又不懂技术，"换了部机器就不懂做"，很是辛苦，就通过朋友介绍去了成都一家火锅店做服务员，包吃住有 300 块工资。工作虽然辛苦，但阿娟说自己农村出身能吃苦，只要工资高就好，但不久以后火锅店生意不好，她被炒鱿鱼了。

在那个大城市里非常渺茫的，真是不知道怎么办，回去农村吧又不习惯，就是你从农村出来就再也不能回到农村了，在农村的话反正没钱，一个月就吃一点点肉啊，每天顶着太阳出来又晒得要命，但是你出来一个月再怎么样也有钱挣，又是在屋檐下做事。

不想回家，于是她去了当地的一个劳务市场，看中了一家卡拉OK店服务员的工作。那里有县里的人去唱歌，她就开始陪唱陪玩，一个小时10块钱，就这样做了一两个月，心里还是觉得有点疙瘩，毕竟陪唱陪玩这种"小姐"的工作不是那么光彩。那时候有几个女孩子一起，刚开始的时候总是不安心，就想跑，但老板很凶，想她们留在那里接客不要走，她们害怕会被打，就不敢跑。几个人一起总比一个人好，几个月后，阿娟逐渐习惯了，老板对她们也没管得那么严了。闲聊的时候阿娟听别人说"广东遍地是黄金，广东工资好高"，就决定离开，到广东打工。开始的时候她在一个餐厅做服务员，认识了常去吃饭的一个男人，每次他去吃饭和打麻将，就叫阿娟服务，慢慢地就跟他混熟了，后来他叫她不要再干了，"单独出来"，其实就是把她包养了。就这样，阿娟正式开始了小姐的生活。

小李的决定过程相比起阿娟显得更直接一些。她从江西萍乡家乡出来到深圳一个港口附近的夜总会做啤酒销售，梦想着靠自己的努力干一段时间，赚到第一桶金，然后一步步做到夜总会最大的销售，最终做地区的总代理。为了这个梦想她一直绷着，天天必到，房房必进，陪喝陪唱，连那里的妈咪都觉得她"太拼了"。她们看她长得白净，有一米六几的身高，劝她不如做小姐，说小姐都不用那样喝酒，而且和客人的关系更好，卖酒只是消费前的一个过程，"卖完了客人就不理你了"，但小姐如果做得好，会一直保持和客人的关系。重要的是，做小姐比做啤酒销售赚钱更快更多，卖一瓶啤酒拿10%的提成，成本低廉，卖一箱也只是赚几块钱，还常会喝多，很不舒服，所以"挣的都是实打实的辛苦钱"。她说自己考虑了三天要不要做小姐，最终令她下定决心的是，做小姐可以和更多客人有更紧密的接触与联系，不仅赚钱多，也能使她有更多机会。卖啤酒一年半后，她用短短三天完成了从啤酒销售到小姐的转变。

一场不愉快的婚姻和恋爱、与父母的冲突、童年时对城市的想象等都可以是这群女性流动到城市的诱因。值得提出的是，她们没有被动接受不公命运或贫穷际遇，很多时候都是主动出击，打有准备的仗，做有准备的决定。血汗工厂的负面印象太深，已经不是她们心目中能通往现代生活的一个必然道路和良好选择。她们中有一些人没有打过别的工就直接做了小姐，因为她们看不到在工厂打工有什么光明美好的未来，有一些人已经尝过了在工厂做工的苦，也感到前途渺茫。她们说服自己做小姐在很多情况下是可取的选择，它只是多条道路中的其中一条，而且它只关乎不同的生活方式，并无道德高下之分。

青春叙事

青春本是个颇为抽象的概念，但在这群女性口中呈现具体的"景象"或意义，有些人觉得它就象征着"时尚和潮流"，具象化为"漂亮衣服"、"生日礼物"、"电子产品"、"摩托车"等等，她们认为年轻人必须要抓住机会追求青春年少时的活力、健美和潮流，她们选择的生活方式也能说明这一点；有些人认为青春意味着有时间面对现实和实现梦想，既然城乡之间有差别，就要抓住一切机会出去，获取更多社会经验、建立人脉关系，以更好地在城市中立足；还有一些人觉得青春意味着有机会、有资本去过全新的生活，去尝试全新的事物，她们不想再务农，想过城市生活，她们注重日常生活的细节，时时处处表达着自己的现代化和都市化欲望。

对于小姐来说，青春是个不可避免的话题。性产业是典型的"吃青春饭"的行业（Wang，2003）。王政指出，"青春是一种有时效性的资本"。

> 很多年轻女孩缺乏教育和技能，就进入了正在发展中的行业，她们的青春和靓丽是保证她们比年长姐妹多挣几倍收入的一张"门票"。（同上：170，作者译）

小姐处在"青春饭"链条中的一端，可能有丰富回报，却充满争议。女性要用她们有时效性的资本满足长久的男性欲望，"青春饭"就是这样在消费主义和性歧视的交互作用中产生的（Zhang，2000）。我的研究则表明，女性在男性凝视和国家控制中并非被动承受者，她们对于由时间和性别化的社会环境造成的障碍有着自己的对抗策略（Wang，2003）。田野调查的资料显示了这群女性关于青春和"青春饭"的论述背后实现自我现代化和都市化的欲望。

美衣情结

"漂亮衣服"暗示着姣好的面容、健美的身材和时尚的触觉，是我的受访者关于"青春"的一个主要具体化想象。她们觉得年轻人拥有健康的肌肤、苗条的身材，能衬得起时尚的妆容和饰物，年纪大了皮肤都皱了，生完孩子身材走样了，穿什么都不好看了。就像王文说的：

> 买衣服要花好多钱。不过现在不花钱、不买、不穿，等

到老了再贪靓，有什么意义呢！

在上班的头三个月，她每个月会花大概 1 万块在买服装和化妆品上。她们会在买衣服和化妆品上花很多钱，出门上班前也会花很多时间打扮。对于在室内工作的姐妹们来说，上班的时候她们也会不时跑到洗手间看看自己的妆有没有花。我第一次在公寓里见到兰兰的时候，她刚去洗澡，等她从浴室走出来，我很吃惊地看到她全身裸着，从头到脚涂了一层白花花的膏。她跟我打招呼，说她正在做体膜，要我久等了，她也暂时不能穿衣服，叫我不要不好意思。在那之前我根本不知道还有体膜这种东西，兰兰就跟我介绍说这个东西一周用一次能清洁柔软皮肤。

用了就感觉皮肤软些白些。我们这些人常抽烟嘛，又每天都晚睡，皮肤肯定不会好嘛，那些客人很挑的，会嫌你皮肤太黑啊、太粗啊、不滑啊什么的。他们会说，你又不是农民，又不用干活，干吗这么黑、这么粗啊?！所以他们喜欢白一点的、细一点的。光做脸的还不够，全身都要用。皮肤白穿什么衣服都好看很多！

每次上班之前小姐们都要花上一个多小时时间挑衣服和化妆。我有时到王文、王娜屋里去的时候就是她们吃晚饭的时间，吃完她们会轮流洗碗、收拾东西，其他人就会分别洗头洗澡。每天的操作令她们化妆手法娴熟。化完妆，她们会互相给对方挑衣服提建议，直到确定那晚穿什么颜色和风格、搭配什么鞋子和饰物，细到一条项链、一对耳环和眼影的颜色都要搭配合适。一切准备妥当之后，女孩们就从普通居家样貌变成了闪亮的花蝴蝶。她们有时还会对我的衣着服饰评头论足。有一次我到海斌租住的地方去，一进门她就说："你今天这条裙子还不错。现在就流行这种大印花的，杂志上全是!" 到她们家里坐的时候我基本会戴着眼镜，要去夜场的时候才会换上隐形眼镜，她们有时候看我戴着眼镜就笑我"一副乖头乖脑学生妹的样子"，还跟我说"到夜总会的时候千万不要戴眼镜哦，很土很怪的!"

由全国妇联和中国妇女杂志社主办的华坤女性消费指导中心每年做一次女性消费调查，有意思的是，从 2005 年开始到 2014 年的 10 次调查均显示，服装服饰消费是女性消费中永恒的主题，一直是女性消费的头号支出项，化妆品、护肤品、美容美发等美丽、健康消费成为女性生活中的经常性支出，"呈现出消费普及化、品质化、高档化和品牌化的趋势"①。2006 年的这项调查还包括了农村女性、进城务工女性的数据。85.1% 的进城务工女性使用化妆品，在彩妆上的消费增加，使用唇膏、眉笔等化妆品比例大于农村女性，她们购买和使用最多的化妆品前四位依次为洗面奶（76.7%）、润肤霜/膏（74.2%）、口红（38.4%）和眉笔（22.9%）。而农村女性使用护肤品较多。她们通常购买和使用的化妆品前四位分别是润肤霜/膏（68.0%）、洗面奶（56.3%）、护手霜（52.7%）和防冻防裂膏（35.9%）。这部分是两者劳动性质不同所致，部分则因为进城务工女性受到城市生活方式和消费文化的影响更大，她们的消费习惯逐渐向城市女性靠拢，她们相信外表容貌良好的人更容易成功。在访谈中有七人明确提过漂亮衣服在她们心目中的重要性，它象征着年轻、成功、城市生活和全新的生活方式，在她们还小的时候就向往着能到城市去，能买到漂亮时髦的衣服，这在她们心中埋下了出去和赚钱的种子。而漂亮衣服的梦想有着时效性，要在年轻的时候实现。

①　引自华坤女性消费指导中心 2014 年 5 月 6 日发布的关于 2010 年调查分析的网页内容，网址 http://www.womanconsumer.com.cn/article-detail-id-1400。

小霞的衣柜

对此我体会最深的其中一次是在深圳小霞的家里。那天她在罗湖关口接了我之后我们一起上了一辆公交，路程很长，我和她闲聊着。她向窗外一指，说"这里的房子最贵了"，"最好的房子都在这里"，所以"房价很高"，"我那个烂鬼房子，这么小小的居然也花了20多万"。我想象着她的家。这个和香港人结了婚的女人，混得响当当的"大姐大"，会住在什么样的地方呢？应该是一套两室一厅的小户型公寓，或者三室四室以上的宽敞"豪宅"，还是那种十几年前兴建的传统型居民楼？从没听过她介绍自己的家，从我当时所了解的零碎边角料信息知道，她有一个老实巴交、日子过得挺拮据的女邻居，和老公两个人养着小孩和父母，按小霞的话说，女的每天"可怜兮兮"地打两份工，男的在厂里上班。几个月前小霞在家里装了超大的电表，惹毛了和供电局有关系的一群帮派人物，起了纠纷，那帮人算计来算计去，整栋楼也只能欺负这个女人家，所以就把他们家的电线给剪了。为这事，那个女人整天愁眉苦脸的，我上次见小霞的时候正好他们在商量报复的事情，于是我有了第一个对小霞居住地的想象：那栋楼里一定住满了帮派的人，大概就是活生生的一个黑帮楼，奇怪的是，那个老实女人怎么会住在那种按小霞的话说是"最乱，最复杂的"地方？小霞养了两只拉布拉多犬，我看过她手机里的照片，长得挺大的。既然养狗，而且是大型犬只，还是不错的犬种，应该家里条件也不错吧？我一路胡思乱想着，下了车我们到了一个大排档吃晚饭，接着又去了夜总会，玩到次日凌晨三四点，我终于跟着小霞回家了。

走到楼下，首先映入眼帘的是一个值班室，窗口贴了几张纸，是通知和热水票之类的。我有点纳闷了，怎么这么像集体宿舍？到了楼梯口，同行的家宁和小霞都不约而同地说，"小心脚下啊，滑"。我一踩上去，发觉脚底脏兮兮的，又黑又湿，楼道几乎没有灯光，转角处大而开阔，连接着另外的一栋楼，跟平时的公寓楼构造完全不一样。我想，小霞怎么住在这样的地方？爬到最顶层，向右一转，走过一条笔直的走廊，小霞家就在尽头。走廊尽头也有一潭水，举目四看，房间都拉着铁栅，楼道脏脏的，这不就是典型的宿舍楼吗？小霞的两只爱犬老远就听到主人的脚步声，一天没见了，着急得发出亲昵的尖尖的叫声，可能是听到我陌生的脚步声，又不时地大声叫着。小霞哄道，"别叫别叫，宝贝，我开门了，别吵别吵"。铁门一打开，两只狗扑上来。一只金黄色，一只黑色，都体形健硕，前腿趴上来能够着我的胸。门一开立即迎面扑来一阵浓烈的狗尿味，狗狗身上也是很久没洗澡的味道。我对狗的喜爱程度几近疯狂，能接受任何跟狗有关的气味，如果是不养狗的人或者喜欢狗程度没这么深的人，是绝对接受不了那种气味的。

　　跨进家门的一瞬，灯亮了，我发现小霞的家原来竟如此简陋与脏乱。进门的地方就堆着一堆杂物，有旧拖鞋、废塑料袋，以及不知名的、放了许久、包装上都铺满了尘的草药等。所谓客厅就是一个 6 平方米左右的房间，只有一张小方桌，上面放着没清理的烟灰缸和一个脏兮兮的纸袋，旁边一把露天茶座式的仿藤椅子，一面墙上挂着一个小小窄窄的穿衣镜，镜面模糊，落满了灰尘和油烟。镜子上方钉了一排挂衣钩，挂了三四条裤子、塑料袋、球拍等，裤子垂下来遮住了小半边镜子，让原本就不大的镜面又缩小了一半。外面有个很小的阳台，放了一个冰箱，第二天中午我醒来看时才发现，冰箱门根本就是大敞着的，里面放些一瓶瓶一盒盒的东西，都没看清是什么，冰箱纯粹当杂物柜用了，而且看来这还算是她家里最白亮干净的杂物柜了。小霞有两间房，原来她说我睡靠外这间的，说早给我收拾好了，铺上了新的床单、枕巾，说"否则你会受不了，狗狗的味道很大"。没过几分钟，她又指着另外一间房说我睡那里。看来她有点不清醒了。两间房都大概是 5 平方米的样子，布置非常简陋。小霞睡的那间我没仔细看，就看见一张大概宽 1.2 米的单人床，好像有很多杂物。我睡的那间有一张上下铺的铁床，跟大学宿舍里的一样。旁边做了一个白色的衣柜，床边对着门的那边有一个类似床头柜的东西，其实是一个自己焊接的不锈钢架子，上面也堆满了杂物。床头靠着门的这边地下堆着用塑料袋子扎起来的草席，上面压了个黑乎乎沾满灰尘的鸿运扇。床上的床单、枕头看起来也不干净，油油的、灰灰的，一点也不像她说的新的样子，可是那时候又困又累，有的睡觉我已经很知足了，反正烟熏了一个晚上，我的头发也不干净。

小霞马上叫我先洗澡，说洗个舒服的热水澡再睡觉，我感觉很开心。毛巾牙刷都有了，她还是个挺热心细致的人。到冲凉房一看，本来就小到 2 平方米的空间，放了一个直径有几乎半米的大白塑料桶，盖着盖子，里面装满了水。旁边紧挨着摆了个蓝色的大塑料桶，再紧挨着就是马桶，也是脏脏的，沾满了褐色的水渍还有头发。马桶旁边就是厕所的尽头了，有一扇窗，窗棂上堆积着用过的肥皂等杂物。马桶对着的墙上挂了一个带镜子的塑料架，插着牙刷牙膏，在我的记忆中这种款式是 80 年代到 90 年代初在广州这样的城市流行的，之后几乎都不见踪影了。小霞的这个已经看不出原本的颜色，只是粉粉的、白白的，牙刷虽然也有，可是看起来好像很多个月没人用了，布满了灰尘，刷头紧靠着一条僵硬的发霉了的抹布。厕所的另一个角落里挂了一个三角架，是名副其实的杂物架——洗头水、冲凉液、水瓜布、浴球、瓶瓶罐罐盒盒什么都有，长霉的长霉，挂尘的挂尘，都是一副"风尘仆仆"的样子。我进去冲凉前小霞还问我："你要用什么牌子的洗发水？资生堂还是飘柔？"我说都可以，没关系，她就说，那用飘柔吧。进去一看，所谓的飘柔洗发水其实也就是一个大罐子里剩下的一点东西，抓起瓶子一看连个生产日期都没有，也不知道是猴年马月买的了。刚把衣服脱完准备洗澡，小霞敲门了。"睡衣我已给你准备好了，放在床上！你喝水还是喝茶？""喝水吧！"我边答应边试图打开门来，才发觉她的那个门特有意思，门锁的地方早就坏了，拆掉了，只剩一个圆圆的洞，从里面伸出一条绳子来。正在苦思冥想这怎么开，就在圆洞里见到了小霞的手。"这样子，"她边做动作边解释，"你拉一拉这条绳子，门锁就会缩回来，门就开了。"

就是这样一个家，却有一个不相称的"超大"衣柜，放在我那晚睡觉的房间里，几乎占了房间的一半，它和床之间只剩一条仅能过人的小通道，里面塞满了小霞的宝贝：她所有的衣服和饰品。那晚吃饭的时候小霞手底下一个心腹阿丽赞赏小霞的身材："上次去桑拿，哇，看见大姐的身材，真是魔鬼啊，像少女一样，腰又那么细！""是啊是啊，"小霞得意扬扬地抢着说，"我的腰真的很细的，只有 17 寸呀"，她说她穿紧身的衣服都很好看，特别是旗袍。有一次我们一起走向夜总会的时候，她忽然对我说："你不能再胖了，你现在这个样子已经够了，再胖就太过分了！你看，我多高你多高啊。"我看看她，纳闷，其实她和我差不多啊，只不过，我输给了一双高跟鞋。凌晨回到小霞家，冲洗完毕，我在那个小房间里整理东西，小霞忽然进来，说，"给你看看我的衣柜"。我马上来了兴趣。她身穿一条暗红色的睡裙，露出了腿上、胳膊上、肩膀上各处的疤痕，她说自己全身都是疤。她皮肤黑黑的，身材像个小姑娘，跟我很多高中同学差不多。为了拿到海鲜生意，她不惜把自己原来的一头乌黑的长发剪成了不超过一寸的板寸，还染成了金黄色，为的就是不使控制海鲜市场的老大的老婆对她的姿色起疑心。她的一双大眼凶巴巴，说话气势不饶人，打架更是有举世无双的气势，要哄人的时候嘴巴又甜得不得了，会扭着身子钻到人怀里。她这样既做过小姐又有涉黑背景的人，会有什么衣服呢？她的衣橱里会是什么样子的？

　　说话间她拉开了衣柜，里面挂了很多杂七杂八的服装，下面一层堆了更多乱七八糟的衣物。"看，这是我的旗袍！"她很高兴地翻出一条淡绿底枫叶纹的短装旗袍，从脖颈到胸前的部位是透明薄纱质地的，每片枫叶边上都是金色的绣线。这件旗袍在这样的屋子里暗淡的灯光下显得熠熠生辉。我努力想象着她穿这旗袍的样子。如果她还是那头黑色长发，这件事情要容易得多，偏偏这头金黄寸发跟手头的旗袍格格不入。她比画了两下，忽然说，"你穿上试试！"没想到她还有兴趣看这个，想起今天她说我不能再胖了，我有点心虚，虽然对自己穿上这旗袍的信心还是有的，可是被她一打击便有点畏缩，如果真穿不上又不知道该给她怎么笑死。我在她面前脱了衣服，半背着她穿上了绿色旗袍。拉拉链的时候，我呼地松了一口气，还好能拉上！穿好了，小霞上下打量着我，"呀，你穿还真合适呀！看看，你穿我的旗袍刚刚好！好看好看！"她赶忙拉着我到那个暗黑的小厅里墙上挂的那面镜子前，在几件衣物的半掩半映之下，我几乎看不清自己的样子。厅里没开灯，借着旁边房间的微光，镜子里模模糊糊映照出我的身形。"你看，好看不？"小霞问。"嗯，她穿就好看。"家宁忽然说话了。原来他就坐在厅里一角的椅子上，光着膀子。太黑，而且他一直很安静，我都没注意到他。小霞兴奋地拉我又进了房间，翻出一件白色的短装外套，让我套在旗袍外面。她说这样穿很斯文，特别适合我的气质。她赞美了一番，然后摇摇头说，"这种衣服穿在我身上就不好看，我一点也不适合。"我好奇地问，"你这旗袍是从哪儿来的？"她说前一段时间东莞服装节，她的朋友硬是叫她去参加开幕式了，就送了两件。"还有一件粉红的呢！来，你也试试！"于是我脱下绿色的，换上粉红的，又到厅子里对着灰蒙蒙的镜子照了照，转了一个圈。家宁照例安静地赞美了两句。小霞一迭连声地表扬着，说，"如果你穿这个到老外的 party 上，肯定就变成中心了！"我笑着说，"没想到你的旗袍我这么合适。"她豪爽地说，"送给你了！"真是没想到的事，我赶紧谢谢她。

回到房间，她余兴未了，又翻起了其他衣服，拿出一件紫色的长袖外套，又叫我试穿。我个人不大喜欢这件，觉得比较老气，而且觉得小霞穿也不好看，可是小霞却说这件斯文，也适合我。接着，她翻出了她的风格的衣服，都是超短裙、紧身裙和闪亮的衣服。她说，"你看，我其实穿这些短裙子很好看的，紧身的，那时候我穿这个去的士高，把一帮人都迷死了！"她得意扬扬地说：

> 我在你面前算是斯文了，我见你的时候穿得都跟平时不一样。上次我穿的那条黑色裤子，把我不自在死了，你没看我整天扭来扭去的，我就觉得不舒服。我很清楚自己适合怎样的衣服的。你看，如果我还是一头长发，谁不怀疑啊？我身材又好，又厉害，多少男人喜欢我。可是这个不是开玩笑的，我要做海鲜生意，就要搞定那个老大，要搞定他就要搞定他老婆，不要让她怀疑我。我剪了这个头，一看就是个男人婆。她果然就喜欢了，说我这样多好啊，够清爽！现在她不知道多喜欢我！唉，真是心痛死了。

原来如此。怪不得第一次见小霞的时候她穿得还挺斯文，我根本不清楚她的涉黑背景和她这种直肠爽肚、打打杀杀的性格，就以为她不当小姐就出来开了间酒吧当老板娘。她有一件闪闪的短连衣裙，露背，圆领上系带的，适合去蹦迪，比较性感；有一件黑色的半身裙，她说配靴子好看，有时客户会喜欢她穿得职业一点，她也觉得自己穿成那样显得精干；有一件短袖娃娃装上衣，身上都是荷叶边，花花的；还有一件淡紫色的连衣裙，A 字裙摆雪纺料，是她在品牌专卖店买的。柜子里还摆了好几双皮鞋和凉鞋，有高跟的、蛋糕鞋和黑色平底鞋。她左右摆弄了半天，却嘟着嘴说，"可是这些衣服我都是喜欢却不能穿，我现在是大姐，穿成这样怎么上街啊？上次我还给人说呢"。她还拿出柜子里的几个盒子，里面装满了各色的项链、耳环、坠子、手镯和她收集来的卡片、钱币、花边、头花等。她说自己衣服太多了，现在能穿一半都不到。她说自己现在很会穿衣。

> 你们广东人很看重人的衣着的。你看到人家的第一眼也是看形象嘛，谁一定能了解你的为人呢！要是你穿得很土或长得太胖，人家都会觉得你不好看，可能就对你没兴趣了。你穿好一点人家说话态度都不一样，起码不会觉得你是乡下来的。现在我比深圳街上很多女的都会穿，都有品位。衣服是可以用钱买到的，那就算是容易的事情！

这时候的我们，再也不像一个小姐出身的"大姐大"和一个纯情女学生，就只是两个年轻女孩子，在宿舍里高兴地试穿彼此的衣服，谈论什么样的款式好看，什么样的颜色适合对方，叽叽喳喳的。那天晚上，小霞高高兴兴地"口头赠送"了两个旗袍、一条甲壳虫项链给我。据她说那是跟随了她十来年的，是一只镶满白色小水钻、中间是红色大水钻的金属饰品。她还说，"这个衣柜你随便用，你把我的衣服拨开，把自己的往上挂就好了"。傍晚在餐厅吃饭的时候她还送给我一条细银链（她喜欢戴银链，说是便宜，丢了也不心疼），我觉得她一次送给我的东西太多，以致我都不知道应不应该收下。摸不准她的心思，觉得我要真的把东西拿走了，好像显得太贪心，但是如果不拿走，却又觉得她兴致勃勃送的，如果全留在这儿，就没有诚心。想了半天，没个主意，跟小霞这样的人在一起，有个为难的地方就是她变化无常的脾性，总要猜测她的心思。假如她不高兴的话什么都可能做出来，所以还是小心为好。最后想了半天，我把两条项链放在枕头边睡觉，旗袍就挂回去了。

电子玩意

电子产品和花哨的玩具也是年轻人必须拥有的，是他们区别于老一辈人的一个标志。后者认为这些东西缺乏实用性，前者却觉得新的生活方式和价值中必然包括这些纯属娱乐和装饰性的小玩意。小红在给同学买生日礼物的时候就认为生日礼物是"很酷、很时髦的"，在她生活的小地方，送礼物并不是什么流行的做法，可能连生日都不会过，要过的话也就是煮两只红鸡蛋表示一下，小红觉得这没什么意思，"要像城里人那样有生日会，请朋友一起玩，送礼物，才叫像样"。跟朋友在镇上逛了一天，小红终于决定买一个花花绿绿的塑料做的卡通电子表，"很便宜的，十几块钱，看起来都不像真表，像玩具多一点"，但他们都觉得很高兴。她觉得年轻人的生活就应该不同，不是什么东西都一定要实用才去买，买了高兴，买了满意，就有意义。她说：

> 像我爸妈那样的人肯定觉得这东西太花哨，不实用，我买的时候都能想象得到他们会说什么。我爸肯定会骂我的。但当时我就想，难道我们年轻人就要跟你们老人一样才好吗？年轻人肯定有不同的爱好和习惯，父母不能要求我们像他们一样。穿得好、用得好、住得好，这些事不能等我老了才去做，那时候穿什么衣服都不好看啦！

这些时尚的东西不仅仅代表年轻的心和品位，更代表一种她们从未有过的生活方式。到城市生活后她们学会了紧跟时尚，她们关于打扮的心得都是从经验中来，看杂志、玩手机、看电视、上

网，上班的时候听姐妹的评论、客人反馈，获取关于最新潮流的
资讯，打理自己的外表，配上较新的手机。她们对手机和网络的
热爱也是有相当程度的。每次一些流行手机品牌出新的型号，她
们都很快会通过客人、妈咪或网络得知，等客的时候她们也常掏
出自己的手机互相比较，看谁的功能齐全，谁手机里的游戏好
玩。换手机要花上一笔钱，所以不是经常发生的事情，而有一个
受欢迎又便宜的爱好就是给手机贴水钻装饰和配手机绳。姐妹们
会到地摊上买各种颜色和花纹的手机装饰，然后发挥自己的想象
和手艺一颗颗一片片贴上去，排列成喜欢的图案，把手机弄得亮
闪闪的，另外再配上可爱的手机链、手机公仔或手机绳，来电的
时候会发出一闪一闪的亮光。谁的手机弄得最好看、最可爱，或
是哪种手机装饰最近最流行，是她们茶余饭后的一个常谈话题。

年轻就可以有新生活

"尝试新生活"在年青一代对"青春"的理解中占有一席重
要地位。"趁年轻就一定要出来，如果觉得做得不好还有时间重
新再来。"青春是一个试验场，她们可以在城市里接触外界，积
累经验，摸索什么对自己最好，才决定以后要干什么。对于大部
分的女性从业者而言，干这一行都是暂时的、短期的，并非长久
打算，更谈不上"工作"（Ding and Ho, 2008）。正如 Bobo 所说，
她"不想一世种地，做一辈子农民"，她也想"穿漂亮衣服住楼
房"，就算"青春饭也要先吃着"，所以她决定"趁年轻出来试
试，难道要等到老？"她们视青春为与社会打交道、尝试不同的
生活方式的机会。阿冰是广西人，在广州一家发廊做了 10 年小
姐。她觉得一定要趁年轻"出去闯世界"，改变自己的生活状态。
她说：

> 以前农村电视里面都放的是毛泽东什么的，没有关于外

面大城市的信息。生活也是很慢的，城市生活怎样我们一点
也不知道，也想象不到。感觉城里人都是住高楼的。待久了
我就不想再待了，就想出来，唯一想的就是趁还年轻出去
看看。

王文则担心自己年纪大了会"迟钝"，因此不想错过机会。

想了就要行动嘛！趁我们身体还好、精神还好，还有新
的想法。我觉得可能老人就不想再动来动去了，毕竟一个地
方住了一辈子就不想走了，年轻人总是想试试新东西的。这
就是老人跟年轻人的区别吧。那个谁的歌不是说"外面的世
界很精彩"吗？我当时就是这样想的。

她们对于城市生活都很向往也很好奇，想知道到底和农村生
活有什么不同，所以当她们到了城市，日常生活的细节，如在哪
里住、到哪里吃、上哪儿购物、看什么电视节目、用什么手机、
穿什么衣服、认识什么人，就都成为她们构筑城市梦想和城市形
象的环节，具有重要意义。

美惠的经历就是一个很好的例子。我初次跟她见面的时候她
误以为我是个办公室白领，很是羡慕地对我说，"你们这些白领
真是好，坐在办公室里，吹着空调，对着电脑干活，写写画画，
见见客户，真好啊！"她的理想就是做一名白领，她觉得那是
"地位"、"气质"和"充实生活"的象征。她想上夜校学习，成
为一名在写字楼"上班"的白领，过朝九晚五的生活。但她不知
道要念什么好，是电脑还是会计，所以她问我什么专业比较热
门，容易找工作。我说其实白领压力也很大的，要很努力工作挣
钱，因为公司的要求很严，常要加班，必须非常努力才能不落后
于这个快速发展的社会。我告诉她我有很多朋友在公司工作，他

们都觉得很忙很累。她说她没想过这些，只是觉得白领的形象很好，衣着光鲜，工作地点高级，所以她很向往。

美惠想象的是白领生活的"影子"，与其说她真的想做白领的工作，不如说她喜欢的是那种生活方式，"朝九晚五"和上班的概念融于高楼大厦、空调和电脑的想象中，看起来更现代和摩登，淹没了美惠对真实情况的了解。这些都成了新生活的象征。前文讲过我到广州天河的一个高层小区找小姐被保安要求出示身份证的事，那就是阿娟、王文和王娜租住的地方，2006 年时那个楼盘的两室一厅每个月房租 2500 块，不包水电。天河区属于 20 世纪 90 年代规划发展起来的较新的城区，写字楼和大型商场密集，生活消费水平也比广州其他区高。我问她们为何要住在一个这么贵的地方，王文说这是一种身份的象征。

> 如果你告诉别人你住这个小区，听起来就挺好的，人家会说，哦，豪宅啊。就像你的反应一样。贵是有点贵，但几个人分也还好，离上班的地方也近，我们又熟悉这里。这是我们在广州的家啊，家就应该搞得舒舒服服的，不能太委屈自己，而且有一个完全属于自己的空间也是很重要的。

那个楼盘保安严格，她们很满意，觉得住那里很安全，而且，小区内物管完善，有专人收拾垃圾、打扫楼道，有 24 小时服务电话，节假日、周末等会放电影，组织居民搞活动等。得到这些服务的代价就是每个月 250 多块钱的管理费，这虽然增加了生活成本，但女孩们都觉得值得，觉得这些都是城市品质生活的象征。有一次我下午过去，她们要我一起去游泳和买菜，然后晚上一起做饭吃。我们先去了小区附近繁华街道旁的一个华润万家超市，她们熟练地买了牛肉、青菜、豆腐和番茄，还有一罐豆瓣酱，准备做炒牛肉、豆瓣酱焖豆腐、香菇炒青菜和炒番茄。她们喜欢吃蔬菜，说多吃番茄能美白，所以每次去买菜都要带回几只番茄，家里番茄几乎没有断过。她们还有超市的会员卡，以便每次积分和享受会员价。回到家里，阿娟先把牛肉用盐和酱油腌制着，然后大家就收拾东西去小区的泳池。王娜办了游泳月票，游一次10块钱，200块钱的月票可以无限次去，还可享受换衣处的热水浴和蒸汽浴。她说要争取多去，锻炼身体和消耗脂肪。王文和阿娟说自己懒，只是想去的时候才去，她们更喜欢待在家里搞卫生、看电视和上网。她俩游了半小时左右就先上水回家做饭，王娜多游了15分钟，然后做蒸汽浴和淋浴，涂润肤霜，她强调一定要这样做，因为泳池的水会令皮肤干燥。傍晚6点多，王娜回到家里，大家开始吃饭，休息之后开始换衣化妆，打车去夜总会，开始一天的"工作"。这就是她们几个每天的生活，按王文的话说，日子过得"还可以，挺稳的"，也习惯了广州的生活方式和步伐。通过平时的接触我觉得，这些在夜总会或有一定档次娱乐场所工作的小姐收入比站街小姐、自由职业、按摩女等要高而稳定，有一定的经济基础，她们的日常生活跟我的也差不多，居住方式、购物方式、健身娱乐、网络资讯等方面都是那个年龄阶段的年轻人所习惯的，只是大家工种不同。

　　跟王文、王娜到夜总会去的时候我还发现一个小细节，在那儿上班的女孩子除了喜欢吃麻辣烫等家乡风味小吃外，还特别喜欢吃麦当劳和肯德基。后来我也从别的女孩子那儿看到这种喜好，比如阿冰，她下班后常到附近一家24小时营业的肯德基吃点东西再回家。她们夜晚"上班"要吃宵夜，而麦当劳和肯德基的薯条和鸡块是最受欢迎的宵夜之一。她们会轮流做东，有时候你请我吃麻辣烫或烤串，有时候我买回麦当劳或肯德基请你吃。她们说这些洋快餐公司大，是品牌，全世界的人都吃，而且这些都是在城市里才会有，以前根本没法想象大半夜的还有这么大的餐厅开着门，卖的食物又那么洋气，"什么汉堡、新地还有派"，觉得"那可能是外国电影里才有的，刚到广州的时候名字都不会叫，都不是很敢去买"。

我认识阿冰之后几个月，发现她比以前少去肯德基，我开玩笑地问她是不是"移情别恋"到麦当劳了，她说她读到一篇报纸上有关健康饮食的文章：

> 报上说快餐太油了，不健康。我很喜欢吃炸鸡的，也觉得那里干净、简单，又快。但既然是这样，我也要注意了。你们广东人老说饮食要清淡，要有营养，我就知道饿了要吃、按时吃、吃好点，不要为吃省钱，但我看到很多人现在都很时髦，吃青菜多、吃肉少，吃什么五谷杂粮、南瓜、番薯。说实话那些东西都是我们以前乡下吃的，但如果我还吃煎煎炸炸的油腻东西，人家就会觉得你老土，好像吃肉都吃不够那样！

小姐们很喜欢看报纸杂志上关于生活、时尚的内容，她们住在讲究生活品质的广东，又常听客人谈论，逐渐地也积累了一些自己的养生方式。海斌就喜欢在有空的下午煲煲汤、健健身。煲汤是她到广州之后学到的新技能。广州天气炎热潮湿，她慢慢体会到了煲汤的好处，常跟妈咪、酒店阿姨讨经验，学会了按季节搭配材料，比如春天潮湿要喝祛湿的眉豆花生鸡爪汤、赤小豆汤、木棉花汤，苦夏时可以喝苦瓜黄豆排骨汤等。初来乍到她原本无法体会为什么广州人那么喜欢饭前一碗汤，什么天气又煲什么汤。有一次她脸上长了很多小痘痘，用了很多方法涂涂抹抹都去不掉，每次化妆都很麻烦而且自己不舒服，有一个妈咪告诉她可以试试买点西洋参、绿豆来煲乳鸽，从饮食方面调理。她吃了一段时间，发现额头上痘痘真的消退了一些，她很开心，也觉得"原来喝汤都有用的"，于是就开始关注起汤水来了。她说：

　　我现在过得很开心，自己挣钱自己花，有空弄弄吃的、健健身。我去的那个健身房很多女白领去的，都穿得很时尚，就连运动鞋、运动衣裤和包包都很讲究。我看她们就可以知道流行什么。白天在家又可以贴个面膜做美容，看杂志，上网，不睡觉的话就去逛逛街。

　　阿娟也表达了类似的意思，她觉得现在已经习惯了城市的生活方式和节奏，再也回不去以前的农村生活了，虽然父母和孩子还在那里，也没有了回去的欲望。

　　租房、购物、锻炼、做饭、做家务、上网等日常杂事，因其都市方式和属性成为小姐们体验新生活的场所（site）。通过这些细微的实践，她们悄悄地改变着自己的身份，以期变得更现代、时尚、都市化和进步。她们一层层地赋予自己新的形象，体会着不同的路子和不同的青春。

学会现实

　　农村生活的贫苦和无望有其性别化的体现——女性不仅要艰苦劳作，挑起种田劳动的大梁，面临无书可读的境遇，还可能要早早嫁人，在婆家又延续这样的劳动，生孩子，孩子再重复这样的生活，而自己则没有地位。珍姐说他们农村流行一种说法，就是女人"干活卖男人的力，生活忍受女人的苦"，出了力、赚了钱还会被认为理所当然。兰兰、阿娟、珍姐和小何都表示女人应该趁年轻赶快考虑自己的出路，不要再困在农村里，而小红、阿静和王娜觉得年轻是女孩子学习独立和锻炼的时候。她们把青春和实际联系在一起，我们从中可以看到她们对社会现实的建构和自主性的交互作用。从她们的叙述中我发现，现实首先意味着农村与城市之间的发展差异，而青春意味着填补差异的可能性。目睹村里人不断到城市打工，赚到了钱，逐渐改善了生活，年纪轻轻的她们内心掀起了波澜。教育机会被剥夺了，不想上学，外出打工就是能最快改变生活的途径。她们认为这就是现实，人不得不承认差距。而到了大城市，生活中的一切也透着"现实"：什么都要钱，连在大街上上个厕所也要钱。她们到来之后，要跟着大城市的节奏像陀螺一样快速旋转。生活的复杂和激荡的经历令她们比同龄的女性要更成熟，阿娟说道：

> 我感到自己已经不再年轻了。过去几年我还觉得我还年轻，还有很多时间，但现在已经不这么觉得了。因为人一下子从十来岁到二十几岁，差不多一瞬间，那时候和朋友在一起的时候他们问我多大，我老说假话，觉得不好意思，现在23岁了，就不能说自己19岁。我有时觉得我一事无成。（那你有没有想过你到底想要过怎样的生活或者做什么样的事情？）想过，谁没想过呀。我想我现在家里面房子，买的新房，贷款还差一点，还差几万块钱，要把钱付了，还有小孩，还有父母，至少给自己留点做生意的本钱，然后小孩学费，一定要准备够。

在访谈中小何对留在村里和出城打工的同乡所过的不同生活有很多的描述：

> 在城里打工的人每年能拿回家五六百块钱！那是我小时候，90年代的时候，那时候在我们那里这些钱可能相当于现在五六千呢！那时候手里说有零花钱，也就是一两毛钱而已。如果拿一块钱去店里老板都会问你那么多钱哪里来的。所以如果你能挣几百块钱那真的很厉害，而且那些在广州打工的人又穿得那么好，逢年过节他们都穿得新新的、漂漂亮

亮的回家，给压岁钱也比人家大方，都说他们发财了。小时候对这个都没感觉，长大一点就觉得自己也想过那样的生活，以后也想过轻松点，所以觉得一定要快点出来了，快点赚到钱。

她觉得小时候跟长大了的区别就是小时候无忧无虑，只知道玩，大了就会看到别人跟自己的不同，然后立下目标去追赶。

兰兰说，青春在她眼里就是"一面照到现实的镜子"，见了、听了就会有比较，有比较内心就会求变，她们村子里大多数年轻人都选择了外出城市打工。年轻人目睹自己的父母辈脸朝黄土背朝天，起早摸黑、勤勤苦苦，但一年到头也挣不了几个钱，"不到50岁看上去就像六七十的人，脸上手上全是一条条的筋、一条条的皱纹"。大家陆续出去打工，带来了城市里的新鲜事物，从学校、广播、电视等媒体中也可以了解到外面的世界。随着信息量的增加，年轻一辈的生活中信息与资讯变得日益重要，与老一辈相比他们更加关注自我，对乡土也没有像父母辈、祖父母辈那样的感情，务农失去了吸引力，只想出去见世面。而一些政府政策鼓励农民外出务工，推动了他们向城市的流动。

小红则强调了她理解的现实——在消费很高的大城市里没钱是件痛苦的事情，贫穷的污名在她心目中有时要大于小姐的污名。当自己为了站街挣钱而感到自卑的时候，她就这样安慰和调节自己：

> 就是想一想，现在这个年代嘛，有钱在口袋里才是真的，管你钱从哪里来，其实都一样啊。然后慢慢地，就不会特别难受，偶尔还是会有一点。我觉得这个年代是很现实的，一天不挣钱你就没地方吃饭、没地方住，别人看不起小姐，但是你在大街上没饭吃的时候谁会可怜你?! 谁也不会

理你，一块钱也不会给你。你看那么多乞丐。所以就不用去想那么多。有钱才是真的！

她那年 25 岁，在小姐群里不算很年轻了，所以青春有限，她对改变自己的生活感到了压力。

阿静小时候的糖纸公主之梦在她长大之后变得现实起来，要帮补家计，她要么就在村里的一个橡胶作坊帮忙，要么就到城里打工。两条路都有不好的地方，她既不想留在村里，外出到城市对于一个年轻的女孩来说又有很多风险和不确定性。她最终说服自己和家里，到城市去至少还能看一下外面是怎样的，父母已在广西老家待了一辈子，连火车都没坐过，阿静不想重复这样的生活。她联系了 Bobo，到了广州，不久之后就做了发廊"小姐"，然后又跳到了一家夜总会。讲起自己初来乍到的那几个月，阿静还是很有感触。她在广州除了 Bobo 之外没有朋友，每个人对于她来说都是陌生人，租的房子那里邻居间连招呼都不打一个，全是不认识的人，互相也不知道对方是干什么的。在城里生活一点也不轻松，连买菜购物都要重新学习。在发廊里和别的小姐也存在竞争关系，大家既不能太生疏，又不可能走得太近。后来到了夜总会，还要学习跟妈咪相处，要讨好她们多拉生意，但如果关系太好又会遭到别的女孩排斥，"说你是马屁精"之类的。她说：

> 刚来的那段时间觉得很艰难，什么都是新的，什么都要习惯。但后来慢慢地，Bobo 也说我嘛，我就感受到城市生活的一些好处，比如很多东西是原来不知道的，现在都见过了，人也变开放了、聪明了。现在别人肯定也不能欺负我了。就算我要回农村去，人家也不会笑话我年轻不懂事，我都见过了！

城市生活教会了她如何尽快适应陌生环境，把握时间和身边的资源，积累经验。王娜和姐姐也有类似的体会。她俩结婚早，对于以前的经历王娜说自己"像个小孩那样不知道什么是爱、什么是生活，很多时候只是胡闹"。王娜在到广州前干过保险销售，每个月的收入也不稳定。姐姐跟她谈以后的打算，她们都觉得待在家里跟自己的丈夫过没有安全感，要是靠自己的话兴许还能有些改变。姐姐说，继续这样生活好像没有了意义，如果还不谋动，她们很快就会成为30多岁的主妇，围着孩子，没有丈夫的支持和力量，孤军奋战，没有出路。想到自己爱玩的老公和没有目标的生活现状，王娜决定跟着姐姐到广州去碰碰运气。她长了一张娃娃脸，看起来比实际更年轻，但当面对"生意"的时候她却显得很成熟。当初她决定到广州做小姐还有一个原因，这是她对比小姐和保险推销两份工作的结果。

　　干保险我还是有点经验的，怎么跟客户打交道啦那些，但我分析了一下，做那个没什么前景，过几年也许还是那样。我觉得我姐说的在夜总会的工作也很类似保险推销的，都是跟人打交道，拉客户，所以我就决定出来。生活就是这样，无论你做什么，能赚到钱就是真的。我不管人家怎么说，我是很实际的。我现在二十几岁，前面还有很长的路，所以我要做好准备。

总结起来，"现实"对于小姐来说有两层意义。第一，它意味着农村生活与城市之间的区别，这种差异在消费主义和物质至上的社会环境中被强化与放大。当她们意识到贫困与机会缺乏可能造成生活停滞不前时她们选择了离开乡村到城市，以期有更大的视野与更多的个人机会，这时自己的体会与选择往往大于家人的意见。第二层意义则与她们在城市里的生活经验有关。高物价、高生活成本、"工作"环境复杂、流动人口歧视、缺乏配套的社会权利等，都是她们作为女性流动人口和小姐必然面对的困难。她们必须非常努力，通过自己的能力在城市中找到立足之地，才能逐渐实现自己过得更好的意愿。

能否建立人脉关系在其中起到了决定成败的关键作用，有时候还能完全改变命运。26 岁的兰兰年纪轻轻已经做了近 7 年的小姐，应该是我接触过的小姐里运用关系最为成功的人，她的经历近乎"传奇"。当她在成都一个休闲中心做按摩女的时候认识了一个专业学院的老师，她一向想上夜校学习，遇到这个人后她觉得是个好机会，于是特别勤快，给他按摩的时候常免费加钟，问前问后，对于他的喜好也记得一清二楚，还常常和他聊天，谈自己的生活和想法。这给那位老师留下了很好的印象，觉得她"人又漂亮，又肯做，又上进"，就给她介绍了一家培训学校的电脑课程。兰兰很开心，她第一次成功用她的服务和交际手法实现了自己的理想。上了培训课程后，她大开眼界，虽然她承认自己"其实没学到多少东西，很多都听不懂，也没想好学了之后要干什么"，但这无疑让她接触到了这个行业以外的世界，懂得了电脑的功能，知道了上网，为以后的生活打下了基础。她开始更留意身边的客人，观察他们的言行，记住各人的喜恶，努力建立起更多像那位老师那样的"有用的关系"。

随着她到沿海和更大的夜总会，她的眼界越来越开阔，为人也越来越圆滑，她说自己"很能讨好客人，人家要怎么样，就算（自己）心里不喜欢也从来不直接拒绝，话都说得很好听"，所以客人们很喜欢。其中有一个包养了她一段时间的客人在香港地区和新加坡有熟人，说可以介绍她去走走、看看。开始她没放在心上，觉得那都是人家逗她随便说说的，后来那个人问了她好几次，她就开始想了，反正现在已经是做小姐了，去那里也是做这个就没有什么损失，还可以开眼界，"出境是以前想都不敢想的事，现在居然有人给我机会"，她就答应了。兰兰对怎么出去的、办过什么手续都没什么概念，就记得回家乡一趟办了个护照，很多事都是那个客人帮忙搞定的，他要她提供什么她就照办，只要自己有。过了半年左右，她就坐上了从广州去香港的大巴，在旺角一家夜总会干了几个月。她知道我住在香港，就跟我说"就是那些挂着灯牌写着什么北姑俄罗斯妹的"，介绍她去的那个客人就是那里老板的一个铁哥们。香港灯红酒绿的生活让她时时事事都觉得异常新鲜，下班后坐在街上熟食档吃粉面、有空的时候到女人街瞎逛、到店里买平价化妆品，都让她兴奋。她说"第一次看到比广州还热闹的街市"，"广告牌路牌什么的都是繁体字，感觉像到了外国"。在那里她努力练习粤语，接触了更多的客人，最重要的是学会了"遵守规矩"——比如在客人面前不该说的就一个字也不要乱说，对场所立下的关于钱物的规定要严格遵守，和不同的"姐仔"之间不要起冲突，要彼此互相尊重等。当然，这些规矩在广州的场所里也有，但兰兰说这边更讲关系，很多事情要看"人面"，"规矩是放在一边的"；香港那边则更讲遵守，对于已经建立起来的规矩一般没有很特殊的情况都要遵守。兰兰说她见过有一个妈咪因为佣金的事情与老板吵，虽然他们平时关系还算不错，老板说既然场所有规定是要那样办，就不能违反，为了警示他人，也扣了那个妈咪整个月的佣金。兰兰觉得这样"一清二楚的，不用讲那么多人情，有它的好处"。

　　几个月之后，兰兰又在广州那个客户的安排下认识了一个专门通过海路"带小姐"到东南亚的女士，在她的帮助下到了新加坡，专门给一个老板服务。后来自己出来接了散客，据她说，"有新加坡人、印度人和中国人"，"在一个临街的两三层楼上，很有东南亚风情的，楼梯都是木头的"。现在说起来她自己都觉得"很神奇，怎么会有那样的机会，还是真的！"她对我说："如果你有机会，可以给我写一本书，我的经历足够你写一本书的！

小姐里像我这样浸过洋水的人我觉得应该没有吧！"在新加坡被包养的这段时间她过得"跟人家老婆一样"，平日里基本就是在家里做做简单的家务，陪吃、陪喝、陪睡，没事的时候上街购物，走了很多著名的大商业街和小街市，吃了很多当地的美食，她说那段时间简直就像度假一样爽，"真恨不得自己以后都能这样"。她把这些经历归功于认识了广州那个客户，是他信任、赏识自己才有后面发生的一切。她说自己对新人总是强调人脉关系的重要性，因为"你永远不知道你认识的那些人可能会给你怎样的帮助，有时候可能解决一些生活上的事情，有时候就走了大运"，但是一定要积累经验，看准人，不要随便相信人，以免上当受骗。我对她说"你的这些经验对我都很有用啊"，她说，中国社会就是讲究关系的，在这一点上，小姐和研究生一样，无论你干什么都好，认识人总比不认识好。

阿娟也谈到了这一点，她认为认识多点人能够在需要的时候得到不同的帮助。比如，她一直想赚钱回家乡开一家小火锅店，苦于不知道怎么获取更多资金支持，有一回她认识了一个银行的人，聊天的时候说起，那个人后来就帮她了解小额贷款和关于小微企业的贷款规定；她认识的一个在电脑城工作的客户帮她买了一台小的上网本；对她来说更有意义的是，她通过她的妈咪认识的一个朋友后来成为她比较好的朋友，知道她认识那个官员和怀孕生女的所有事情，不仅帮她安排各种事宜，还和她一起想出了"逸之"的名字。阿娟说"逸之"包含了她对女儿的所有想象和期望，那个朋友和她知心知底，让她很是感谢。我2006年第一次见她的时候，台北正在进行市长选举，没想到这居然成为我们的一个话题。阿娟问我选情如何以及各个政党的情况，我吃了一惊，问她："你也关心这个呀？每天都有跟着新闻看吗？"她回答说，"这些东西多多少少都要知道一点的啊，外面发生什么事，有什么重要的新闻，这样跟别人聊起来，无论是什么人只要他感兴趣就有的说了"，客人也不喜欢跟什么都不知道的人聊天。有一次聊完天后她对我说我是她认识的人里面读书最多的，她很高兴，如果以后有什么事要找我帮忙希望我不要忘了她。对于她的坦诚和"实用主义"我一点也没感到惊讶，我是她的其中一个信息来源，虽然我当时的职业和她的好像挨不着边，也没住在广州，但毕竟在她的城市生活里有着潜在作用。

小姐通过各种关系熟悉城市运作与城市规则，她们从不同的人身上获取不同领域对自己有用的信息与资源，并与一些"有用的人"建立更紧密的联系，以从中得到机会，开拓自己的路子。她们是从小城镇或农村来到大城市的流动人口，还背负着性产业从业人员的种种污名，在支持并不完善的环境中，要想有立足之地与发展机会，这无疑是一个重要的方法。

表面都市化的象征

通过分析我发现，小姐们关于贫困与青春的叙述都指向了同一个方向——对城市生活的渴望和对参与现代化的渴望。这个需要不仅是物质上的，更是性（sexual）、情感（emotional）上的（Rofel，2007）。她们渴望被纳入国家现代化的进程中，快速为自己定位，而不是在快速起飞的经济社会发展中或被遗忘或被利用或被抛离。与上一辈农民工不同的是，她们是在消费导向的社会中成长起来的，不断接受着现代化与消费主义的影响（杨善华、朱伟志，2006）。

然而，作为流动人口，她们没有当地户口，生活受到诸多限制。在工厂林立的珠三角，外来工比例很高，他们不断生产着与世界紧密关联的各种产品，包括高科技产品、通信设备、时尚衣物饰品、箱包等等，但这些物品从来与他们没有太多的关系，他们只是生产，却无法消费，还要承受工厂高压生活、频繁工伤、恶劣居住环境、低工资少保障带来的痛苦。潘毅笔下打工妹的梦魇是对此最好的刻画（潘毅，1999），富士康工厂的"连环跳"是现实生活中最血腥残酷压榨的体现。工厂一般坐落在城郊，有着严格的管理制度，工人在严苛的宿舍劳动体制下被全面控制与异化（任焰、潘毅，2006），忙碌的生活使得他们除了睡觉根本无暇外出。打工者处在现代化边缘，没法实际体会改革带来的好处。劳动并没能改变他们的命运，严海蓉笔下的打工妹总是逃脱不了"属下阶层"的命运（Yan，2005）。对于女工来说她们更要面对三重歧视：在劳动密集、低技术低报酬低保障的同时还有性别歧视，而户籍限制带来的不便与歧视又增加了城市生活的困难与风险。城市人和外来人口的差距并不仅体现在一张暂住证上，关键体现在认可与权益上。

在这种情况下，小姐其实并未在真正意义上成为都市人。她们没有社会资源，甚至没有居民身份，处于被边缘化的地位；她们原本的生活环境使她们难以接触外面的世界，更没法像城市很多同龄女性那样受良好教育、有稳定工作，甚至出国深造、有海外经历，做国际化公民；在很长一段时间内农村跟城市的差距是她们生活中最大的困扰。对于这样的她们，怎么参与现代化？

她们只有在"表面上"做功夫——她们实现现代化、都市化主体的欲望是通过生活中微小的表达来实现的，即通过日常的消费行为、外表管理和都市生活方式使自己成为年轻、性感、漂亮、独立、聪明的全新个人，满足自己的欲望。在这个过程中她们抓住一些城市生活的表征来重塑自己的性别形象，并在这个过程中得到正面的感受，因此这些表征物对于她们来说具有重要的情感意义。

第一套表征物关乎身体与外表的健美，比如化妆品、潮流服饰、高跟鞋、时尚杂志等。小姐们非常在意自己的身材和样貌，特别是在夜总会、酒店和 KTV 工作的小姐，她们花费在这些物品上的钱占到日常收入的 1/3 左右。她们买得最多的化妆品是唇膏、眼影、假睫毛、粉底和指甲油，买得最多的护肤品是美白保湿霜、面膜和身体磨砂膏。皮肤白皙是亚洲女性通行的审美倾向，是年轻、美貌的象征，也代表着生活品位、生活态度和阶层。生活中有"一白遮百丑"的说法。小姐们认为肤色白皙容易得到客人的青睐。受访的小姐说她们喜欢有美白功效的保湿霜、面膜等护肤品。一些基本的化妆配件包括假睫毛、假指甲、上托文胸、高跟鞋、时髦假发、迷你短裙和低领露背衫等。有一些服装是典型的"小姐"风格，比较暴露、性感，但小姐认为这是娱乐场所的必需品，不管自己是什么风格都必须有几件。

形象管理在城市年轻女性中非常普遍，但对于小姐而言有更大的象征意义。肤质和着装是现代化和城市化的象征，也是人们划分社会阶层的标志（Zheng，2003：157 - 158）。她们希望通过外表的打理摆脱"老土"的样子和品位，穿出城市风格，以免被客人和其他人嘲笑。同时，它也是她们各自间竞争的一个"武器"。衣服、饰品、美妆等其实在众多事物中相对来说是较容易得到的，小姐从消费中能较快体验到她们曾经觉得非常遥远的都市味道。这些物品不仅帮助她们从表面塑造了都市年轻、靓丽、性感的女性形象（郑天天，2003），更使她们在消费打扮中感到愉快和自信。这种正面感受削弱了流动、歧视带来的负面效应，而通过穿衣打扮她们也找到了城市生活的"切入点"。在竞争激烈的珠三角娱乐行业、性产业中，年轻貌美是赢得收入的必要门票。因此打扮不仅是表面功夫，它与生活态度、待人接物、建立关系、积累资本等一系列活动联系在一起，形塑着这群女性，是整个城市生活的开始。

第二套表征物关乎社会网络与信息的建立，包括手机、电脑、网络、电视媒体等，小姐借此获取更多的信息，建立更广的人际关系网，同时也改变自己看待世界的方式和自己的生活方式。她们常常谈论手机型号、套餐类型，也会上网看各种新闻以增加聊天的话题。这些都和日常消费有紧密关系。她们的手机里有各种客人的联系方式，对于这些重要的社会资源，她们会通过常打电话、发短信问候等方式与其中的一些客人保持较为密切的关系。珠三角工厂林立，来自全国各地的商人往来频繁，夜总会等消费场所聚集了大量生意信息和人脉资源，因此很多女性把自己打造成"精明女生意人"的形象，穿插于其中，利用这些关系拓展她们的"业务"，这也是快速融入城市生活和都市文化的一种方式。

第三套表征物关乎日常生活方式，比如住有物管的小区楼房、在超市购物、去健身房、游泳、吃麦当劳、上网等。这些虽然算不上真正的福利，但至少从表面上给予了她们城市生活的方式和品位，因此都被赋予了别样的意义。这些日常生活实践确实带给她们方便、健康、安全、信息和现代化的良好体验，又为她们塑造着新的性别形象。通过这些小事她们拉近自己与城市的距离，实现着自己选择的生活方式，更重要的是，使自己感觉良好。

虽然这些只是表面象征，小姐们并未从真正意义上成为城市人，过上体面的有保障的城市生活，但无疑带给了她们正面的体验，让她们感觉在现代化过程中没有被完全抛弃，而是从现代化边缘向中心靠拢了一些。更有意思的是，这些表征物还告诉我们，要成为城市人不一定只能通过买房买车、获取城市户口、谋求福利保障的方式，在户籍制度下，一切都还是问题；在社会限制之下建立自信自尊，获得良好的自我体验不啻为一种另类的方式。从生活方式、生活观念、言行举止上改变自己，打造一套新的性别、阶层和权力形象，即使只是表面的、暂时的，也是这群身无资源、身披污名的女人们作为社会微小的一分子在面对歧视的社会环境时所能作出的一种挣扎与反抗。她们只是想要分享经济与社会进步的果实，不想被遗忘在现代化的边缘，而这些微小的日常行为帮助她们在重重困难与不可能之中找到了着力点，成为可努力的方向。

小　　结

贫困在小姐们的口中被描述成读书无用、缺乏城市体验和因经济状况引致的家庭矛盾，她们的解决方法是面对现实，趁年轻出去闯荡，尝试城市里不同的生活方式，年轻对于什么都没有的她们来说成为关键资源，它不仅意味着身体的活力，更意味着一个宝贵的能改变生活现状的时机。青春有限，必须抓紧。

我们对青春的讨论延续了五四运动以来发展出的新国家、新文化、新思维、新青年的精神。朝气蓬勃的青年是国家发展的支柱，新中国的命运与青年的命运相连，青年推动着历史的发展。"青年兴则国家兴，青年强则国家强"，青春意味着希望，意味着能量，意味着明天。改革之初，面对着追赶发达国家的重任，到底要怎么发展，多快发展，有多少时间，是整个国家面对的问题。"与世界接轨"的话语是那个时期最强大、最流行的口号，在城市中掀起了壮阔波澜（Zhang，2000；陈义华、刘飞，2005）。

张真在她关于中国电影和文学的文章中为我们展示了一幅中国经济转型中女性青春呈现及其被传统标准"琐碎化"和重新"嵌入"的清晰图景。她认为国家在现代化和全球化中重新定位的进程中产生出"赶超"的焦虑，而女性解放和现代化是国家现代化首要"标准"，性别化的"青春饭"就是在这样的背景下产生的。女性身体和性别形象在"青春饭"话语中被重塑，反映了国家在长期的女性无性别化和牺牲女性青春之后急于补偿的欲望（Zhang，2000）。

艾米·汉森（Hanser，2005）也讨论过本质主义的性别话语对于城乡阶层差异的塑造和加剧。她在三个中国北方城市的零售和批发商场做实证研究，发现城市化、年轻的女性身体是被置于农村中年妇女身体之上的，前者象征着资本主义的生产活力，而后者被贬低为落后和低效。她的研究发现阶层是除了性别与性之外加剧服务行业不平等的因素，而阶层往往通过性别与性来塑造和体现。在中国向后社会主义迈进之时，本质主义的性与性别观念就被用于区隔社会主义时代，它掩盖了男女之间及女性之内的不平等。"青春饭"因其性化的女性特质和与现代化的关联，成为后社会主义的讽喻（Rofel，1999），它是服务行业中传递和固化阶层差异强有力的工具（Hanser，2005：585）。

"小姐"作为这种现代化发展浪潮下的一个特殊流动性劳动力人群，固然也在吃着"青春饭"，而且是更典型的"青春饭"——她们靠外表吃饭，靠身体吃饭，青春赋予的身体活力和外表是不可缺少的资本，没有了它这碗饭就吃不下去。然而青春苦短，竞争激烈，要想不被发展淘汰甚至在发展中立足，"青春饭"是要吃的，但要怎么吃，成为小姐面对的现实考验。

把青春"打包销售"是她们创造出来的突围路径。她们认为青春不是天然就有的，而是要炼制的——炼制的青春不仅包括身体条件，还包含着社会经验、人脉关系、生活技巧、观念和与性有关的知识与技巧。她们认为出来做这一行光年轻是不够的，还要懂得道理、规矩，会处理事情，要积累关系、丰富阅历，要懂得生活、更新观念，才有出路。她们利用不同的都市表征物把自己打造成时尚、漂亮、有吸引力的女性，以稳固城市男性顾客群体；更重要的是，在这个过程中，她们弱化了农村与城市的阶层差别，建立了自尊自信，帮助自己更快地在城市中找到一席之地，缩小差距。在"青春饭"的话语面前她们不再是被动的跟随者，而是翻转了青春这个表面化、不可持续的资本，使其成为具有可持续性的社会和文化资本。本书的最后一章将以更多故事继续探讨小姐利用青春、延续青春的策略。

那么，物质追求就不再是这群女性流动到城市并进入性产业的唯一目的了，她们想要成为都市化和现代化的主体。从她们对贫困和青春的叙述中我们都能感受到个人寻求分享国家发展果实的急切：全球经济格局变化中国家要重新定位，经济形式和地区政策发生改变，消费文化正在产生，观念更新，在有限的时间内，要为自己创造机会，跟上发展的潮流，一步落后则步步落后。要做都市化和现代化的主体不一定要得到实质的社会福利，而是在各种社会限制之中抓住生活中的每一点每一滴可用的资源，积攒能量，在日常生活中改变自己、表达自己，纵使没有资源，至少也能光鲜美丽，即便生活没有太大的实质性的改变，小姐们仍能体验城市的生活。她们的生活中有一种无处不在的自主性：当教育资源有限，教育不好用、不可用时，她们作出辍学的选择并强调这是自己的决定而非因贫困被迫辍学；当她们外出打工或直接进入性产业，她们认为这是自己在面对城市与农村的差距时的自主选择，并且这是在当前情况下并不差的一条路，能帮助她们尝到现代化都市生活的便利与乐趣；当她们面对流动人口和"小姐"的双重污名时，她们通过改变自己的身体形象、生活习惯、居住条件等来减轻标签带来的负面效应，同时使自己得到情绪的缓和与自信的提升。

这里面很多日常实践和自我实践都与消费有关。女性，尤其是农村女性和流动女性的消费，因其"解放"、"从落后到进步"的性质被视为国家现代化的象征（Zhang，2000；Pun，2003；Zheng，2003；Jacka，2005；杨善华、朱伟志，2006）。大众媒体不遗余力地渲染着充满本质主义色彩的性别与性话语，又以此放大城乡差别（Zhao，1999；华颖，2004；Hanser，2005）。比如，农村妇女常被形容成"土气"、"傻气"、"没文化"、"粗俗"，而城市女性则常与"时尚"、"精明"、"知性"、"温柔"等相连，意味着更大的"解放"与进步，前者则还是落后的代表（Yan，2005a：82）。在2006年，大连市妇联甚至还有将女性划分三等的做法，知识女性位于最上，城市女性位列中间，而农村女性位列最后。[①] 在过去的十来年间，电视、广播、网站等兴起了一股"美丽经济"浪潮，不仅美容、整容等行业如雨后春笋般出现，而且各类标榜青春的选秀节目也开始流行起来，全国上下都沉浸于新的造星热中。各地青年热衷于参加诸如歌唱、舞蹈、智力竞赛、相亲等真人秀节目，比如最热门的《超级女声》造就了李宇春、周笔畅、张靓颖等，"好声音"、"好舞蹈"等"好"字号，"中国梦想"、"梦想秀"等"梦"字号及《快乐男声》、《快乐女声》等"快乐"字号节目都使一些人一夜成名，从普普通通的男生女生变成了风靡大众的偶像人物。他们的长相、衣装与语言、行为方式都表达着新的时尚、青春与思维方式，激发了人们关于性别与青春的新观念，比如李宇春、周笔畅等的出名就曾在社会上引起了很大的一股"中性"热，从外表到内里推动了时装、发型、妆容的中性，姐妹、兄弟之间的同性情谊（即网络语言"好基友"表达的内涵）和超越二元对立的性别观念。互联网亦不遗余力地推动着年轻男女的成名梦，网络推手们通过各种营销手段成就了"天仙妹妹"、"芙蓉姐姐"、"奶茶"、"凤姐""papi酱"等一系列网络偶像。青春、脸蛋、身段和一些或励志或雷人的故事和桥段包装了这些成名梦，使当事人获得了高名气、高收入和众多的商业、出国、深造机会，这类现象的出现和持续一方面是当下流行的自力更生、善用机会等社会话语和消费主义的推动，另一方面也反过来促进了这些社会话语与观念的发展（张继兰、

---

① 这是一篇署名为张运东的于2006年登于大连市妇女联合会网站的文章，题为《关于妇女问题研究的几点思考》。后登于《中国妇运》2007年第1期，第35～37页。

李良中，2006；朱莱、王娟，2007）。

在这样的经济和社会发展下成长起来的新一代农民有了与父辈不一样的追求：父辈的目标是挣钱养活一家人，而新一代的理想还包括走出去看世界和接触新风尚（王春光，2001；Gaetano and Jacka，2004）。我接触过的小姐们也怀揣着居住在大城市的梦想，她们不断地暴露于城市文化和生活方式之中，接受着潜移默化的影响。相较于她们的上一辈，她们更关注自己的身体、居住环境、信息获得和自我感受。

消费成了社会生活的核心，以形形色色的形式渗透进生活的方方面面，如假日经济、信用卡消费、房地产发展、电子商务等。近年来出现的"双十一"、"双十二"、"购物大趴"等各种购物节、消费热说明，大大小小的日子都被装点成适宜消费的日子；各类电商、网站的流行带动了物流业的迅速发展，低廉的价格刺激了钱袋子不甚充实的年轻人的消费欲望；智能手机的普及和各种支付方式的完善更使消费成了在手心中点击就能完成的茶余饭后之事。这个浩大的整体工程中唯一需要的就是有消费欲望的个人：人们通过消费带出和增加他们的价值，成为消费公民（Pun，2003：474）。消费是在一切不易中一条相对较易之路，从农村出来的打工妹们在如此强烈的国家主导的消费革命中也被卷入了资本再生产及消费互相作用的链条中，努力消除着身上的农村印记和伴行的污名（同上：472）。然而新的阶层就此形成，新中产阶层有强大的消费能力，也正在消费中稳固自己的地位，而农民工、下岗工人、城市底层这些努力在这个过程不被异化的阶层与之差距越来越大。打工妹一心通过消费跨越这道鸿沟，作为生产者却在消费中被不断贬低，被排除在城市生活之外。潘毅的分析是一幅令人震撼却无望的图景，震撼是因为我们猛然发现消费在人们的日常生活中具有如此重要的力量，在它的驱动下人们不惜"冒险"来到城市，面对复杂的社会环境，为追赶处于更高社会阶层的人们进行着"自我革命"；无望是因为无论打工妹如何努力，都逾越不了阶层的鸿沟。

潘毅指出消费是一种自我技术（Pun，2003：472），但她没有继续分析这个技术的其他"组件"。在以个人选择和个人成就量度社会身份与地位，以个人消费模式衡量个人成功与否的时代里（Fleischer，2007；Hopkins，2007），小姐的消费观念、生活方式和日常实践从某种程度上揭示了复杂的自我、性别身份和欲望，在研究中就显得尤为重要。上一章与本章的资料帮助我梳理出小姐实现自我、改写自我的三个途径，亦即自我技术的三个"组件"——外表管理、获取都市生活经验及情色实践，而这些都以消费为媒介。几者之间的关系具体如图2所示。

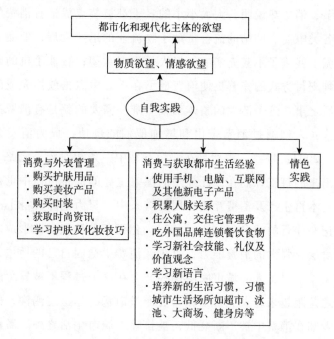

图2 "小姐"实现都市化、现代化主体欲望的途径

从这些实践中我们可以看到，个人不是被迫要成为都市化公民，不是被动的国家权力的接受者，自我技术也不是与国家权力相对的两极化概念。国家通过消费行为在生产和分配领域创造了新的有钱有权阶层，他们有自己的消费趣味，同时操纵、影响着他人模仿与复制这样的趣味，以巩固自己的阶层地位及稳固国家刺激经济发展、促进社会进步的宏愿；但我认为个人对现代化有着各自的理解与期待，对如何实现自己理解中的现代化也有着自己的步伐与方式。缺乏社会资源的人虽然走了一条与主流不同的蹊径，但无疑也在进行着他们的现代化，其中的自主性值得我们关注和探讨。这种自主性是微小的，不是轰轰烈烈，而是悄然无声，但是聚少成多。小姐除了青春（有些也已经失去）、身体和性外，没有其他可用的资源，要对抗阶层分化、身份污名和克服现实生活困难，实现自己成为现代化和都市化主体的欲望，只能通过日常中微小的自我实践，通过自尊自信与自我形象的提升来达成。"自我感觉良好"无形中让她们更新了性别意识，形成了新的性别观念和性别实践，从而成为她们的性资本，以对抗生活中的各种不利。

第六章
"性工作"、工作和做小姐

　　……（这）不是工作。我都不觉得自己有做什么。反正有时候就觉得好玩。就好像有一次一个老板叫我去他那里跳舞，他知道我跳得好嘛。他给了我一条蛇，问我敢不敢带着蛇跳。哇，我吓了一跳，好大的一条蛇。但是他告诉我那条蛇是驯过的嘛，很乖，不咬人。我试了一下放在脖子上，凉凉的。我觉得也挺好玩的，就去他那里练了几天，然后就在他那里表演给客人看。平时没事干的时候我就去朋友那里打麻将、看电视，吃吃喝喝吧反正，玩到晚上差不多 10 点就准备出去。不过出不出去也是随我自己的，不高兴我就不做，待在家里睡觉。像这样怎么会是一种工作呢，工作肯定不是这样的，要有固定收入啊、固定的工作时间啊，不是这么随便的。我觉得我自己就是一个懒人。

　　当我和站街女小宋聊起当小姐是不是一份工作的时候，她就是这样回答我的。她强调做这个就是"好玩"，而且站街比较随心所欲，不是她心目中"工作"应该有的样子。在我接触的小姐中持有类似观点的是大多数，也表明了她们对现在"这份工"的理解。对于娼妓这个人群，学术界和行动派倡导和运动的目标常常是赋予合法身份和工作的权利，那么这和小姐自己的愿望是否相符？小姐们自己是怎么想的？她们想要的是什么？她们认为自己现在在做什么？在珠三角这样的社会背景下她们如何理解"小姐"的称呼？又是如何理解"性工作"，如何看待"性工作者"这个称呼的？她们心目中的工作是怎样的，对工作的期待如何？在自我身份的问题上她们又如何挑战了我们对于"工作"的观念？这些就是本章关注的几个重点问题。从她们的角度去理解这些问题对于厘清权利运动的基本方向是很重要的。

她们在做什么

在中国，工作的概念与国家工业化、现代化的社会主义建设事业紧密相连。在改革开放以前很长的一段时间内"体制内"的工作是唯一的工作方式，工作与单位密不可分。能找到一个单位，为祖国贡献自己的知识、技能、劳力是个人的荣耀，那时的工作往往不计回报，讲贡献、讲付出，且以生产、建设的工人为上。这样的意识形态对几代人都有着深远的影响。改革开放以后，中国经历着前所未有的巨大变革，其中一个重要影响便是在"工作"领域：铁饭碗被打破了，单位制度开始动摇，私营经济和集体企业开始活跃，有些单位没能顺利转型而倒闭，失业开始出现，大规模人口流动开始形成，个体经营开始萌芽，劳动力市场复杂化。工人和国有企业、单位的形象不再像毛泽东时代那样高大上，也不再意味着收入、住房、儿童教育、退休养老和医疗方面的稳定和保障。住房、养老、医疗开始走市场化路线。事实上，工人的生活经历了巨大变化，他们成了"下岗工人"，50岁不到就无事可做，有的还要领低保，社会地位急剧下降的同时，经济地位、社会形象、福利保障等都一落千丈。进入新千年以后，市场竞争愈加激烈，就业愈加困难。金融危机后很多劳动密集型企业要走转型的道路，对农民工的需求减少；而另一方面大量农民工入城造成的各种"社会问题"促使政府开始反思鼓励农民出城打工的政策，发出农民工回乡就业、就近就业的号召。社会开始鼓励自主创业，银行、工商等相关部门为小微企业提供了一系列的优惠政策，吸引人们尤其是年轻人创业。进央企、国企、事业单位工作只是诸多选择的其中一部分，外企、私企、民企、小微企业近年来渐受青睐。年轻人观念也在发生变化，这些工作时间灵活，限制少，自主性高，有更多施展才华、体现自我价值的空间的就业形式，包括自主创业，被越来越多人接受和选择。实际上"打工"这个词本身就体现了"体制内就业"之外的别种选择，它随着其他就业形式的浮现而兴起，弱化甚至隐去了个人为国家建设贡献力量的色彩，凸显了劳方和资方的相互关系。我们应把小姐对于工作的理解和期待放在这样的大背景下考虑，如同很多年轻人一样，她们并不认为自己现在做的是一个工作，而只是生命中一个暂时的过渡。罗丽莎在其对杭州纺织和制衣厂年轻工人的研究中也有类似的发现（Rofel, 1999, 2007）。

学术界对娼妓是否可视为一份工作尚存争论。中国的研究中也泾渭分明地形成了两大派观点：一些学者认为卖淫是资本主义腐朽的体现，应彻底消除；另一些学者则倡导"性工作"是另一种形式的工薪劳动，与其他工种无异，受物质和经济需要驱动。但现有文献对性产业女性从业者的多重现实关注不足。首先，这群女性进入性产业后是如何理解自己的身份的。其次，她们进入性产业的驱动因素除了经济因素之外还有哪些。再次，"性工作者"标签有可能带来怎样的社会污名；这群妇女自身是如何理解这个"名头"的，她们对自己的这份"工"又是如何看待的。最后，一个看似简单的命名问题如何反映了农村流动到城市尤其是进入性产业的女性的欲望。这些问题都没有得到很好的阐述与分析。她们生活的方方面面互相交织，影响了她们对自我和对工作的理解，而这些都应置于更广阔的人口流动与性产业发展的背景之下去分析。现有研究较少从从业妇女的角度去讨论工作的内涵，使我们对其生活和欲望了解不足。

起源于西方的"性工作者"提法表达的是西方学者和行动者的学术及运动意愿，但全球各处自身的经济与社会发展情况非常不同，人口流动状况各异，性产业劳动力增长与形式也各不相同，远比一个统一的名称或框架所能倡导的方向复杂得多。因此，要放在中国的社会框架下讨论需要更多的考量，直接挪用容易出现学术与现实的裂痕，造成学者的"一厢情愿"与对从业妇女的另一种压迫。

要解决这个问题，首先要强调妇女自身的声音和经验。江绍祺建议跳出"性工作者"和"性受害者"二元对立的框架，把从业者视为独立的"个体"（Kong，2006：413），并从"以女性为中心的生命经验"角度出发，聚焦从业女性进行"微小抗争"（micro resistance）的日常生活和自我实践（同上：428）。这是回归研究从业女性日常生活的起点，毕竟她们"对直接质疑法律、组织对抗性的劳工运动漠不关心"（同上：426），也是能动性在特定环境和生活空间下如何得以表达、思考女性作为主体如何理解自己的生活方式和选择的重要起点。

本部分就先呈现受访者自己对于"自己正在做什么"这个问题的说法。表1表明了她们对这一问题的不同回应，同时也显示了不同环境、工种的小姐感受和体会上的区别，比如，"做生意"这个类别之下有66.7%的人是在夜总会的，占绝大多数，从另一角度去看，在夜总会做事的小姐中有36.4%的人都认为自己是在"做生意"；"玩"这个类别下38.5%的人都是站街小姐或上门服务的，反过来，站街、上门的群体中83.3%的人都认为自己是在"玩"。在本章中我将会进一步阐述性产业不同的组织形式，包括场地环境、工作要求，小姐习惯、主观感受，有无滥药、烟酒瘾等如何影响他们对"工作"的理解与建构。

表 1 "工作"类型/"工作"主观感受交互表

			主观感受				总计
			做生意	出来	玩	工作	
"工作"类型	发廊	人数	0	0	2	0	2
		占工作种类的百分比			100.0		100.0
		占主观感受的百分比			15.4		8.7
		总百分比			8.7		8.7
	妈咪	人数	1	0	1	0	2
		占工作种类的百分比	50.0		50.0		100.0
		占主观感受的百分比	16.7		7.7		8.7
		总百分比	4.3		4.3		8.7
	按摩	人数	0	0	1	0	1
		占工作种类的百分比			100.0		100.0
		占主观感受的百分比			7.7		4.3
		总百分比			4.3		4.3
	夜总会	人数	4	3	3	1	11
		占工作种类的百分比	36.4	27.3	27.3	9.1	100.0
		占主观感受的百分比	66.7	100.0	23.1	100.0	47.8
		总百分比	17.4	13.0	13.0	4.3	47.8
	站街、上门	人数	1	0	5	0	6
		占工作种类的百分比	16.7		83.3		100.0
		占主观感受的百分比	16.7		38.5		26.1
		总百分比	4.3		21.7		26.1
	应召	人数	0	0	1	0	1
		占工作种类的百分比			100.0		100.0
		占主观感受的百分比			7.7		4.3
		总百分比			4.3		4.3
总计			6	3	13	1	23

玩

研究中有 13 个小姐明确表示自己现在只是在"玩",不是在工作。从她们的叙述中可以总结出"玩"的几个意味:①她们所做的大都与玩乐有关(唱歌跳舞、打牌、玩骰子、聊天喝酒等),"工作"时间灵活,可随心所欲;②在客人面前有"演戏"的意味,例如有时要隐藏个人情感,要"逢场作戏"迎合客人,而"玩"最能够淡化负面情绪;③这是生命中一个暂时的阶段,什么都不定,以后要做什么也不知道,所以"玩"是最适合形容这种状态的。"玩"看起来是一种策略,小姐们用它来弱化"工作"的规则、责任和压力,应对情绪的高低起伏,合理化自己看似毫无目标的生活方式,减轻小姐的污名化。

小红站街的日子一天的安排基本是这样的:晚上 11 点左右出去,早上三四点或者四五点回到住处睡觉,其他时间"一点事都没有,就是在家里玩"。白天跟朋友一起玩,"或者打牌啊,有时候逛街啊,其他时间,就是睡觉"。她在谈及自己和客人的行为的时候都非常习惯用"玩"这个字,认为客人都是出来玩的,大家都不认真,她自己也是出来玩的;而跟夜生活有关的行为一概都是"玩",比如她形容常常要应酬的人为"经常出来玩的那种",形容风月老手为"经常出来玩的老油条"。她说自己不爱站街,"有钱玩就不出去,没钱玩了就出去赚一点",这里的"玩"指的是和男朋友一起嗑药。小红的男友在我认识小红的时候已经进了戒毒所。小红因他染上毒瘾,而这是她出去站街的一大动力。每次出去一晚上能挣几百块钱,够她和男友用上一两天,到下次不够了再出去。有一次她忽然问我要不要她的日记,150 块钱卖给我,因为她没有钱了,又不想出去。我不想为了研究买她的日记,这好像是各自为了满足自己的目的进行的一种交换,带有太强的目的性,让我感觉不太舒服,但我清楚她需要钱,于是我跟她说先"借"给她钱，她如果还是愿意把日记给我看，那我是很乐意多了解她的想法的。所以日记给不给我就成了她借钱以外自愿的事情，和钱没有关系了。至于她还不还钱给我，我也不在意。

对于小红来说，目前这种"玩"的状态是没有生活目标时一种暂时的迷惘状态，她不知道自己将要怎么过下去，而身为外地人和一个小姐，没有资源和关系，她只能"玩玩再说"。

> 我觉得自己一直都是贪玩的，我爸妈也这样说我嘛。他们会拿我和我那个妹妹比，觉得她念了大学，都是一个老师了，我就一天到晚只知道玩。我觉得我习惯了这样，现在我觉得自己就是过一天算一天的那样子。做小姐其实也就是玩玩的，也可以说是为自己的懒惰找理由。

我问她觉得做小姐是不是一个正式的工作，她说：

> 不是啊，肯定不是啦。不可能觉得是正式的工作。肯定是不一样的，跟正常的工作。我觉得在人心目中都是这样子的。觉得做小姐都是不好的，所以我觉得这就不是正常的工作咯。做小姐跟做正常的工作是不一样的。别人会看不起吧。如果你做正常的工作，你去捡垃圾别人也不会看不起。我觉得我活得很盲目的，也不为了什么，反正就要混日子嘛。没钱就出去赚钱，然后有钱了又不去，花完了又要出去，就是这样子的。活着没多大意思，最多只能说是玩玩、混日子而已。

佳佳也把自己目前夜总会的工作形容为"玩"。她22岁，在深圳盐田的一家夜总会做小姐。她原先在一个码头做工，是个

"乖乖女"，下班和同事吃吃饭就回宿舍，基本不去娱乐场所，觉得"那些地方都是很乱的"。后来有一次她的一班同事为一个人庆祝生日，拉她一起去夜总会玩，她推了几次，还是不好意思拂同事的面子，只好一起去了。那是她第一次去那种场所，待了两个钟头，觉得很不习惯，甚至有些害怕，"搞不明白同事为什么会喜欢去那种地方"。在舞厅里，音乐震耳欲聋，她说自己像个木头一样，只晓得盯着别人看，又不想跳，"只想快点回宿舍算了"。第二次有朋友叫她去玩的时候她就说不去，朋友笑她胆小，说："这算什么，这都怕？"为了面子，她只好去了。可能有了第一次的经验，第二次再去果然觉得也就那个样，没什么好紧张的，而且大家都是去喝酒、跳舞而已，"又不做什么违法的坏事"，她逐渐放松下来。几次之后，佳佳习惯了舞厅和夜总会的环境，有时候自己也会叫朋友一起去了。

最大的转变发生在一年半之后。佳佳感到码头的小文员工作又累又无聊，生活日复一日，不想再做下去。她想要的那种生活是"不用准时准点上班的，也不用天天在一个小小的集装箱办公室里盖章、复印，夏天热得要死，一身臭汗，冬天穿成一个球也觉得冷"。她的决定是当初的自己怎么也不会想到的：去夜总会！她形容：

> 当时自己脑子里冒出这个念头的时候，都不敢相信我真这么想了。但我觉得这肯定不是一时冲动，可能其实早就有这种想法了，自己不敢承认而已。我想了一下，觉得也没什么不好的，工作环境就比码头好多了，时间也很灵活，还可以认识很多人。比码头舒服多了，钱也挣得多。

她选了一个离原来码头较远的区，就辞了工，进了一家夜总会。她的生活发生了天翻地覆的变化，可以睡到日头落山，晚上都待在室内，"整天都可以不见太阳"。

> 你知道吗？有一两次感觉很久没看到太阳了，抬眼看了一下，眼睛都疼的！几个月前我试了一下"嗨嘢"嘛，[①] 头晕晕那样，觉得周围都不真实，像做梦一样。不过我觉得现在也真像做梦，自己都根本想不到，以前害怕来的地方，现在居然在这里做事！以前是来这里玩的嘛，现在就感觉好像还是在玩。反正就觉得这不是工作吧，就是玩，很自然的，这种地方，做的这些事情就是陪唱陪跳陪玩的。

对佳佳来说，"玩"更能形容她现在的状态——生活方式的彻底改变、夜总会的玩乐性质、药物带来的虚幻，工作、玩和日常生活没有了界限，一切都以一种非真实的方式呈现着。

"玩"这种说法还反映了小姐的"表演"性质，尤其是对于室内场所的小姐来说。这种"表演"给我印象最深的是我第一次在夜总会见到莹莹的时候。当时我和一个男性朋友一起，妈咪把莹莹介绍了过来。她穿了一件浅色雪纺衬衣，深色裤子，戴着一条桃心链坠的项链，长直头发上别了一只闪亮的发夹。第一感觉就是她的衣着跟其他小姐有些不同，说起话来声音软软的。我们坐在大厅里聊天喝酒，很快我就发现莹莹跟我朋友的说话方式和她跟我的说话方式有些不同。她和我聊天的话题大都是护肤、发型、衣服、男朋友和感情，比如她跟我分享洁面的正确方式是必须在脸上按摩够 5 分钟，否则无效，或晚上睡前涂面霜要如何在前额、面颊等用手指绕圈等；跟我朋友说话的时候则变得有暧昧感，充满了性暗示，听起来更像调情、挑逗，而不是聊天。她说起她的"亲密关系排行榜"中的"心交"关系时，还特意转过去

---

① 佳佳这里用的是粤语，"嗨嘢"的意思就是嗑药。

对我朋友强调了一下"是'心交'哦，不是那个字哦，别想歪了"。然后她解释了一下排行榜处于末端的是纯粹性关系，问我朋友是否同意。在问他的时候，莹莹做了个代表性交的手势，咯咯直笑。她还说自己相信灵魂伴侣，希望能找到这样的人与她心灵相通。但当我们一起上洗手间的时候，她跟我说她其实不怎么相信坚贞忠诚的友情和爱情，跟我朋友说的那些只是"说着玩的"。她说自己书读得多，在夜总会里属于"教育太好"的，所以不是很受欢迎，包括在同伴群中和在客户群中，因为她不是很会取悦人家，不像别的女孩子喜欢穿暴露的衣服，客人说什么都愿意，有时"低三下四的"，对于客人的挑逗也毫不介意，她就不喜欢那样做。当我朋友问她会不会跟客人出去时，她说自己只陪聊、喝喝酒，"不做那些的"。朋友又换了个方式谈起了关于性的话题，她脸上流露着颇严肃的神情，说她从来不和客人发生关系，然后用一种撒娇的语气重复了一次，说"人家和别的女孩子不一样的嘛，人家从来不提供那种服务的嘛"。之后她又对他补充了一句，"不过我觉得一夜情是可以的喔！因为一夜情表明你对他有好感嘛！"接着她用牙签插了一块西瓜递到我朋友口边。朋友后来告诉我，她说这句话的时候眼睛斜斜地觑了他一眼，还调皮地冲他笑了一下，对于一个男人来说，在那一刻他感觉到莹莹在挑逗他。他说：

> 她到底做没做过呢？我觉得不可能没做过。但她的样子好像又很纯。我一下子都搞不清她是不是对我有好感了。我觉得也许她这样说是为了提升自己的形象，提升自己的议价空间。

我们一起上厕所的时候莹莹告诉我和另一个女部长说她那个月月经没来，那个部长第一反应就是，"你不是怀孕了吧？"莹莹之前说她跟男朋友分手已经半年多，又说自己从来不提供"那种服务"，那她怎么会怀孕呢？部长笑她"搞嘢①太不小心了"。那时莹莹才低声跟我说其实夜总会里所有女孩都会出台的，只不过男客一般喜欢"清纯"一点的女孩，她就会顺意说自己和别的女孩不同，自己不提供性服务，就好像她跟我朋友说的那样。

那晚莹莹一直在我的"女性朋友"和"性感小姐"两个角色中互换，跟我说一套，跟我那个朋友说另一套。她和他之间的交流就是两人间的挑逗和调情。后两次见面的时候莹莹就跟我提起了她的这种"表演式"的行为。

> 有时候我觉得自己就是在演戏。跟那些客人在一起的时候，我猜他们想要什么，我就把自己装成那个样子，说话啊、走路啊什么的。在不同的人面前可能都是不一样的。在你面前大概我会自然些，我们都是年龄差不多的嘛。但在那客人面前就不一样了。有时候我们那个部长都说我怎么变得那么快，我说是啊，玩而已嘛，逢场作戏嘛，是不是！又不是那么正式严肃的工作，有什么所谓呢？

在这里，"玩"带有表演的性质——在不同的人面前摆出不同的性别形象，一是能迎合需求，多给自己机会；二是能在严苛的环境中保护自己少受伤害。她所在的那家夜总会就有一个规定，如果小姐带着不良情绪或个人情绪上班会被罚钱，如果被客人投诉罚得更多。有一次她就因为不高兴的事在那里哭了，结果被罚了100块钱。装和玩就是一个释放压力、缓解负面情绪的方式，把所有事情都不当真，对谁都不当真，是应对这种规则的好方法。

---

① "搞嘢"在粤语里有发生性行为的意思。

做生意

有 6 位受访者认为自己是做生意的，是"生意人"，因此要具备精明的头脑，会划算、计划，要有眼光。她们觉得生意人的头衔比性工作者好，第一，它突出了做生意的都市意味，因为做生意通常是城里人做的事情；第二，它塑造了一个成熟精明的形象，令她们感觉更自信；第三，能带来参与客户生意过程的骄傲感；第四，有一种自己做决定和计划的自我安全感。相比较而言，性工作者听起来不仅"怪怪的"，而且还显得"太直接"与"露骨"。小姐们在性产业中摸爬滚打，积累了经验、决断力、人际关系网络和全面衡量的能力，人见得多，见识也就广了。

珍姐和海斌就是很好的例子。珍姐在谈话中一直都说自己是做生意的，做了 15 年，为了达到目的能忍辱负重。讲到自己处理与客人之间的关系和经验的时候，她颇骄傲地说：

> 那个卡拉 OK 老板请我，她说出多少钱，请我去跟人家上课，如怎么样按摩，怎么样对待客人，礼貌是怎么样的，人家客人进来的时候怎么样，出去的时候怎么样，对客人怎么样，对男人怎么样交际，我跟人家去上课的！

当讲到如何对待客人、有什么技巧时，她就有更多的话，还给我举了个例子，展示她如何留住客人。

> 在东莞的时候，一个老板娘说："你们 14 个小姐，没有一个够珍姐口才那么好，客人要走了，她可以叫人家转头过来吃饭。"我就问那些人，那些人说："你们这间茶楼，小姐又不漂亮，条件又不好，开开空调都没有，怎么吃饭？"我就问他："（以下她用广东话模拟给我听）喂，东莞佬，很欢迎你们来

我们这里喔，不如聊下啦，聊下啦！二三十块钱都可以吃一顿啦，都有三菜两汤啦，如果你不着急的话，我可以去对面茶楼找两个小姐陪你吃饭啊，那么给面子，到时一定回来帮衬啊！一起吃饭，下次又来聊啦！如果我们的小姐你们觉得不够漂亮，我可以去别的地方找给你。其实小姐也不用那么漂亮的，慢慢聊聊天就好啦，喝杯啤酒，有什么所谓呢！"后来他们就跟那个老板娘说："那个增城妹去了哪里啊？虽然她一般，中等人，但是她很有礼貌，讲话很好听，我们就吃一顿饭也可以回头啊。"那些人大部分都说要走的，我只要一出声，他们就不走了。那些人说，那个人，虽然长得肥一点，长得高一点，但是她那个人，功夫又好，又会说话。

她说做生意就是要学会讨客人欢心，迎合他们的需要，对回头客更要注意保持关系。她给我总结了一套如何待客的注意事项，比如：

> 你坐在那里吃饭，你就不要女人去动手动脚动男人，女人去动男人，他就看你太随便了，你就斯斯文文地笑一笑，他请你吃东西，你说"不好意思啊，要花费那么多钱请我吃东西"，就跟他笑一笑。那些男人动手，动你一下手，你不要骂人，"哎呀，你有病啊，你想死啊"。你就给一点笑容、一点温柔，"哎呀，不要啦"，如果他摸你，摸得轻一点你不要骂人，如果重一点，你就可以说"老板，斯文点行不行嘛。不用那么紧张嘛，吃完饭再说嘛"，就这样说啊。如果人家摸你一下你就骂"你有病啊，你想死啊"，人家怎么跟你吃饭啊，人家都走啦。你就说"慢慢都不迟啊老板，一会儿再跟你开心嘛"，讲一讲，男人有一杯酒就什么都行的啦！

珍姐夸耀自己的能力，觉得自己"口才不错，人也挺好"，想在外面找份工，"500块钱一个月就可以了，就是'找份工'，开开心心在外面玩"。我问她，现在"这份工"不好吗？她说"太厌烦"了，主要是自己学会了赌马，做小姐收入不稳定，就不能支撑自己这个爱好了。对于她来说，当小姐也是"很痛苦的"，"做小姐的人一时高兴一时烦恼，一时赚了一百几十块的就高兴啦"，钱用光了又烦恼。但是比起其他的工作，做小姐相对独立，而珍姐也是那种"过一天有一天"的人。

> 我42岁了，如果到时候没有钱用了，到时候有什么麻烦事了，一下子死掉，我什么都不想，还提她是什么低下的女人。我都想不到那么多。一天没有两瓶啤酒、没有两包烟，我的日子就过不下去。

如果说珍姐是锻炼出来的生意人，海斌就形容自己是"天生的生意人"。她家在上海郊县做塑料生意，从小对她的教育就是用有限的资源将利益最大化，开源节流，这对她产生了很大的影响。这个背景使她觉得自己与别人不同，她说自己"从小就有生意头脑"，懂得权衡，精于决策。她出来做小姐的决定就是在多方比较的情况下作出的。

> 每件事都有自身的价值。我以前当模特、做推销，我就觉得和做小姐没什么大不同，都是和客户打交道、保持关系。只是做模特就是给别人打工，做推销和做小姐的话就要多动点脑筋，有点生意头脑，要自己做。反正就是要知道你能投入什么，得到什么。所以在这个意义上做小姐和做其他两个并没有什么不同，还能赚更多钱，我就决定还是出来做。推销要跑来跑去的，看人脸色，提成低又不稳定。做小

姐要长得好些，待人接物要懂，要有这些才能有回报。我这
些方面都还可以。我弟很久以前就说我肯定做生意很厉害，
因为我知道怎么利用资源嘛。

她在广州天河的一个星级酒店夜总会上班，每天晚上八九点
出去，凌晨两三点回家，白天在家休息，2006 年的时候每个月挣
八九千到 1 万多块钱。其中一两千花在服装上，两三千花在护肤
保养品、彩妆、头发上，健身一年的会员费是 3000 块，吃喝、
房租用去 1000 多块，一个月的钱就花得差不多了，没什么积蓄。
但海斌不在意积蓄的问题，她觉得装扮自己、让自己过得舒适是
她挣钱的必要条件，是一种对自己的投资，只有在必要之处舍得
花钱，才能赚钱。她说自己是"美貌与智慧并重"，习惯于用投
入与产出的方式去考虑问题，这样能让她做决定的时候有据可
依。留着一头干练短发的她，无论是从打扮、说话语气还是生活
风格来看，都活脱脱一个年轻聪颖的女生意人形象，独立、自
信、聪明。

阿美是个 24 岁的湖南妹子，在广州一个夜总会上班，对于
保持人脉关系、挖掘潜在资源很有自己的一套。她第一次见我的
时候就把我约在了她住处附近的一个小湘菜馆，吃完饭后又坚持
要埋单。她说自己有开餐馆的想法，所以要多多学习一下人家。
去吃的次数多了，餐馆老板也认识了她，有空的时候就会跟她聊
聊开餐馆的经验。阿美说能认识这样的人很重要，给了她很多有
用的信息。平时她也是这样，对自己觉得可能会有用的关系会特
别加以留心，争取能交成朋友，也乐于认识各行各业的人。
她说：

> 每天我都会注意来的客人啊，如果其中一些能记得住我
> 就达到目的了。我觉得用做生意来形容我就最合适了。（你

觉得这是不是一个工作呢?)这也不是一个工作,就是做业务,认识人、建立关系、大家搞好关系,也不容易的。做小姐从来都不容易的,要有眼光,要大胆。如果觉得哪个客人好,可以打电话给他,提醒他你是谁,问他什么时候有空来玩,有需要就帮他订房。他最多就说不记得你嘛,有时候可能不方便接电话什么的,也无所谓啦!

她给我看她的名片夹和电话联络人,里面有各式各样的人,从开文具行的到开科技公司的,还有一些港澳的客商。对于一些来过一次以上的客人,她会隔一段时间打一个电话"问候一下",打电话的时候她会称自己是"××俱乐部的业务主任"。阿美觉得夜总会的环境给了她这种做生意、做业务的感觉,因为在夜总会里做事要讲规矩、守纪律,有层级关系,面对的客户也大都是生意人,他们去的时候通常都是为了应酬自己的生意伙伴或有潜在合作意向的人。所以阿美常常接待一大帮做生意的人,听他们聊生意、拉关系、套近乎、拍马屁,感觉自己也参与进了他们生意的环节。客商越有钱越豪气,她的自我感觉就越良好,觉得自己又接触到了大老板,有成就感。她坦承,这种参与感、自豪感是干工厂、当保姆、做清洁工等绝对无法获得的。

"出来"

兰兰、王文、王娜等人在谈到自己现状的时候,使用了"出来"这样一个非常模糊的词语,这种模糊化处理巧妙地利用了她们的流动背景和农村妇女的形象,阐述了她们跳出农村相对封闭的环境来到更加开放的城市空间的过程,表达了一种脱离落后、停滞的农村空间和传统的观点的愿望。她们说的"出来"主要有四层意思。

第一,也是最明显的一点,"出来"指的是从中西部不同省份到沿海地区、从南到北、从农村到城市地理位置上的移动。

第二，离开农村对于她们来说意味着离开了封闭和落后，像兰兰说的，她们觉得自己从一个"封闭的地方到了大地方"，看到了不同的世界和不同的生活方式，接受了新观念，开阔了眼界。兰兰说：

> 出来以后，我看到了城市和我老家的差别。广东是个很发达的地方，它不用靠天吃饭，全都是贸易、进出口，人的思想都完全不一样，很敢想，也敢去做，接受新东西很快。到这里就觉得自己来到了另一个世界，完全不同了。

第三，对于已婚的王文和王娜来说，"出来"意味着摆脱不满意的婚姻，进入一个个人空间。在第四章中讲到过两姐妹的婚姻，丈夫都不怎么关心家里，常喝酒、吵架，没能担起养家的重任，"靠不住"。她们不想担忧未来，想要更稳定的生活，就决定自己出来闯，自己挣钱养活自己，以求安心。城市提供了更多的机会"能找些事做"。这些"事"给了她们安全感，也令她们结识到更多人，"开了眼界"。王文说像现在有事干就可以了，"也不一定要是什么工作"，因为她在家乡还有一个小餐馆，并非唯一依靠"这份工"挣钱，当然做小姐挣的钱是"大头"，餐馆只是"补贴一下"。我问王娜是否觉得现在做的是一个工作，她也说不是，说"只是跟我姐出来做点事"。我继续问她："这个事不算是工作吗？"她说："不是，感觉就是自己出来捞快钱，又不是做生意，但就是自己出来做的那种。"她说不清楚自己到底在做什么，这不是一份正式的工作，又不完全是正式的生意，不过就是自己干，不是给人打工，感觉可以自己做主。对于以后要干什么，王娜也没什么想法。

无论如何吧，我们只是想趁年轻出来找点事做，这样心里踏实些。做什么都行，能赚到钱就行，总比待在家里干不了什么好，总算是出来见过世面。

在广州没有人知道王娜已经结婚，她就和姐姐一起安享着两个人的空间，过着没有争吵打闹的生活，挣自己的，花自己的，两人相伴着，为未来积攒着。

第四，"出来"意味着踏出国门的国际化经历，这就发生在兰兰身上。上一章里讲过了她的这段经历，不仅赚了钱，还有机会接触不同国家/地区的人，"大大地见了世面"。现在她可以跟其他人很自豪地评论印度的客人"长得黑黑的，比较计较，说话叽里咕噜"，"新加坡男人一般不太大方"等，让旁人羡慕不已。她自己感叹道：

> 人一旦从农村出来真的就会很不一样，就像我。我做梦也想不到自己能够有这样的经历！感觉自己看东西不一样了，毕竟出去过嘛！你要是有兴趣就给我写一本书都可以，我有很多故事的！哎呀，当小姐当到我这种程度也真的没几个的。从农村出来又跑到外国去，这也是一种经验啊。你刚才问我觉不觉得这是一个工作，我告诉你啊，我觉得这是一个阅历，不是工作。

这几个小姐强调的是自己流动和变化的身份，从农村出来闯荡的状态和经历，以及脱离老旧环境，成为现代、时尚、开放女性的欲望。她们用"出来"、"做事"、"做"、"出去"这些模棱两可的词描述自己的现状，认为这只是一个过渡性的或暂时的生命阶段——她们依然需要时间和空间去考虑自己想干什么，固定的身份，尤其是她们认为带有标签和污名的"性工作者"身份，并不适合她们。

工作

阿娟是我的受访者中唯一一个觉得做小姐是一份工作的人。这大概和她单亲妈妈的身份有关。为了养育4岁的女儿，她每个月都汇钱回家乡给自己的父母，让他们尽管买好吃的、好用的，觉得这是自己的责任所在。因此，她挣钱的目的非常明确。我问她是否觉得做小姐是一份工作，她回答得非常肯定：

> 也是工作呀，怎么不是工作？交际也是一种工作。不管做什么，哪怕像我今天出去买菜也是一种工作。我觉得这不用定义，我们本来就是在工作，到了时间我们就去上班，只能说我这是没有时间限制的工作，是自由的工作，不能说把它"归成"工作，它本来就是工作。就像它（指她所在的夜总会）没有规定8点上班，但是去上班就是工作，下班了就下班了，没有规定1点下班，像工厂，规定8点上班，几点下班，这段时间就是工作时间。

然后我跟她说国外研究这个话题已经很长时间了，有学者为了消除歧视提出"性工作者"的说法，承认她们的合法身份，问她有什么想法。她说：

> 如果说我完全做性工作，没有其他的，单纯的性，那还可以这样说。但我还做别的呀，不完全只是性，像待会我上班，要喝酒、聊天、唱歌，要考虑哪个客人怎么招待，自己能有多少钱，怎么挣才又不那么累又能多挣点，还有跟老板的关系啊，毕竟有很多其他的事情，这样说有点太单一了，觉得有点太强调性那方面了，反而不好。

超越性和工作：为什么不是"性工作"

阿娟对"性工作者"这个称呼的态度在其他小姐中也很普遍，有12名受访者指出它太偏重性的方面而弱化了其他方面，而那些恰恰是她们"工作"的主体。她们觉得自己从事的更多的其实是"情感"劳动，在不同的场景下扮演不同的角色，尤其是对于室内场所小姐来说，聊天、喝酒、跳舞、唱歌等服务形式和性服务一样受欢迎，甚至更为常见。她们要知道怎样用甜美合体的方式和客人打招呼以吸引客人；如何通过打牌、玩骰子、跳舞、唱歌和其他的一些小手段来取悦客人；如何说服客人多喝酒、多买酒；如何倾听客人讲话并在合适的时机表现出尊重和关心之意；在某些需要的时刻如何陪伴、安抚、鼓励、撒娇；客人离开后在适当的时机追个电话，邀约再见；等等。她们有些时候像"公关"，有些时候像"艺人"，有些时候像"生意人"，有些时候就只是"在玩"。Bobo和阿冰开玩笑说她们要出台的话，"前戏很长"，这些构成她们日常工作的主要部分，而且是非常重要的社交技巧。简而言之，搞好关系是一项重要内容，既要搞好和客人的关系，也要识大体搞好和妈咪、老板、其他小姐的关系，更要认识自己的长处和缺点，不断学习，提升自己的实力，得到客人和妈咪的青睐。小姐也因此变得更圆滑世故，能让自己在这样的环境中更游刃有余和自在。在现在的环境中不是只要"把身子拿出来就有事做"，更多的是提供情感上的慰藉，发展朋友般的关系和营造轻松热闹的氛围。小姐要做的远比直接提供性服务多得多，她们必须锻炼技巧和个人能力，创造出不同的性别形象，迎合不同需求，才能在年轻、貌美的外来务工大军中立稳脚跟。

国内外学者在"性工作"的内容和性质上也有过一些讨论，例如，调情对脱衣舞表演者而言既是一种技巧、策略，也是情感劳动的付出（Deshotel and Forsyth, 2006）；幽默是性工作者在工作中保持心理距离的技巧（Sanders, 2004）；"表演"和"身份制造"在女性性工作中，既是自我保护的技巧，也是审美劳动（aesthetic labor）和情感劳动（Sanders, 2005）。这些讨论引发了性工作是"直接"还是"间接"提供性服务的不同观点（Harcourt and Donovan, 2005）。

"性工作"一词把性放在最突出的地方反而加重了污名，就像"卖淫"一词强调"淫"这个负面意涵一样，在含蓄的东方文化、儒家思想和长久以来宣扬的社会主义道德观的共同影响下，是较难为民众接受的，而中国现行的法律制度将其归结为非法，使涉及的人群缺乏安稳和有利的生存环境，谈合法身份还为时尚早。相对而言，"小姐"一词比较委婉且有多重含义，为多数人采用；"性工作"意味着"以性为中心"，是多数从业女性情感上拒绝的词语。

从词语的后半部分"工作"来说，它赋予了小姐正式的工作身份，有利于营造平等的、宽容的生存环境，也体现了对她们基本权利的尊重，具有赋权的作用。"性工作者"掀起的是一场通过重新命名来实现的政治运动，这是一种对社会污名的策略性抵抗，是一场有明确目标的集体行动（West, 2000）。但这基于西方理论框架，并不太适用于中国的社会文化情境和本土女性的生活经验。小姐们对于自己的生活有着各种理解，不能一言以蔽之。在田野调查和访谈中我们也能看到小姐们不喜欢"性工作者"这一称呼，不认为这是一种工作的原因。

首先，对于一部分小姐来说，"这份工"并不能保证稳定的收入，尤其是对于站街小姐而言，如小红、阿雅和珍姐，这是一个非常现实的问题。室内工作的小姐收入多少取决于接待了多少客人，而每一笔交易不管金额大小，都需要付给妈咪一定数额的费用。对于被包养或在家"接活"的小姐来说，如晓菊，收入来源于其他形式，如客人支付房租水电、生活用品、衣服化妆品及日常生活费用，但这些都不是固定收入，而是根据他们之间的协商来支付。小姐们认为只有每月工资形式的收入才叫稳定收入，她们对工作的理解往往与这点有关，即要有工作单位、固定上班时间和固定工资收入。

第二，小姐们感觉缺少尊严。"这份工"更像是一种隐形的职业，她们一般不会跟外人说她们是做什么的，最常见的说法是做酒楼部长、自己是会所管理人员、自己做小生意、做保姆等。她们必须努力营造所谓的归属感和尊严，或至少是正当感，不像别的工作那样本身就带有这些特性，不需要刻意营造。

第三，一些小姐觉得"这份工"不需要责任心，她们把工作和责任相联系，心目中从事一份正式的工作应该具有一定的责任感。美惠对比做小姐和之前干的售货工作，说当售货员"有基本收入，但是有压力"，如果完成不了底薪所要求的销售任务就会自责，对公司和卖的产品也有一种责任感；相反，做按摩小姐就没有这种责任心了，除了自己的收入以外，其他都是老板的管理问题，与她无关，这个场不行就换另一家。她认为责任意识可以带来成就感，能让自己感觉好一点。阿芳原先和兰兰一起在夜总会做，也跟兰兰同租一个房子，后来被一个老板包养就自己出去住了，我通过兰兰认识了她。她觉得做小姐是一个松散的生活方式，尤其是被包养后，一直跟同一个人，住在同一处地方，"工作"的内容就是生活，生活就是"工作"，"根本没有界限"，"没有目标，没有规则，也没有责任，怎么干都是自己的事，无所谓好坏"，不能用"工作"的那一套来形容。这种想法对于应召上门服务、被包养、在家做事、站街等类型的小姐来说尤其真切，因为她们不隶属于任何一个公司或集体，除了管好自己的生活外，谈不上对谁负责。

第四，小姐们认为"工作"应该与目标相关，也就是说，如果一份工作根本没有目标和方向，那就不能说是工作。小红、美惠、珍姐、阿娟、Bobo、阿冰、阿雅、阿美都有提过。在我们的聊天、访谈对话中，"漫无目的"、"没有目标"、"虚度青春"、"没有清楚的将来"等话语频繁地出现，有意思的是小姐会把这一点和做小姐不是一种工作相关联。她们认为工作应能带来稳定感和生活道路上的方向感。

除了稳定性外，尊严、责任感、成就感、可持续和目标是她们考量一份工作的重要"指标"，一个清晰的目标指引着人在不同阶段往不同的方向努力，这提示我们重新构建"工作"的内涵。做小姐没能满足这些条件，因此不是她们心目中的"工作"，这又反过来影响了她们对"这份工"的感受和态度。

未来不工作

我的研究中一个值得关注的现象是，23 位受访者中有 21 人（除了珍姐①和小李）表示不太想找长期、固定的工作。小姐心目中的"找工作"是相对于打工来说的，打工是指在工厂、发廊、美容院等场所做事，而工作更偏向于我们平常说的在企事业单位领工资的性质。打工在她们之中不是一个很受欢迎的选择。虽然

---

① 珍姐的态度比较反复，有时候会显得比较矛盾。她常说自己不想太多，也表示自己是个"生意人"，比自己一个在工厂做工的朋友要好得多。她还试图劝那个朋友出来做小姐，因为小姐收入高，又自由。她自己是无论如何也不会愿意去工厂干活或是找别的什么工作的，因为已经养成了很多花钱的习惯，比如抽烟、喝酒、赌马等。但她也对我讲过想在外面找一份工作，即使有几百块钱也可以，主要是不用那么烦，她觉得做小姐的人"很痛苦"（本章讲到过）。我猜测这种前后不一有可能是因为她有一次赌马输了，心情不好，觉得做小姐收入不稳定，支撑不了这个爱好，她才这样讲。

不时地有关于打工妹如何努力干到管理层、赚到多少钱这样的励志故事，但打工这条路还是因其收入低、环境恶劣、规管严苛和缺乏自由逐渐失去了它的吸引力。

25 岁的站街女小宋在进工厂前以为打工会认识很多朋友，大家一起聚在厂里会很好玩。那时她 18 岁，想象着外面的世界，很兴奋地从四川老家到了广东东莞，找到了一份在一个小型制衣厂里钉纽扣的工作。7 个月后她到了深圳成了一名站街女。她说：

> 我是宁愿自己在街上也不要去打工。我觉得自由自在很重要吧。年轻人都喜欢自由，没人愿意那样待在工厂里，天天流水线，出都出不来，老板说什么就是什么，他要扣你钱，你说都不用说，还得看他脸色。我们这样至少自由一点，也不用起早贪黑，回来就家里待着，想干什么都可以。

在厂里她的所有工作就是不停地钉各式各样的纽扣，一坐就是十几个小时，"眼睛都要瞎掉，眼冒金星，起来感觉路都不会走了"，工资才 400 块不到，加上加班费才拿不到 800 块钱，而且厂里规定试用期起码要 3 个月，这期间不能离职，否则就不给工钱，老板觉得水平够了才能转正，才能提工资到 600 块左右。只撑了一个多月她就已经觉得受不了了，总是想走，组长还嫌她动作慢，会出错，常变着法儿骂她，说她是"蠢猪"、"不明白"、"瞎了眼"什么的。她觉得那段时间就是"忍辱负重"，半年后实在顶不住了就辞工出来了。阿冰说她的一个堂弟在厂里受了伤，老板只象征性地给了一点点钱，连住院两三天的花销都不够，刚好一点就马上要他干活，不干就走人。Bobo 在玩具厂打过工，她说工厂的饭菜就像猪食，一顿饭有两块肉就不错了，汤也是"像洗锅水一样淡"。她说工厂"都不把人当人"，什么都要扣钱，动不动就拿他们最在乎的钱来惩罚他们：上厕所超过时间要扣钱，请病假要扣钱，带人回宿舍要罚钱，流水线上讲话要罚钱……
"人都像机器一样"。这都不是她想要的生活，也不想忍受那
种苦。

> 你想想，一天到晚待在工厂，除了干活还是干活，累得
> 半死。住又是十几个一间房，里面又脏又乱。干完活就上食
> 堂，吃完就回宿舍，一头倒下去就睡，也没有什么周末不周
> 末的，每天都一早起，又不能出去，什么娱乐项目都没有，
> 偶然一个下午不用加班就欢天喜地了。人活得那样还有什么
> 意思。有时候我上厕所抬头看看外面的天我都想哭！我后来
> 也想通了，不管怎样，年纪轻轻总不能就那样熬下去，什么
> 时候是个头，想到就害怕！

小红虽没在工厂做过，但也听说了不少，她觉得工厂工资太
低，根本没法通过它过上想象中的城市生活。

> 一个月只有几百块钱，最多 1000 多块。比起干的活，
> 这点钱真不算什么。工厂那种环境，工作的车间、住的都很
> 差，也没法出来看看，就待在郊区工厂里，城市长什么样都
> 不知道。我有个亲戚就在工厂做嘛，反正一年到头也拿不到
> 多少钱回家。太辛苦了。

对于工厂来说，对人身的限制是最强有力的管理工具，工人
没有自由，吃住劳动甚至拉撒都受到严格规管。对于女工来说形
势更为严峻，生理期、孕产期安全没有丝毫保证，还要忍受来自
男同事和上级的性骚扰，未婚怀孕、患性病、被强奸等事件层出
不穷。没有自由和自主，也体会不到城市的先进，农民工被
"卡"在现代化城市和农村之间的狭小空间里，在工厂制度下过

着一种独特的生活，既脱离了传统的乡土文化，又被排斥在"个人主义与消费主义制造的资本主义浪漫"之外（Ma and Cheng，2005：310)，两头不到岸。他们劳作在社会底层，没有社会地位、权利，无法体验现代的生活方式，更缺失的是个人表达和追求的空间和可能性。

对于缺乏良好教育与技能的这群女性来说，除了工厂工之外恐怕也难以找到她们心目中的那种"工作"，比如进写字楼做文员、做白领等。因为可能性小，"找工作"也逐渐失去了其吸引力。没有其他选择，面对自己成为性主体、都市主体和现代化主体的欲望，她们发不出一点声音。

在这种困境下，另辟蹊径不啻为一种勇敢的尝试；常规"工作"之外的其他选择便成了她们的"蹊径"。在鼓励自谋出路、自主创业、自食其力的今天，自己"出来"、"做生意"等名头为她们披上了一层独立、自主、精明、能干的外衣，而她们在这个行业中摸爬滚打也确实积累了人脉、经验，开阔了视野，为她们继续在这个残酷的世界里生存积攒了力量。

"小姐"的隐喻

很多人都会觉得奇怪，为什么她们弃"性工作者"这个进步的赋权之名，却采纳这个在我们看来已经十分污名化的称呼？

江绍祺在其对香港"男妓"性别身份和对抗污名策略的研究中指出，很多"对抗污名的技巧同时也是性别策略"（Kong，2009)。他回顾了文献中关于污名管理技巧也是合理化策略的讨论，提出娼妓研究中有关社会污名的分析应加入性别视角的观点。香港"男妓"理解和应对污名的故事使他注意到，他们的合理化策略很多时候亦是重拾男性气概的策略。中国文化崇尚男子的担当，社会规范期待男人做值得尊敬的人、有责任心的人，

"男妓"强调自己的这种文化属性，将自己置于霸权式的男性气质之下（同上：37），以弱化"妓"的污名。本研究也采用了这个分析框架，探讨小姐对自我形象和身份的构建。"小姐"这个名称不仅是弱化污名或曰转移视线的方法，更是一种性别策略。

"小姐"作为去污名策略

上文分析过小姐不喜欢"性工作者"这个称呼的原因，它太直接，而且只强调了性——恰恰又是中国社会里比较忌讳的——似乎她们只卖身、卖性来换钱，高度违背了中国社会道德和文化习性。这个词听起来其实和中文里另一个充满了负面色彩的词很接近，就是"卖淫"，后者也是突出了性与肉体以及换钱的性质。小姐的日常工作涉及方方面面，她们可以是这个身份，也可以是那个身份，还可以是几个身份同时拥有，因此她们不想把自己定义为"性工作者"。"小姐"这个词比较模糊，涵盖性强，没有特指她们的"工作"内容，玩、做生意、出来、PR（公关）、陪酒等都是，而且在城市环境中它还是对年轻女性的常用称呼，这在某种程度上能弱化她们的污名。

去污名技巧之"玩"

上文阐述过，"玩"是小姐对于自己正在做的这件事的一种理解方式，尤其是对于以下的几种情况来说：站街、应召上门、被包养或在家工作的小姐没有所属公司或老板，无须遵循什么规定或规矩；她们有抽烟、喝酒、赌博和嗑药习惯或爱好，使所谓的"工作"和玩乐难以区分；非常年轻的女孩，对现在和未来都没有计划；觉得现在的阶段只是暂时性的，过一天算一天。

"玩"的叙述不仅描绘了小姐日常"工作"中娱乐及玩乐的部分，更提供了一个让她们忘却烦恼、减轻负担的空间。它不像"性工作者"那样直接和具体，重要的是，它淡化了她们"无所事事"、"毫无目标"的生活方式所带来的污名；将其看作生活中一个过渡或暂时的阶段也减轻了缺乏生活目标的负罪感。

去污名技巧之"做生意"

做小姐年头比较长、较有经验的，比如珍姐、明姐和海斌，还有生活目标较清晰的几个人，比如小李、阿美和阿静都说自己是"做生意的"，根据不同的需要，她们还把自己称为"公关"、"部长"或"业务主任"。这也是一种去污名技巧，因为做生意具有城市特性，这么说让小姐们觉得有面子，也赋予她们一种现代、成熟、精明的形象。与精明的商人接触多了，她们也沾染到一些他们的习气，说话变得老到和圆滑。她们觉得自己能参与进客人的生意之中，慢慢地认识更多人，在做小姐期间尽力为自己积累社会资源，是一种"长期投资"和"灵活积累"，自我感觉便会良好起来。比起"性工作者"这样的称呼，"做生意的"听起来更高级、更有自主性。

去污名技巧之"出来"

这大概是小姐们最有意思的一种说法了，既直接又委婉，既清楚又模糊。她们正是处于这样一个状态——不清楚自己之后要干什么，对于现在所做的事又怀着一种不想道明的态度，那么这个词就是最好的说法，一切都是开放的，什么都是有可能的，用流动来解释，用不定应付变化。

她们不愿待在农村，也不愿困在工厂，觉得自己不是在工作，也不想找什么工作了，做小姐就是工作制度外一个不坏的选择。显然，这违背了国家对于人民勤劳工作、为国家经济做贡献的号召（Yan，2005b）。这群女性几乎没有资源和更好的选择，想要脱离落后与限制，赶上飞速变化的世界，分享经济发展的果实，只有用自己的青春和身体去争取自己想要的东西，做自己觉得是正确的事情。在这样的情况下，她们希望自己首先被视作一个人，而不是以一种工作身份被定义、被赋权、被解放；并且，工作也未必是将来的一个出路，拒绝"性工作者"称呼也是对不适合她们的工作制度感到迷惘和进行再思的反映。

"小姐"作为性别策略

我的所有受访者都宁愿被叫"小姐"，也不愿被叫"性工作者"。对于普通大众来说，这个词原本的意思已经淡化，已然有了"妓女"的意味，跟"性工作者"之于她们没什么两样，但在城市环境里它依然被用来称呼女性，这就给了她们一些模糊的想象与空间。她们是如何抓住这样一个概念，创造出不同的性别形象来满足自己的欲望的呢？

"小姐"是都市化能指

在到达城市之前，这些女性对城市生活充满了各种想象。她们不想再面对贫困，即使对于她们来说，生活条件已经比父母辈时改善了不少，她们还是想出去见见世面，至少不会在家里务农或无所事事。阿芳的老家在四川阆中一个乡村，父母都是农民，家里有三兄妹，17岁的时候阿芳听一个同乡说，某某家的女儿在广东打工，一个月能挣600块钱。她也想挣这些钱。她不想待在家里既不读书又不种地。她跑去找那个女孩，问她广东的情况。那个女孩在东莞的一个鞋厂工作，她对阿芳说东莞是个很大的城市，马路有十个车道，车子开得飞快，路旁还有花园和广场，到处都在建商场和工厂。她告诉阿芳，自己所在的鞋厂老板是个台湾人，东莞到处都是像她老板一样的富人，他们开好车，上馆子吃饭，还去打高尔夫。阿芳说，那时她简直是"双眼放光"，拼命想也想不出这么大的城市会是什么样子："我们乡里、镇上，最宽的马路也就是跑两辆车。""什么是高尔夫？"阿芳第一次听到这个词，说了几次都说不完整，最后逗得自己咯咯直笑，只觉得"太洋气了"。她按捺不住，说服了父母，过了年就跟着那个女孩到了东莞。

坐了几天汽车，到达的时候，阿芳简直慌了神，因为从来没

见过那么多车子。宽阔的大马路上,卡车、公交车、小汽车飞驰
而过,"路上飘着灰尘,我都不敢走,拉着我那个老乡,被她笑
我"。她们提着装了一些衣服的行李包,路过一个个工地,机器
在耳边轰鸣,老乡指给阿芳看,这里是大超市,那里是工厂,还
有电影院,每个厂之间都有公交车相连。那天中午,老乡请她在
一个小面馆吃面,买了一瓶可乐给她。她啜着这甜味的饮料,心
里充满了期待。

经过工厂严苛的洗礼,阿芳脱胎换骨。她本来想,第一次出
城,实在不行了就回家,出门前还跟妈妈说,出去看看,可能很
快就会回来。但后来,她从工厂辞了工,却发现迈不出回家的脚
步了:

> 我就想,我已经出来了,我逛过了那些大商场,吃过洋
> 快餐,还看过电影。那些汽车、工地,都觉得习惯了,虽然
> 说时间不长,但就是觉得有点不想回去了。我跟我妹写信,
> 她叫我不要回去。东莞有那么多跟我一样的人,他们都不
> 走,我为什么要走?

对城市生活的渴望让她们更勇于承担风险,想在城市里尽快
站稳脚跟,争取自己的生活空间。跟很多对工厂失望的姐妹一
样,阿芳放弃了那个看似更正常的选择,最终开始了小姐生活。

> 第一次有人叫我小姐,是我去深圳找一个朋友玩的时
> 候。那时我辞了工嘛,有一个周末她叫我去玩玩,从我那里
> 坐车过去深圳一个多小时吧,也不远,就去了嘛。我那个朋
> 友带我去逛街,去买护肤品。那个导购说"小姐请等一下"、
> "小姐你试试这个"这样嘛,我就觉得,哇,好像自己都不
> 是农村人了。我们家乡从来不这样叫女孩子的,都是叫大姐

啊、女娃娃那些，谁听过这样叫的，觉得很洋气……后来我进了夜总会，真的做了小姐。这个小姐不同那种的，我知道，但还是觉得，好过说做"鸡"呀！小姐就小姐。

城市的生活方式，吃穿住行，包括语言形式，都对她们有着深深的吸引力——内心深处，她们渴望与城市人一样，她们也有自尊，希望不要被人看低——无论是用什么形式，就算只是表面上的都市化也好，要的只是一个机会，能让她们也体会一把现代化的成果，尤其对于身为女性的她们而言，生活中的许多不平等是高度性别化的。她们对家里生活条件的叙述，对糖果、漂亮衣服近乎梦幻似的渴望，对辍学的说法，对消费的态度，无一不反映了她们摆脱农村污名、靠近城市生活的欲望。"小姐"，带着都市化的意象，给了她们甩掉土包子形象的一个空间，它是一个载体，承载了她们的欲望，体现了主体性。在这个空间里，她们按需要把自己塑造成某一种类型的女性，体现着成熟、能力与都市气质，一切过去尤其是与大众、媒体甚至是学界加之于身的乡下、被动、粗野、弱势等相关的东西，统统都要告别。

年轻的代名词

迁移和城市生活的经验使小姐们对"青春"有了新一层的体会。青春不仅指年龄，更重要的是一种心态，敢于直面现实，尝试新事物，探索新生活。这还是现代女性的重要特质和不懈追求：人人都想"青春常驻"，想漂亮、性感，这是一种自我形象的维护意识，也是一种自我醒觉。"小姐"一词曾专用于指称年轻未婚女性，这群女性用它来表达自己的女性气质和性别观念，尤其对于已婚的小姐来说，就像是"第二春"，凸显了她们对于婚后新生活和个人空间的渴求。她们可以是找寻性自主和性愉悦的性感人妻，可以是招人怜爱的清纯女孩，可以是自在、狂放、好玩的女孩，可以是八面玲珑的轻熟女，也可以是时而"保守"、

艰苦耐劳，时而现代开放的两面女郎，总之是拥有各种可能性的
性感小姐，不是黄脸婆，也不是老土大姐，而"性工作者"完全
不能涵盖和表达这些意思。

"小姐"的现代意味

这群女性将自己想要变开放、灵活、独立、成熟的欲望都投
射到"小姐"这个名头上，颠覆了它原有的特定色彩，赋予了其
新的意义。受访者中有些人还年轻，而有些人已经不再年轻，对
于她们来说，身体和性几乎是唯一的资本，自己能掌控，可以用
来实现性自主与生活自主。她们的许多决定，比如从农村或小城
镇出来到大城市，进入性产业，开始婚外情／性，用一种新的方
式生活；许多观念，比如对打工和工作、对爱情和婚姻、对机遇
和挑战等的看法，都折射着获取更大生活空间、更好个人前景、
更多发展机会的欲望。她们认为这才是现代女性应有的特质——
不再局限于小小的滞后的农村环境，不再安身立命、满足于农耕
生活，不再被婚姻和家族的面子和利益"绑架"，而应该充分尊
重自己的想法，过自己想要的生活，做回自己。

小李到深圳后的第一封信，是在出来的第二个月写给自己还
在家乡的好朋友的，在信中她诉说了自己的各种感想，主要是对
深圳这个城市的惊叹之情，还有对自己将来的考虑。她说那时已
经觉得，家乡是不想再回去的了，要回也是"等赚好钱之后，能
给爸妈一个骄傲"。后来她拼了命地卖啤酒，无论怎么难过，都
将其看作"给自己的一种锻炼"，"要想达到目标，只有靠自己"。
靠自己，是很多小姐心里的一个坚定念头。不能靠爸妈，不能靠
老公，谁也帮不了，只能靠自己，尤其是在举目无亲的城市中，
每个人都脚步匆匆，没有真心朋友，什么事都只能自己想办法。
但她们觉得这才有一种踏实感：努力过，成功了便是好事，即使
不成也没有人能怨怪，如果老想着有别人可以依靠，大概总是不
能付出最多的努力。

好朋友给她的回信她一直保留着，因为那是对自己很大的鼓励。她拿给我看，信中说道：

> 你一定要在那里好好的。我也是一定要走的，我爸妈不肯，天天跟我又哭又闹的，不过我决定跟郎棍、慧云、初初他们几个一起出去。还不知道去哪里，可能到车站去问问买票的。你在深圳，我去那里也可以。我如果不走，过两年爸妈给我谈个对象，要我结婚，那就惨了。

> 我觉得我妈也很可怜。我爸跟她没话说，老是喝酒。我妈说钱都被他喝光了，他就跟她发火。我不想嫁这样的人，我还是喜欢对我好的。春红，你男朋友好，读过书，你要幸福啊！我等出去工作赚钱之后再考虑，到时我们一起结婚！

> 你说得对，我们要靠自己。你现在一个人在那边，一定要小心。如果有什么心里话，你就写信给我。我天天盼望着你的信。跟你写信我才知道外面是怎样的，我不想在家里待了，过了年就走。我妈跟我哭，但她应该还是让我走的，她知道我要出去赚钱，也说见见世面好。

小李的男朋友在广州念书，说是读的中医，小李很是骄傲，但言谈中也隐隐流露出一丝不安和局促。他们是同乡，现在靠打电话联络，偶尔也会见面。小李竭力隐瞒自己的情况，一直跟他说自己是做啤酒销售的。她觉得他条件比自己好，又读过书，怕他变心。她很清楚自己要做什么，因为只有赚钱并且改变自己，与时俱进，才有可能跟他在一起。

她给好朋友回了一封信，诉说了自己的奋斗计划：她想要做到业务员的层面，负责一个地区的业务推销，这样就不用每天那么辛苦，赚那一瓶啤酒几毛钱的提成。要做到这点，她打算短时间内学会粤语，才能和客户更好地沟通；要学会怎么跟人讲话，把话说得更好听；要学习销售技能；还要减肥，保持良好的身材。她觉得也许这样才不会让自己失望，也不会让男友失望，但这些都没人教她，要她自己努力。她也有点摇摆，也想要么先到广州，和男朋友在一起，再在那里随便找个工作。但还没等到好朋友回信，她就决定留在深圳，一心打拼，更快达到目标。后来她告诉好朋友说，这样是为了自己，去广州找他是可以保证一时在一起，但放弃了自己已付出的努力从零开始，她有点不舍。她说：

> 我总是觉得自己没有多少时间，在夜总会上班很忙，也不是忙，就是不知道自己干什么时间就过去了。我还想读夜校的，都没有时间。我上班还可能达到我的那些目标，如果换工作就不一定了。人生就是这样，人不为己，天诛地灭，男友还不知道将来怎样，所以要先保证自己。

小李在做啤酒销售的时间里跟好友通了上十次的信，她把写信当成写日记，好友就是她的倾诉对象。她在信里写自己的目标、想法、鼓励自己的话、烦恼、对家里的想念、对未来的期待等，好友的回信则会告诉她家里的情况、她的想法和动态。当然，有些东西她还是瞒着好友的，怕她会不留意就说漏了嘴告诉了她父母。

小李和好友保持联系，知道她去了中山一个家具厂，后来又说要去电子厂，但那之后就跟她失去联系了。小李最后给好友写的信还没有寄出。信里写出了她的心声：

> 其实，我不确定和男朋友是不是还要在一起。我觉得我们的路会很不同的，我觉得这样两个人可能都辛苦，而且，我不想在自己还不够好的时候就把生活定下来。我什么都没

有，唯一有的就是我还年轻。我没有退路的，我绝对不会回去的！如果我在这里做得不够好，我担心我爸妈会催我回去结婚，可是我无论如何都不会嫁给一个还在农村的人的！

我在杂志上看到几句话，很喜欢，写给你分享：

1. 当你穷的时候，要少在家里，多在外面。富有的时候，要多在家里，少在外面。

2. 年轻是最大的富有，但要倍加珍惜时光，贫穷无须害怕。懂得培养自己，懂得什么是贵重物品，懂得该投资什么，懂得该在哪里节约，这是整个过程的关键。

3. 一旦生活需要的钱已经够了，最大的快乐，就是用你的收入，完成你的梦想，去放开你的翅膀大胆地实现，超越梦想！

4. 没有人陪你走一辈子，所以你要适应孤独；没有人会帮你一辈子，所以你要一直奋斗。

我觉得这真的就是写给我看的！别人可能不理解我的想法，你会明白的。我只有不停地往前走、往前走，就算累也不能放弃！

她说，在城市里要失去联系是件很容易的事，那时没有手机，也没有电话，只能写信，一忙起来就忘了，就没有了她的地址。她知道这是她们这些出来打工的人的"常态"，她们能处理好自己的事情就已经很不错了，虽然她们都知道好朋友的重要性，但心有余而力不足，没有心思和力气再去关心别人的情况。小李日复一日地努力着，就是为了让自己"保持清醒"，她知道，自己的行动和想法也已经影响了她的好朋友，让她也开始考虑自己的生活道路和选择。

她觉得自己后来从啤酒销售到小姐的转变，也是一种"必然"，这和当初决定从农村出来打工是一样的，目的当然首先是养活自己，但挣钱不是主要目的，更重要的是开拓自己，做自己的主。她觉得自己的父母也不能理解她，他们想的只是"所谓的稳定，想我一个月赚几百块就够了，跟他们说也说不懂"。她知道我是学生，她男朋友也是学生，她说对学生"情有独钟"，因为她的生活里有学生的身影，有学生的思维，有学生的味道，跟别人不一样，她觉得我能理解她的选择。夜总会里的人离开学生生涯都已太久，浸淫在复杂的夜场环境中，全然变成了另一种生态。他们见到我只会说："你是大学生？"眼神里充满了一种说不清的情绪——调侃的味道，觉得你不经世事的嘲弄，还有些许"我混惯了，我老到，我怕谁"的气势，也许夹杂着一丝对比之下产生的异样的怀念、感叹、回忆之情。

2006年3月，我第三次在夜总会见小李的时候，凌晨12点多，的士高的音乐越来越大，震得我的心咚咚直跳，有的人已经醉得一塌糊涂，不知天有多高、地有多厚了，她看着他们，说了一句："你一定要好好读书啊！"霎时间，我的心被揪了一下，这句话听多了，可是由她说出来，在这里说出来，在这样让人感觉异化的空间里，却产生了前所未有的震动。我深吸了一口气，鼻子却酸酸的。

"小姐"这个词，无论是从原初特指年轻未婚女性的层面上，还是从模糊笼统的专有称呼上来看，都给予了她们这样的空间，制造有利于自己的性别形象和个人气质，为反转社会污名提供了机会。虽然这个空间非常小，对于很多人来说甚至算不上什么空间，但对于她们来说是一个难得的狭缝。

小　结

作为流动人员，这群女性过着漂泊的生活，不定和迷茫是她们追逐现代、自主生活路途中的常态，连平时的言语中都透露着流动的气息，比如"先看看吧"、"先做几年"、"想不了那么多"；许多人甘愿承受变化、流动、迷惘和不定，那些沾染了毒瘾的小姐也许是这种情况最极端的例子。她们可能不知道自己想要什么，生活会往哪里去，但她们恰恰就利用了这种流动的特质为自己创造了摸索的机会，她们动起来了，参与了流动这个大游戏。"小姐"的形象多元而开放，她们赋予自己新的性别形象，利用这一点来减轻性产业带来的污名；她们拒绝了很多像她们这样背景的人通常会选择的打工的方式，甚至拒绝"工作"的形态，对未来保持一种开放度，以弱化流动人员的污名。我认为这些不确定性、困惑和迷惘恰好就是我们在研究流动人口时不应忽略的重要情感特性——往往，我们只是想去看他们的付出与收获，看那些生活中较为"成功"或确定的方面，但其实，不定和困惑是生活的常态，从其中也能看到他们抗逆的自主性。它不是弱势，而应被视为潜藏的可能性、改变的机会和流转的灵通。小姐们为更好的生活和个人空间，愿意承受风险、逾越界限，去探索新的可能性，由于资源太少，社会环境不理想，她们可能没法获得她们理想中的那种成功——做城市人、过稳定的生活，有一份写字楼的白领工作或自己当老板，嫁个可靠的人，和其他人一样分享到国家进步的果实，但她们至少为此努力过。

她们需要的就是一点点能够松动的空间。身份、权益、地位，都还不是她们生活中最重要、最想要争取的东西。小红在评论"性工作者"和有关的运动时说：

> 我觉得对抗这种问题很无聊。（为什么呢？）因为本来，怎么说呢……因为做小姐本来就是，好像不怎么见得天日的事情嘛。如果大声跟别人嚷嚷不是自取其辱吗？不是告诉别人自己是做性方面的事的吗？我们又不需要这个，我管它做什么，口袋里有钱就好，能让自己生活下去就好。搞这么多又没人管你！

如图 3 显示，我在本章中阐述的故事告诉我们，"性工作者"所代表的意象过于单一和固化，没能反映出小姐群体中的多元态度和经验，性产业在珠三角地区复杂的发展态势，她们对各种既定社会制度的抽离感与异化感，以及她们对自己的期望和对将来的念想。"小姐"虽已被污名化，但还是比"性工作者"要好一些，更比"鸡"、"妓女"好，甚至比"打工妹"要好。它不是固定不变的表达，也绝不是真正有价值的标签，它只是比较模糊，让她们在边缘之中有了挣扎与改变的空间。

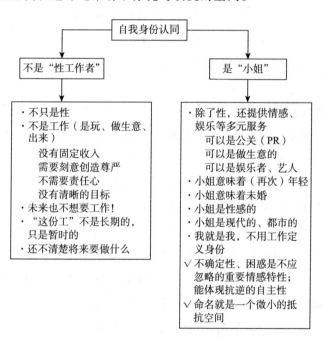

图3　"小姐"的身份认同

她们的策略也是朝向自我的、内省的。她们从不认为集体抗争、争取合法的身份与地位是她们想做的事情。她们在用自己的方式"抗争"。当一个女人背负很多污名的时候，她总要抓住一些正面的东西为自己正名，诉说她为何偏离了主流的话语，同时得以保持自己的尊严。

第七章
生活策略与日常"战术"

每次见小霞她都说请我吃海鲜。第一次时我还想那会是怎么样的酒家，很豪华呢，还是常去的那种海鲜酒楼？2006年3月底的一天，小霞说港口新到了一批海鲜，留了最新鲜的，赶紧跟她去吃，是他们自己人开的店，平时他们都经常去那里吃。我十分高兴。

七拐八拐地进了一个小巷子，我一直对海鲜酒家的好奇被揭开了。原来我即将在那里吃饭的"酒家"就是一家在巷子深处小得不能再小的不起眼的排档，不到10平方米，店里亮着白色的光管，墙上沾了黑乎乎的油烟，店内只有两张小桌，店员在一旁收拾着盘子，菜品是从里面厨房跟店厅之间的一个小窗子送出来的。摆到店外的桌子上铺的是轻飘飘的一次性白色塑料薄桌布，在3月的微风中发出刺啦刺啦的声音，杯子、盘子、碗都是粗糙的白瓷。另一桌上的食客染着金黄头发，穿着黑色紧身衣服。我忽然觉得自己一个戴眼镜、背书包的跑到这个地方来有点别扭。

小霞使起一贯的命令语气说："给我弄一篓大螃蟹来！今晚我有朋友过来。"凡是经过关口进来的海鲜，都归一个老大管，一下船就被分到广州、东莞和其他地方去了，只有特意叫人留下来才有的吃。而留给她的都是最好的海鲜，她说有一次一条值2000多块钱的大石斑，人家硬是没叫她给钱，"谁叫我是大姐呢！在那一带只要说起大姐，谁人不知、谁人不晓呀。今晚我们吃螃蟹，那个螃蟹好呀，下次你要来就提前给我说你要吃什么，我叫他们帮你留"。

很快上了一桌子菜，大家吃得不亦乐乎。饭桌上擦嘴的草纸都是放在大红大绿的卷纸筒里，软绵绵的，很不经用，一见水就烂掉了。为了吃小霞夹给我的一大碗澳洲濑尿虾，我把卷纸用了一筒又一筒，免得手上、嘴上粘油。废纸堆在桌上像小山。小霞笑我太斯文。她抽烟太多，不停地往地上吐痰，把虾壳、蟹壳、烟头等剩余的垃圾都往地上扔。我们就踩在一片垃圾上吃饭，感觉脚底滑滑腻腻的。

五月里有一次我跟小霞在街上闲逛，下了公交车，她走在我前面，从小黑皮背囊中掏出一张纸巾，擤了下鼻子，扭成一团就扔到了马路上。她张扬着自己的自由自在和对盐田这个地方的"拥有感"。她边扔边说："我就是喜欢这个地方，这里就是可以给我随便乱扔。"

我常在夜总会里看见小姐往包房的地板上扔垃圾，地板上滑溜溜的，酒、骨头、纸巾、烟头，什么都有，有时连走路也要小心，以免滑倒；桌子上杂物、垃圾遍布，酒杯横七竖八。平日里跟他们在路边摊、小餐馆吃饭时，也常见他们随手往地上扔食物残渣、纸巾，一点也不注意卫生。他们有时会看不惯我把骨头和纸巾放在餐桌上，或放在碟子里，总说："哎呀，随便扔地上嘛，那么斯文干吗?! 地上也有人会扫的，在这里不怕的!"阿雅有一次说我："我们没什么规矩的，不像你。"这些街区、场所似乎与城市里其他的公共空间有着不同的界限，在这些地方他们可以暂时忘记社会规范和既定的行为准则，随心所欲行事，制造一个属于自己的专场。

对于小姐来说，"这份工"是很重要的。虽然它不是一份"工作"，但并不意味着她们就对它不重视了，或者就没从里面积累到什么经验和技巧。她们需要面对复杂的人际关系、充满性意味的空间，还要处理生活中的歧视，缓解自己的情绪和压力。本章想要探讨的就是：①城市和性产业双重空间给身为流动人员和女性的小姐带来了怎样的困难和压力；②小姐自身如何应对这些困难和压力，她们有什么技巧，又制造了哪些"僭越"；③她们的这些日常"战术"如何表达她们的欲望，成为"僭越"的场所（site）。

她们的技巧和"战术"当然不是总能成功。空间和时间上的自主和权力的体现其实更多是象征意义上的，不一定能真正达到挑战男性支配地位、改变既有规则、改变性别不平等情况的目的。很多"小动作"、"反叛"、挑战的目的是获得自尊和自我安全感；包装自己、呈现不同的性别形象也是为了在严苛的环境中提升竞争力、谋求更好的个人出路与发展。本章关注的是日常生活中的一点一滴，是微小的努力、抗争、协调和忍让。这对于处于社会边缘地带和弱势地位，或缺少制度、政治、社会和经济资源的群体来说尤为重要。当群体的政治抗争缺乏其发生的土壤与动力时，这类微小抵抗就成为其最有力的表达，越是日常、零散就越有力量，因为它时刻发生着、积攒着，不知不觉中就达到了改变的目的。

夜场皇后：时空交错的体验

2006 年 4 月里的一个晚上，佳佳带我到她所在的夜总会玩。晚上 8 点左右我们进入一个包间。里面加上我们俩有五六个人，后来进进出出的人多起来，我都不认识，佳佳有时候会指给我看，这个是谁，那个是谁，后来人杂了，她也顾不上了。开始的时候大家还是比较"规矩"的，只是喝喝酒、抽抽烟、三三两两地说话、玩笑。我随意地跟身边的人聊着天，场子里烟雾弥漫，几个小时过去，坐在里面感觉氧气已剩不多，在烟雾中我甚至看不清坐在拐角沙发另一边的人的脸，这让我感觉非常疲惫，甚至有些烦闷。包房里灯光昏暗，天花板的一角挂着一盏黑色的激光灯，从那里发射出三束绿色的激光，闪烁不定，打遍整个房间和每个人的脸。

坐了不知多久，音乐也由卡拉OK调成了劲爆的的士高舞曲，大家都开始兴奋起来。我看不清他们的样子，因为大家都低着头，使劲摇着、晃着，头发被甩得飞来飞去，隔着烟雾，越发有一种虚无缥缈的感觉。音乐震动耳膜，我体内跳动的仿佛已不是自己的心脏，而被咚咚的震感取代。一下子，我们的包间聚集了十来个人，憋足了劲随着音乐跳舞。我坐在沙发上，细看每个人。

包房中间那个瘦女孩，是从市中心来的，穿着黑色闪亮的吊带背心。她的朋友坐在我身边，本来他们是要走的，可是黑衣女孩嗑药嗑大了，如果不留在这里伴着音乐跳舞，她回去会非常难受。她已站立不稳，但还是跟着音乐不停摇摆，摇得太累的时候只能稍事休息，喝口酒、抽口烟再继续。反反复复，她已经累得站都站不住，可是还要摇着晃着，似乎头都会被摇下来。我想起了初中时的800米跑步测验，那是我最怕的一项，每回都如同要上刑场般心跳加速，跑完之后也是气喘如牛，喉间都是腥甜的。这个女孩宛若被强迫不停歇地跑十个800米，再累也要坚持，否则就会被处罚，她只能喘着气、挥着汗、四肢无力地继续。音箱边站着一个男人，手扶音箱不停晃脑袋。站在那个位置最刺激，也能让自己有个支撑，以免太累了跌倒。场中间的那个男人，眼饧骨软，吸着别人递给他的香烟。借着天花板中央一盏橙色的灯光我看见他的汗珠子一滴滴地滴到地上。后来他实在不行了，蜷缩到沙发上，脸色发白，一个女人抱着他，如同一个母亲怀抱孩子。沙发上坐着一男一女，女的明显是嗑药嗑大了，被男人抱着，怀里还抱了一个枕头，头发遮住了整个脸，蜷缩在那里浑身抖动。

当包间里的人都成了这个样子，我感觉时间停滞了一般。我开始打哈欠，忍不住想，今晚的田野调查什么时候才能结束呢？现在几点了？大概已经天亮了吧？包间里已经没有人会注意到我了，我溜了出去，到走廊上耳边稍微清静下来，才感觉人清醒了一点点，连忙掏出手机看时间，没想到，这时才夜里1点多！天啊，我相当肯定已经过去了整整一晚，但事实上只过去了4个多小时！在那里，时间就是如此缓慢，一切都似静止在某个状态。

4月中旬的另一个晚上，我、小霞和她的情人家宁到她常去的一家夜总会玩，她常年占据一个房号为三个"8"的包房。那晚有一个年轻妈咪喝得烂醉，我们仨送她回家。在包房里坐了一整晚，当我们终于走出夜总会，外面已是细雨绵绵。站在夜半的微雨中，我忍不住深吸一口气。一个晚上就这个时候我的身体感到最舒服：终于呼吸到新鲜的空气，终于吹到自然的凉风。在三个"8"里，我的眼睛被烟熏得已经开始流泪，那似乎是我从小到大吸过的所有二手烟的总和，十几个人在一个20多平方米的封闭空间里喷烟长达8个多小时，我被裹在其中，浑身上下从里到外都沾满了油烟的味道，确实有点难受。步出夜总会的那一刻，我感觉自己从一个闷罐里回到了正常的环境中。夜总会里的人习惯了那种气味和环境，脚下湿湿黏黏的，乱扔的烟头、倒酒的啤酒、乱吐的痰和口水、鸡骨头、水果核、食物渣滓，什么都有。在大家专注于药物的作用的时候，有谁还会在乎环境的好坏呢？正是这种肆意妄为的快感让他们的"本性"展现得一览无余，他们什么约束都没有，有一种痛快一时、忘我一世的"快意豪情"。本来我打算就此结束那晚的观察回住处去了，但小霞兴许还意犹未尽，三两句话间已改变主意，转身折返三个"8"。家宁说，那就还需要20分钟的样子吧，她要交代一下事情。就这样，我们又一头扎进了夜总会。进入三个"8"的一瞬间，我有一种从天堂重回地狱的感觉，弥漫的烟气又开始呛入我的鼻腔，还有一种令人窒息作呕的味道。

气味就是夜总会的一部分，那样的环境是夜总会包房里的常态，更不要说其中会涉及复杂的人际关系。小姐们在这样的环境中生息，如果不适应它，就会反过来被它异化、吞噬。如何才能应对自如，掌握夜场主动权，是她们的必修课。在不同的夜场中观察，我发现小姐有许多率性、即时的做法，这些行为都是闲散、不经意的，大多和身体体验、个人习惯、行为方式有关，在与时间和空间的互动中，在每一个不同的情境中，抓住机会"反击"不利的环境，玩玩闹闹间流露出无尽的活力，成了一种抵抗。她们赋予夜场空间新的感官、情感和文化意义，这也成了自我表达、自我重塑的方式。而一切都源于她们紧跟复杂多变的都市空间、创造个人自主的欲望。

玩闹间的抵抗

第六章里分析过小姐日常"工作"中娱乐化、表演化、玩乐化的方面，比如跳舞、唱歌、抽烟、喝酒、玩骰子、猜拳、聊天等等，这些充满随意性、看似轻松的玩乐因素使得小姐倾向于认为这不是一份工作；不过，不管愿意不愿意、擅长不擅长，这些都是她们必须每天面对的，玩乐就变成了强制性的，甚至是一种负担。

卡拉 OK、夜总会或会所的包间是一个半私密的空间，客人开好房后服务员和其他人员一般不会随意进出，小姐陪伴客人待在包间里。音乐一般被调至较大音量，除了音响效果较好的原因之外，也为了掩盖包房的谈话声和其他声音，而小姐们喜欢这样做还因为大声可以提神，不会太快感到困倦。超大的音乐声能制造出一种扭曲、高亢的力量，人在其中整个身心都颤抖起来，似乎能脱离现实世界。而这对于嗑药者来说确实有实质的帮助，他们总喜欢找最靠近音箱的地方，甚至张开双臂环抱音箱狂舞，让音乐的震动传递到全身，满足自己药后动作和幻觉的需求。

小姐们初次尝试嗑药，往往只是因为听人说吃了后跳舞会更爽，在夜总会那样的环境里也能感觉愉快、轻松、活跃，即便整夜不休息，也不会过于疲惫。如果要出台，药物也是一种"性奋"剂，陈妹和佳佳都有这方面的经验，嗑药以后整个人兴奋些，感觉好点，否则有时候根本不想出去，也不想别人碰自己。

药物就这样成了她们提神、振奋、抗疲劳的工具；它的迷幻作用还能帮助她们抵抗负面情绪，减轻自己内心的纠结和痛苦，但以痛苦减轻痛苦，以迷幻迷惑自己，这对于我来说，却是一件非常矛盾的事情。

相比起嗑药，抽烟是更普遍的行为。我认识的小姐几乎个个都抽烟，只是有些抽得比另一些凶，像珍姐、小霞、阿雅和陈妹，就有很大的烟瘾。她们很多都是在短时间内学会抽的，因为干这一行抽烟是基本功，如果不会，就像不会喝酒一样，客人会认为你装模作样、什么都不懂，不讨喜。对于小姐自己来说，抽烟也是减压的方式。她们告诉我，没事干的时候自己抽抽，打发一下时间；在夜场里混，自己不抽就要抽别人的二手烟，还不如自己占主动权①；不抽烟形象不好，显得不够酷、不够性感；几个姐妹聚在一起，抽抽烟打打牌，感觉很舒服，是一种难得的享受。总之，做小姐的有很多抽烟的理由。

夜总会的包房里，烟雾就像一道必有的布景，夹杂着汗味、酒味和小吃的油腻气味，令密闭的空间空气稀薄而呛鼻。满地都是烟头、烟灰和其他各种垃圾，有时走路都无从下脚。有一次我忍不住跟小霞抱怨环境太脏。小霞笑我说：

> 你就是做不了小姐的！你又不抽烟，又喝不了酒。哪有一个小姐不抽烟的！抽烟、喝酒、跳舞，样样都要会！那才好玩的嘛！个个都是来玩的，只要玩得好，哪里管环境不环

---

① 不同场所规定不同，有些场所是不允许小姐在包房吸烟的，详见后文。

境的，又不是去西餐厅！你要习惯一下嘛。

　　虽然这样的环境和行为方式常令我感到无所适从，但我发现大多数小姐都不介意卫生状况和环境的嘈杂。她们不会总固定在一处，而是随着客人来来去去转换场所，隔一两个小时就可能换一下房。有服务员负责收拾打扫，小姐不负有任何责任，在这一点上她们倒是和客人相似。最重要的一点心理，正如王文和王娜说，"反正我改天都不一定在这里了，也不一定干这个了，那（干不干净、杂不杂乱）关我什么事呢"，就是"这份工"的暂时性和不定性带来的无责任感和无归属感。小姐的住所通常还算干净整洁，她们没什么事的时候也会在家里打扫卫生、洗洗东西，但在夜总会里，她们却制造了另一番完全不同的景象。

　　这看似是有些矛盾的：一方面，她们不认为这是会要长久"工作"的地方，所以可以"肆意妄为"；另一方面，她们又处处维护自己的"主人"身份，以获取正面的感受。客人和小姐来到夜场，都会习惯于它的环境特质和人的行为方式，这已然成为夜场亚文化的一部分。而这种亚文化正是小姐、妈咪、帮会成员等一众夜场"活跃分子"一手缔造并维护出来的：他们的"肆意妄为"创造出夜场特有的环境，这也为"自己人"和外部人士的区隔划出了隐形的界限，宣称着自己的地盘；为了在这样的环境中长期生活并掌有主控权，他们发展出一些日常的、微小的技巧，制造了外人必须服从的规矩，这又成就了夜场特殊的、与生活中的其他场所不同的惯习，进一步加大了肆意妄为的可能性，巩固了"主场"的地位，使得小姐既能暂时忘却外部的社会规范，跟随自己的脚步，又能获得自主的感受。

　　从夜场人员的玩闹中延伸出一种昏暗、嘈杂、杂乱无章的力量，包含着各种感官体验，进入和充斥了整个夜场的时空。夜场因此变成了体现行动主体与周遭环境互动关系的象征性时空（Munn，1992；1996：449）。玩闹也就不只是玩闹，而成为抵抗既定规则、习惯、规范与关系的行动（Malbon，1997：277）。小姐利用这样的微小自主行动弱化着身上披覆的流动人员、不正当身份的标签，以离经叛道、玩世不恭的方式对"这份工"的内涵作出了自己的诠释。

等待是一种"生成"

小姐的工作中还有一大部分时间花在了等客上。大部分夜总会、卡拉OK、休闲馆等室内娱乐场所都会有一个候客区域，没有客人的小姐就集中在那里打发时间。候客区一般位于客人到不了的"后部"，只有工作人员才能进入，由保安把守。在广州的一家星级酒店夜总会我就有机会跟随小姐进了这个区域，看到了她们的"幕后"时光。

闲聊八卦是候客室里的一项重要内容。谈论的主要话题当然是形形色色的客人。有一次，阿娟感叹说她最讨厌的是在包房里客人点名的时候排成一排，让客人评论身形外表，让自己很没尊严。但在候客区里评论的对象被悄悄转换了，她们可以用语言和想象对客人进行彻底的"反击"。偶尔遇到印象不错的人，就会说说怎样赢得他的好感，再次出去的时候她们就知道该怎么做了。除了谈论客人外，她们也会互相评头论足。比如哪个model长得怎样，是不是真的有资格当model，谁的五官好看或不好看，谁的言行举止怎样等。和妈咪的关系、小姐互相之间的关系、耳边听到的关于老板的传闻等人际关系上的故事也常挂在嘴边。最近发生的事情，夜总会内部的也好，社会上的也好，或是新闻里看到的事件，都会成为谈资。候客室内的两台电视提供了更多的八卦来源，无论是电视剧、广告还是新闻，都是打发时间、满足叙述欲望的途径。候客室里满耳都是小姐的嬉笑声、电视里的声音和妈咪不时叫人声，有趣而杂乱。

语言成为一个有用的防御和再现机制——有时小姐们有意识地通过语言来改写她们与客人、妈咪和她们之间的关系。在闲言碎语里，过往的事情可以被重塑再现，记忆可以被修改，权力关系可以被改变甚至颠覆，在她们步出候客室的一刻，她们就成了不同的人，赋予了她们已做或将做的事情新的意义，加入了新的思维和活力，小姐们的个人空间也随着这些对语言的掌控而重建。这些间隙便成了自我赋权的时刻。

八卦之余，小姐们利用空闲时间整理自己的着装和妆容。一个人的外表在候客室内是别人的谈资，在候客室外是自己的资本，所以要特别注意。候客室的一条窄廊上有一面镜子，小姐没事干就跑到镜子前整整头发、补补妆，出去前和回来后都要查看一番，画画睫毛、抿抿唇膏、补一下粉、拉扯一下裙子，确保自己以一个良好的状态出现在他人面前。

> 我的胭脂刚刚被一个客人擦花了一点，他亲我了，亲在脸上。
> 王文说着就补了一层新的闪粉和腮红，

> 在客人面前，你就要保持年轻好看。你知道的啦。不过这样我们自己也觉得好看，舒服，感觉比较自信。

外表和身材直接影响到小姐的生计，因此，身体对于她们来说就是一个竞争场所，她们都尽其所能让自己漂亮一些。她们花费在打扮上的时间很多，从家里出去前要花一两个小时化妆、穿衣，到了夜场之后又经常整理自己的容貌以达到最佳状态。她们在这方面的花销也很大，比如王文，到夜总会当小姐的头3个月在衣服和化妆品上的开销就有1万多块钱。夜总会还有个规矩，小姐不能穿牛仔裤进去，必须穿裙子，如果是裤子，也只能是西裤类，不能是短裤。所以她们平时买衣服也多是短裙、连衣裙、吊带衫或透明蕾丝质的衣服。

外表管理如此重要，不仅能帮她们赢得客户，也能在夜场这个特殊的场所里树立性感、现代、自主的自信。候客室的镜子见证了这一切。

这就是德勒兹（2001）笔下的"生成"（becoming）。等待对于小姐来说不是没有意义的空隙。相反，这是她们走向千千万万个可能性的机会，是一个动态的、开放性的时空。她们利用一切微小的资源表达着自己的欲求，希望自己能在每一个微小的时刻中"流动"、变化，通过身体的变化，通过人际互动，通过与时间、空间的互动，变成更有力量的个人。等待如同平静水面下的激流，具有开创性和颠覆性。从等待中出去，她们将成为比上一刻的自己更好的自己。

"红灯窟"：聚居就是力量

虽然"红灯区"在中国很罕见，但在珠三角地区，尤其是 2006 年以前，却有不少这样夜生活丰富、娱乐业发达、从业人员聚居的地方，尤其在东莞、深圳等制造业发达、工厂林立的区域。在这些地方，性产业成为生活的中心，一切都围绕夜间娱乐进行，一切都为之服务，甚至城市的布局、生活的步调、时间的流动都为之改变。深圳沙嘴就是其中一个，声名远扬。2005 年夏天我在朋友①的带领下去了沙嘴，见证了那个时期性产业的情况。

第一次见到阿辉的时候是晚上 10 点半，在一条两米多宽的窄巷里头。阿辉就住在巷子里，那天他在家门口摆了一桌菜，等着我们去，和几个朋友一起喝酒。他说从老家拿来一只自己饲养的鸭子，拿来炒辣椒，很好吃，说话间摆出了一大盆鸭肉，桌上每个人面前摆了一瓶青岛啤酒，架好筷子，大家入座。阿辉很健谈，不停地劝人喝酒、吃菜，一边向我介绍沙嘴的情况。

---

① 我的这个朋友当时是《深圳商报》的一名记者，一个中年男人。他做过几年关于沙嘴性产业从业人员生态的深度报道，和当地的一些鸡头、妈咪熟识，他们也很信任他，所以由他带我进入这个地方是非常合适的，也是相对安全的方法。但是去之前他没有跟他们说明我的身份。

以前沙嘴就是一个城中村，毗邻深圳湾，盛产海鲜。20世纪80年代末到90年代初，当地开始建厂，很快就吸引了过万名外来工到此打工，成了一个繁华的工业区。随着各地客商往来频繁，服务业开始发展，到21世纪初，这里已经发展出繁盛的娱乐业。沙嘴和附近的两个村成为名副其实的“红灯区”，不大的区域，只有纵横几条街，却开设了几百家娱乐场所，KTV、舞厅、发廊、沐足中心、夜总会、休闲中心、酒吧鳞次栉比，霓虹灯牌闪烁耀眼。顶峰时期这里有超过两万名小姐、妈咪、“鸡头”和各种相关从业人员，每日都吸引着几千港人过境寻欢，成为著名的“人肉市场”，也被外人称作“深圳芭提雅”[①]。我在香港的时候就听说“不知道沙嘴就不是香港人”，“玩一晚1000块还有钱找”（一晚娱乐消费可以不超过1000元人民币），直到朋友把我带到实地，我才目睹了这里的繁华。

夜晚近11点，正是精彩开始的时候，街上人流不息，巷子、门店里外站满了小姐和妈咪，耳边听到的都是“老板，来玩玩吧”，“老板，选一个吧”，“喜欢哪一个”，“这个怎样？”等。眼中见到的都是伸出手臂拉客的小姐，一眼望过去能看到几百人。

阿辉住的是一栋两层小楼，里面有大小不等的六间房，除了自己和老婆住的两间，其余房间出租给小姐。阿辉的老婆琴姐在一家沐足中心做妈咪，他则负责介绍家乡的姑娘出来干，租房给她们住。他说沙嘴很多都是采取这样的“包干”模式，从业人员基本是外地人，吃、住、工作、日常消费都在村中，形成一条龙，连交通——通常是本地的私家小车——都围绕着这里运营，把香港客人从口岸拉到村里，不需要别的交通工具。

---

① 2006年沙嘴“扫黄”事件后《南方都市报》刊载了一篇深度报道《沙嘴变局之病变：从海鲜胜地到夜夜笙歌》（2007年12月17日），介绍了沙嘴的一些基本情况和当年“扫黄”事件的情况，详见 http://www.nddaily.com/H/html/2007-12/17/content_339825.htm。

他们的到来改变了这个地区的个性：他们的生活步伐带动着沙嘴的日常运作，他们的需求引领着各行各业的出现和发展，他们的日常活动为沙嘴带来了"色情"和"乱"的色彩。他们在这样"臭名昭著"的"红灯区"内找到了自己的位置。

阿辉和大家聊着天，喝着啤酒。他点燃一支烟，然后递过烟盒给我说，抽一支，抽一支。我笑笑说，我不抽烟。阿辉边笑边皱着眉说：

> 哎哟，你又不抽烟，我看你喝酒也不行，你怎么混啊！我们这里的小姐都很能喝的！从现在开始起码就要喝到天亮！你这样不行！

琴姐拍了拍我说，人家新来，很快就学会了！原来是我朋友没跟他们提前说过，他们把我当成新来找工作的小姐了！朋友这时连忙帮我解围说，辉哥，真不好意思！没跟你说清楚，这位不是新来的小姐，是我的朋友，一个学生，要做这方面的研究，过来这儿看看，跟你们聊聊。阿辉恍然大悟，拍了拍脑袋说，哇！你真勇敢！敢过来这边！朋友说，对啊，她真是勇敢，我跟我的女同事说这个地方她们都绝对不敢来的，更别说在这里吃饭、聊天，还这么淡定，想都不敢想！这些话从一个侧面反映了沙嘴的杂乱。琴姐说，这里随时都有几百号小姐，连这样小小的巷子里都是，她们就站在路边招徕客人，中间留一条窄窄的通道让人过就是了。来这里的很多都是香港的底层人士，钱也不多，站街小姐也挺受欢迎。她们每到夜晚9点之后就出来，到10点多人就开始多起来。招到客后就带他们到像阿辉房子那样的出租屋，在自己住的地方交易会比较安全，而且通常都有"鸡头"照看着，大家都是老乡，互相照料，有些好点的还会帮着女孩们搞搞卫生。女孩们要交一笔介绍费给"鸡头"，每个月还要交房租和"管理费”。有黄就有黑，那时的沙嘴帮派很凶，跟琴姐一起的两个20多岁的女孩——阿莲和宝宝，就住在阿辉的楼里，她们说跟自己老乡在一起觉得心里踏实些，有事阿辉都会帮她们“搞定”，她们还是很乐意给钱的。不过也因为帮派的势力，这里的娱乐业一直保持着繁荣的势头，高于两层的民居里都开满了娱乐场所，这对从业者来说是最大的好事。

人太多的时候，一家场所小姐不够，就会向别的场“请求增援”，调一些小姐来招呼客人，妈咪们忙着指挥自己的姑娘们跑到别的场去“周转”。一个场的老板会与另一个场的联合起来控制价格，他们既是竞争对手，又是互相撑台的朋友。这也是场子之间的人情所在。

整个沙嘴就像一个有机体，小姐、妈咪、“鸡头”、娱乐场所经营者、帮派、赌博佬、房屋中介、黑车司机、搞卫生的阿姨、士多店老板、餐馆老板、小诊所经营者等各类人聚集在其中，相互依赖、互相支撑，这使得内部人员处于一种比较稳定的状态。这样的“红灯区”就是一个小世界，有自己的运作模式和步伐，内部功能一应俱全，边界清晰，分工明确，形成一种共生共长的关系。他们中的大多数并不是本地人，随着他们的迁移、到来、定居、聚集，随着他们在不同场所的日常活动，沙嘴逐渐形成了自己的“地方性格”。他们把这里变成了外人惧怕而又充满好奇、欲望的对象，在这个过程中，他们得以生存并日渐强大。沙嘴原本不是众人口中的这个沙嘴，只是因为从业人员的到来和他们的集体行为而被烙上了现在的印记。聚集就是一种力量，人以群分的紧密性能带来信息流通和共享的便利，以及互相支持的安全感。

“做鬼”的时间表：社会韵律的集体重塑

阿辉请我们吃的那顿辣椒炒鸭是在晚上10点半，对于我来说这算是宵夜，他说那是他们的晚饭。他向我介绍了沙嘴小姐一

天的时间表，她们的一天一般是从晚上9点多开始的，一切都围
绕着"红灯区"的核心业务：

> 晚上9点多：开始"上班"
>
> 半夜12点开始："上班高峰期"
>
> 凌晨两三点：宵夜时间
>
> 凌晨五六点：准备回家
>
> 早上六七点：洗澡、吃东西、聊天等个人时间
>
> 早上7点至下午两三点：睡觉时间
>
> 下午4点后：起床，处理个人事务，比如买菜、锻炼、
> 逛街、上网等
>
> 傍晚六七点：晚饭时间
>
> 晚上七八点：洗澡、化妆打扮（通常要一个多小时），
> 准备上班

　　虽然这是沙嘴的节奏，但我在其他地方遇见的小姐也有着差
不多的时间表。每次约见面、访谈或上家里找她们都要特别注意
按她们的生活节奏安排，避免在不方便的时间打扰她们。比如打
电话一般都在下午5点之后，确保她们已经起床；约在一起吃晚
饭的话时间通常也不会太久，保证她们有足够的时间打扮和准
备。在田野工作中要赢得小姐的信任，这是起码的尊重和了解。
　　美惠说她们的时间是和别人相反的，别人睡觉的时候是她们
活跃的时候，别人上班的时候她们就在那里睡觉，别人很快就会
知道她们是干什么的。对此她有个很有意思的说法：

> 我们是做鬼的嘛，晚上出去的嘛。鬼肯定不能和人一起
> 住啦！

这个比喻很形象地刻画了小姐的时间安排。"人"的作息时间是和"鬼"不同的，所以做小姐的基本只能跟小姐或其他干同样行当的人租住在一起，而且尽量选择离上班地点较近的房子，在走路能到的范围内，就算打车也不是很贵，能互相分摊的士费。如果"人"要进入"鬼"的世界，就必须作出调整。每个要找小姐的人，无论他是上街、去夜总会、休闲中心还是到沙嘴这样的"红灯区"，都必须遵循夜场的时间规则——夜生活不会太早开始，晚上起码9点以后才是欢乐时光。

"红灯区"里的其他场所也随着娱乐业的发展逐渐改变了自己的经营时间：小吃店由晚上兴旺到早晨，上午到傍晚生意清淡；杂货店则在下午到傍晚迎来好生意。小姐和其他从业人员的步伐改变着这个地方：街区的功能发生了变化；旧的建筑被拆除或改建，外观和功用也不一样了；居民的房子成了出租屋，池塘、草地和田块都不见了。村管委会的工作对象也由一般的村民变成了场所的经营者。

整个地区的生活步调都与其中的人的活动互相构建——人改变了空间和时间，时空的特质又反映和作用在人的活动上。每个人就像一个水滴，个人的生活只是个人的事，但点点滴滴聚集在一起，便成就了集体的社会韵律。

表2中总结了小姐（包括相关从业人员）应对纷繁复杂的夜场和人际关系时用到的各种时间、空间技巧，这也是她们争取自主权和力量的一种途径。但无论如何，这种自主的象征和表面意义要大于它的实际意义。在小姐试图挣脱既定的性别枷锁和权力关系时，她们常会遭受暴力、歧视与不平等的对待，更多的时候是她们所在的时间与空间给她们带来束缚与不公。当她们无法彻底或真正改变她们之间的关系，改变与具有更大权力的客人、妈咪、"鸡头"、老板之间的关系，改变与强大的夜场或"红灯区"之间的权力关系时，她们只能改变自己去调适。她们改变着自己的性别与性观念，发展适

合自己的女性气质，或在生活中的其他方面争取更大的个人空间。

表 2　娱乐行业从业人员的时间、空间技巧

玩闹	扔垃圾（气味，卫生）	
	唱歌（音乐）	**玩是一种抵抗，玩闹间的生命力**（Malbon，1997，1999） 通过跟空间和时间的互动，掌握整个环境，在各种玩乐行为中实现自主 （1）减轻生活和社会道德规范带来的压力； （2）减轻色情环境和陌生城市带来的疏离感； （3）改变农村女、外来女的被动和无知形象，"我的地盘我做主"
	跳舞（音乐、灯光）	
	嗑药（音乐）	
	喝酒（建筑结构）	
	抽烟（气味）	
	性行为（建筑结构、音乐、灯光）	
	聊天	
消费	化妆	**等待是一种"生成"**（Deleuze，2001） 等客的时间成为自我转变的时间，重组自己的记忆与经验，重塑自我形象，调整策略应对各种需要
	买衣服扮靓	
	吃零食、宵夜	
聚居	聚居	**聚居就是力量**：扎堆住能形成自己的生活空间和步伐，逐渐地把一个地方的个性改变 （1）减轻城市生活的陌生感 （2）自我保护，互利 （3）提升自主性
	互相联结、依赖	
	与他人不同的作息规律	

"金鸡"：性别形象的灵活塑造

珍姐有一回想劝自己一个在工厂打工的朋友去"做鸡"，但没成功。那个人觉得做小姐容易得性病，而且名声不好。珍姐

说，各人有各人的想法，不能强求，但不禁感叹了一下两个人的生活方式，她用了一个颇有意思的说法：

> 她来广东打工，打了有 10 多年了，从来没有做过鸡。我说："我做鸡，你不做鸡？"那个女的说："我凭手做，我在制衣厂，我织布，我包吃包住，我现在有 1700 块一个月。"我说："你跟我去玩一下。"她说她不去……她有她的想法嘛。哎呀，一般有几个女的是凭手做起来的？有时也得靠身子嘛！

"凭手"和"靠身子"是相对应的两个说法，前者指的是打工，比如在工厂、餐馆、建筑工地工作等等，后者则指做小姐或情妇等。手和身子一样，都是赚生活的工具而已，但对珍姐来说，手是工具，仅此而已，身体却能成为一种资源。对于年逾 40 岁的她来说，身体这个资源已经步入了"衰退期"，再也不像十几二十岁的身体，充满美貌和青春活力，她也深知这一点。身体资源的不可持续性，是小姐都要面对的一个现实问题，尤其是在珠三角竞争激烈的娱乐市场，规则是非常严苛的。

年龄门槛

25 岁在休闲娱乐业这个以青春为本钱的市场里是一个分水岭。很多地方，尤其是室内娱乐场所有不成文的年龄规则，只要25 岁以下的妹子，最好是 20 岁出头的。室内场所，包括夜总会、KTV、休闲中心等对这方面的要求比较高，档次越高的要求越高；按摩馆和发廊因为包含按摩、洗头等，价钱也要得低些，对年龄的要求就相对低些，但也是越年轻越好找生意。比如，我的受访者中有 11 名在夜总会上班，其中只有海斌和阿静是 26 岁，其余都小于 25 岁，平均年龄约 23 岁。当我两次坐在小姐候客室里面对成百个小姐时，我都不禁怀疑自己是不是年纪最大的。当她们超过了这个年龄，其中一个出路就是当妈咪，比如 32 岁的小霞和 38 岁的明姐；另一个出路就是从室内移到室外，比如站街，或从城中心移到城郊，在城乡结合部、城中村的发廊、街边和出租屋里招客，服务对象不同，价钱也会降低。

行有行规

有一定规模的场所，比如星级酒店夜总会、俱乐部和较大型的娱乐场所都有自己的培训、管理和监督制度，对小姐的仪表着装和行为举止有着严格的规管。比如，妆容浓淡要适中，不化妆要罚款；不能穿牛仔裤进入夜总会，只能穿短裙和高跟鞋，有些夜总会还要求小姐穿统一风格的礼服；不能拿任何手袋进入包房；每月订房数少于一定量要罚钱；每人在每个包房至少要点一个小食，但自己不能吃太多；有些场所禁止小姐在包房内抽烟，或者进行性活动，要出台只能去场所自己开设的睡房或与之有业务联系的酒店；客人要求出台不能拒绝；等等。

有些夜总会将小姐按"条件"分等次，包括年龄、长相、身材、技术等。比如"模特"和"非模特"，前者坐台和出台费都比后者高 50% 以上，即后者坐台是 500 块的话，前者就起码要800 块，后者出台价在 1000 块以上，前者就是 1500 块以上。① 条件好的小姐被点的次数多，拿到的钱就多，机会也多。每个月场所要按小姐坐台、出台的次数，包间消费金额和包间打折数等为每个小姐进行"评估"，服务次数多、包间消费额大、打折额度小的除了能拿到一定百分比的回扣作为奖励外，还能被排到前列，相反的就可能要被扣钱，甚至被排到末尾。有些较有名气的场所比较容易吸引到人，它们就会把小姐按 A ~ D 或一至四类排，

① 这里列出的是 2005 ~ 2008 年时一般夜总会的大致价格，但不同场所的消费水平是非常不同的，一些较出名和较大的场所通常价格高很多。

每个月淘汰后10%的D类或四类小姐，再补充新来的人，实行末位淘汰制。被划定为非模特或所谓"条件一般"的小姐要付出额外的努力保持自己的客源，要训练自己的口齿和技巧讨客人欢心，让他们多消费，以保收入和饭碗。

有些地方的场所提供"菜单"式服务，如果客人点了某个"套餐"，他就可以享受到一系列从头到脚的服务，就好比吃饭时有前菜、主菜和甜品一样，这些菜单包括洗浴、按摩、前戏和主要项目的各种服务，最后还需要客人打分点评，这些都会计入小姐的"考核"。对于菜单上的项目，她们要学习和掌握，做到"人无我有，人有我精"的地步。菜单隔一段时间变一个花样，学得越多越快，妈咪的推送机会就越多，被点到的可能就越大，换来的就是好的收入和"名声"。

身体于是成了竞争的场所，让小姐们体会到年龄、样貌残酷的一面——她们不能决定自己天生的外表和身材，也无法左右因此而产生的待遇和境遇差异。夜总会的铁律就是年轻和瘦。那里是20多岁人的天下，肥胖体圆的人很难有市场。并不是每个人天生就是"模特"，外表管理才是王道：你不白，就把自己化白；皮肤不细腻，就用"猪油膏"①；头发要定期染烫；个子不高就把鞋底升高；腿粗就选择中等长度的裙，手臂粗就选择泡泡袖，大胸要露，小胸靠垫，总之穿衣要扬长避短；整体颜色要协调；首饰要有品位；嫌胖就节食、运动，通过各种方法让小腹平坦。此外，说话发音要够嗲，举手投足要得体，该娇就娇，该嗔就嗔，该狂野时要狂野，该斯文时就斯文。年纪大了则要靠经验与技巧，就像阿静的夜总会里传开的那句，"留得熟客在，不怕没房开"。

有些夜总会或KTV还时兴给小姐起英文名，在大厅内或接待处的简单运作都用英文代码表示，用扩音器进行广播，让客

---

① 一种流行的打底化妆用品，能遮掩毛孔。

户也能听见，伴着节奏感强的沙龙音乐，以显时尚、年轻和现代。小姐们要学会每个代码的意思，比如"Candy, reception"表示让小姐到前台，"Winnie, action"表示让她准备给客户挑选，"march"表示让大家在客人面前排成队列前进、绕圈，以展示每个人的容貌和身材。Bobo 的名字就是在夜总会时得来的。她说：

> 那里每个人都有一个英文名，公司起的，显得好时髦、好洋气。我们原来哪有英文名！连英文都没学两句。听着挺好听的，自己都觉得很时尚，所以现在也一直用嘛。

广州一个叫"Saba"的俱乐部在客人选小姐的内厅里还安装了一个巨大的海洋水族箱，各种珊瑚、热带鱼游弋其中。很多地方还有豪华的帷幔、珠帘、欧式沙发、王座、旋转台等装饰和家具，非常洋气和现代，和传统的发廊、城郊简易的交易场所形成天壤之别。这样的场所对年龄的要求就很高。阿冰说：

> 如果你超过 25 岁了，你都不好意思在那里出现嘛。人家都会觉得，哇，你一个"老饼"还在夜总会干？夜总会都那样，压力好大的，人家也不会喜欢叫一个年纪大的吧，都喜欢 20 岁左右的。

"老饼"是广东俚语里对年纪大的人的一种蔑称，阿冰自己已经 25 岁，她认为这样的年龄对于很多女孩子来说已经是"要回家生孩子"的年纪，因为很多人 16 岁左右就已经外出打工赚生活，到这个年纪时已经奋斗了近 10 年，应该有一些积蓄甚至"成就"了。25 岁就好像是一个适宜回顾和展望的时段，很多女孩在这个年纪对自己的道路重新进行选择，做小姐的要么自己跳出来开发廊，要么升任妈咪，要么就只能向下流动了。

近年来室内娱乐场所环境和规则的变化也反映了性产业的一个走向——服务意识提升，服务向多元化发展，管理更加系统，方法不断更新，组织结构复杂化，人员分层明显，而这一切意味着场所对小姐的要求越来越高。这也使得场所的分化明显，小的场所被挤到城郊或城中村，中心地带的场所越来越具规模、上档次，人员就随着年龄增长和"自身条件"逐渐处于弱势从中心向边缘流动。我用图4总结了珠三角地区娱乐场所的分层情况和不同场所小姐身份、地位的差异。

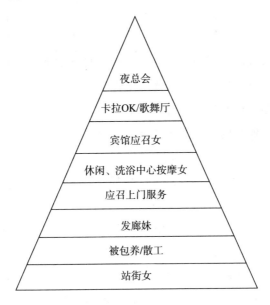

图4　珠三角娱乐场所分层情况

客人反馈

客人对小姐身材与外表的评价在小姐对年龄的自我体验中起了一种推波助澜的作用，这种只关注外在的互动方式也是这一行的一种特色和规矩。客人们从一进场所的门开始就只把注意力集中在搜寻年轻貌美的小姐身上，有如雷达一般。当妈咪把小姐召唤来给客人挑选时，她们一字排开，或绕着客人慢走几圈，为的就是让客人全方位看清各人的长相和身姿。客人对着厚妆待发的女孩，往往就是凭眼缘挑人，点兵点将似的，"你，你，还有你"，就决定了她们有没有钱赚。王文说，有些人也"像挑老婆似的"，左看右看，踌躇半天也选不出到底哪个好。如果一拨不满意，就会让妈咪再"找些年轻漂亮的"来。他们会把小姐的长相与"素质"联系起来，而所谓"素质"，就是认为年轻的就纯真、可爱、嗲、嫩、性感，能带来想象中的乐趣和刺激。

这就是阿娟说她最不喜欢的过程，不能自己把控，不能做任何努力左右客人的决定。她比较丰满，身形圆润，不喜欢的人总是说她"太肥"，"不像年轻姑娘"，这种光看外表的挑选方式让她不时陷入被动，因为没法进一步展现自己的能说会道和成熟的风范，而这恰是她认为自己优于年轻小姐之处。

即便是站街女也面临着年龄的竞争和压力。虽然街上并没有夜总会或其他室内场所那样严格的规矩，但随着年龄的增长，小姐会越来越受到同行的"挤压"，一定要想方设法才能在竞争中"出来"。珍姐曾跟我分析现在的格局：

> 现在广东既聪明又有老婆管，年纪小的人又多，年纪大的人，一般人都看不起，那些年轻的人都进发廊、卡拉 OK、夜总会，那些老头，那些六七十岁、五六十岁的人，才去便宜一点的地方，十多二十块钱去搞这些年纪大的人。

她从老家出来的时候已经 26 岁了，是两个孩子的母亲，觉得自己"长得也不是那么靓，又没有文化"，从那时起她就意识到要快速学习，打通门路，才能挣到钱。年纪大，就必须靠其他东西弥补，别人会的，要做得比别人更好，别人不会的，自己也要学。她说：

如果不够礼貌、成熟，客人就不喜欢你。他们喜欢你是因为你温柔、讲理、人好、懂事。你年纪大，男人为什么要选你，为什么和你玩，不去找那些十几二十岁的年轻女仔[①]？就是因为你比她们懂事、口才好，会哄得他们开心，会一些她们不会的技巧嘛，他们就会来找你了。讲话好听，有礼貌，功夫又好，人家就找你了！我懂的她们那些年轻的都不懂嘛，我年纪比她们大，就只能靠这些了！

她一直强调经验，有时还嘲笑年轻女孩子"不知道什么礼貌，不知道怎么样对人，不知道怎么样跟人打交道"，相比起来，她不仅懂，还去给她们上课，处于老师的地位。

像珍姐这样年纪的小姐，就要把年龄劣势转化为经验和技巧的优势，用待人接物和性方面的成熟度去竞争，才能挣得一碗饭。在如此强调青春和外貌的这一行里，与客人、环境、妈咪、老板和其他小姐的互动都不断提醒她们年龄的问题，她们的日常生活一方面反映着严苛的环境的规范与限制，另一方面又反映了她们内心的欲望——谁不想趁年轻多挣一点，多体验一下城市的生活，多见识一下外面的世界呢？既然青春是有限的，就更应该抓紧时机想方设法为自己争取更多资源，突破年龄的局限。

百变"金鸡"[②]

要减少年龄不断增长、身体资源损耗和激烈竞争带来的限制

---

① 广东一带的说法，即女子。

② 《金鸡》是一部曾获几项香港金像奖提名的由香港著名导演陈可辛导演的影片，由女星吴君如主演，讲述一个"一楼一凤"妓女阿金奋斗的故事，也从一个侧面展现了香港这个城市的兴衰。"一楼一凤"是香港唯一合法的性工作形式。片中吴君如饰演的阿金随着城市发展变化经历了各种生命浮沉，以自己乐观向上的精神，不断在失望甚至绝望中塑造希望，在逆境中生活。

与不利，就要积极拓宽路子，一成不变的形象是不能给自己带来机会的，必须要在不同场合、不同需要下打造和呈现不同的性别形象。"金鸡"的意味就在于，就算是做"鸡"，也要做一只"金鸡"，能成功让自己摆脱现有性别形象、性别关系和性别脚本的束缚与限制，给自己更大的空间去实现自己的需要。

前文已经呈现与分析了一些不同的性别形象。第四章中讲述过出于各种原因离开丈夫、逃离婚姻生活、离开家庭的已婚小姐的故事，她们摆脱了婚姻的束缚，无惧披上"坏女人"的外衣，开拓了拥有多重关系的"第二春"。这些是"放荡人妻"的形象。在未婚的小姐中，既有觉得婚姻麻烦不想触碰、靠男人还不如靠自己的"独立单女"，有认为儿女是天赐礼物、独立承担抚养重担的"骄傲的单亲妈妈"，有认为自己文化水平太高而"鹤立鸡群"、内心有一份亲密关系排行榜单的"有文化的调情高手"，也有打定结婚主意、两面周旋的"双面二奶"。第五章中有浸过洋水、与众不同的"国际化小姐"，有讲求生活品质，追求现代、都市、时尚、青春的"精明靓女"，也有年纪轻轻就体会了生活的复杂和艰辛、看透了现实、决意自立的"现实女人"。第六章里呈现了把做小姐等同于玩、以玩乐心态去适应生活的"贪玩小姐"，独立能干、自信聪明的"精明女生意人"，以及对工厂打工生活产生了质疑，最终选择脱离工作"牢笼"的"打工生活反叛者"。这些性别形象叠加在一起，使她们的模样、气质、精神、情感都立体起来，让我们看到了不同情境下不同的女人具有何等的弹性，去适应生活、谋求出路。

在这一部分中我将继续描述不同的几种性别形象，以进一步加深我们对小姐形象、行为及策略的了解。

清纯女孩 vs. 不羁女孩

我第一次见小何的时候，她少言寡语，显得非常羞涩。尤其是在聊天的前半部分，基本上都是我说几句，她低着头，嘴角有时露出微笑，不时拿眼睛打量我，再回应几个字。我在第三章中讲到过跟她初次见面时的情景。后来她对我的戒心放下了，聊天进行得顺利了很多。我们第二次见面的时候，她已经能主动跟我问好、帮我放好包、招呼我喝汽水了。聊开以后，她告诉我第一次见我的时候不怎么说话一是因为不了解我，也从来没试过接触做研究的人，有些紧张；二是因为她其实习惯了在见到生人的时候先"装害羞"，看看对方的反应。对于这样的说法我还是第一次听到，于是来了兴趣，追问她怎么装害羞，为什么要装。她说，开始的时候她在谁面前都显示本色，原本自己是怎样的就怎样。她话不算多，但人很直接，说话语速较快，语句较短，给人的感觉总是"有点凶"，而且她说自己长得黑黑的，看起来显得年纪大，别人就总是觉得她很有经验。有客人说她"干这行这么久，还这么串"①，还以此压她的价。她心里觉得不舒服，也很不服气，后来听人家说，一般客人都喜欢清纯的女孩，不太喜欢那些看上去很风尘气的人。她动了心思，开始改变自己的说话方式和动作。她是上门服务的，到了客人住处，就开始"收敛"自己。

> 进门的时候先在门口停一停，捂住自己的包包，低一下头，稍向里张望一下再进去。进去也不要着急坐下，要显得有点紧张、有点害羞，说话也不要太多，人家问一句答一句，声音低一点。人家要摸你，你就笑笑，害羞一点……
>
> 我一般跟客人说我是来按摩的，问他要放松哪里，然后他们都会问除了按摩有没有特殊服务。如果我说有，他们就会直接跟你说价钱，很直接的，我基本没有商量余地，然后他们说都是市场价啦什么的。反正就是跟你砍，他们也很熟

---

① "串"是粤语日常俗语，有自以为了不起的意思。

行情的，说好价钱直接就开始做。如果是这样我就觉得人家好像就直接压你的价，心里就不舒服嘛，好像人家就没拿你当回事。但如果我犹豫一会，装得害羞一点，不直接说有，他们就会对我更有兴趣，会继续试探。如果告诉他我刚出来不久啦，什么都不懂啦，他们会更……就是会问我多大啦、出来多久啦什么的，就会说多很多，然后也心软点，然后再谈价钱就好谈些。有些人还会说如果有什么事就可以找他之类的。

客人的态度随着她的"装"显现出明显的不同，于是小何也学聪明了，上新客家里都根据情况表现出害羞和温顺，显示自己是一个初来乍到的农村妹子，单纯可人，很多城市里的事情都不清楚。这样的性别形象恰恰隐藏着一种男客想象中的性感——年轻、纯洁、充满原始活力的身体，简单的心灵，缺乏性经验，却能满足他们探索和占有的欲望。额外的收获是，小何因此得到了不少物质和实际的帮助，比如买手机、看病、买小家电等。

然而，清纯路线并非唯一有利的策略。陈妹、小宋和佳佳呈现在客人面前的是截然相反的形象——头发五颜六色，放荡不羁、玩世不恭，熟悉夜场、喜好玩乐。她们抽烟、喝酒、蹦迪、唱K、玩骰子赌钱，无所不能。陈妹对于自己这种"越过了线"的生活是这样评论的：

> 如果你不能改变它，就融入它，变成主人。我既然做了小姐，那么我就要懂这些，是吧？客人都觉得你肯定出来玩多了，肯定懂得嘛。他们出来也就是想玩、想尽兴，那他们肯定喜欢有人陪他们玩，喜欢懂得玩的人。

小宋对自己精于性技巧这件事毫不掩饰，她觉得这是她的优势，特别是当年龄逐渐变大，经验和技巧一定是自己必须强调的。

她们都强调自己"会玩"，认为作为一个小姐，懂得玩、放得开是一个必须具备的"素质"，客人想要玩什么都可以应付得来，才不会显得自己"老土"和"端着"。

无论是走哪条路线，无论是利用人们对农村女人"保守"、"淳朴"、"害羞"的固有印象，还是利用人们对小姐"放荡"、"经验多"、"淫乱"的偏见，她们在适当的时候塑造出适当的形象，既是为了获取更多物质上的回报，更是利于自己对与客人互动关系的掌控，在这个十分注重年纪、样貌、身材的市场中找到一个适当的方式来立足与发展。

年少老成

年轻小姐们在他人面前常表现得非常成熟，虽然她们中的大部分都只有 20 岁出头，但她们讲话、做事都很老练，给人的感觉远老成于跟她们同龄的女孩子。这种年少老成是经历所致，她们在这样年轻的时候就已经以一种比较"激烈"或"浓缩"的方式体验到了其他人可能在比较长时间内才会体验到的经验，看到了现实的状况，在第五章中我已经讲到了一些。婚姻、情感、迁移、入行、都市生活、复杂的人际关系和两性关系都为她们灌注了经验与感悟，在不同的工作、不同的关系（包括亲密关系）中和不同的地方积累起来的社会阅历、技能和体悟，都在一定程度上提升了她们的自我形象，给她们带来更多的物质及关系上的好处。

在这个多样化且竞争激烈的年头，做小姐光"靠身子"，也就是说直接"以性换钱"已经不行了，样貌、身材这些天生的因素也逐渐变成了一种资本，需要投资和经营，以积累性技巧、经验、常识、关系和人脉，再获取物质和其他方面的回报。她们常说做小姐要"懂事"，指的就是在这种交换和经营中的经验，要在青春年少之外附加成熟和老到，懂得处理复杂的关系与感情、认清自己的责任、先思而后行、有一定的生活经验、懂得合理利用自己的身体与性，才能脱颖而出，在城市生活中找到立足之地。年轻和农村背景不能成为不懂事的理由。

尤其是对于性，能放开谈论意味着成熟和"懂的多"。性常常和收入、稳定性、个人发展、机遇等相关，而不仅仅是身体上和生理上的事，所以并不是什么羞耻和肮脏的、不能谈论的东西，如果能明白这一点，就能以平常心来谈它，也能以更从容的心态来面对她们关系中的各种性，比如婚外的、多方的、花钱买的、一夜情等等。对于小姐来说，"这份工"以内要提供的种种性服务不再只是花式和技巧，它更意味着如何与人拉近距离，何时能发展一次性服务以外的关系，要如何显现亲密，何时能利用他人的关系，要如何把握度等等，这些无时不考验着她们的能力与态度。从与每一个人的关系和互动中都能积累经验，有时是正面的，有时是负面的，甚至是惨痛的，它促进个人思考和反省，所以"工作"以内的性（关系）和生活中的性（关系）是相辅相成、互为经验的，都是个人生活阅历和态度的积累和反映。小姐们年纪轻轻就要独自生活，独力面对复杂而不怎么友好的社会，在充斥着金钱、权力、情色和心计的环境中处理问题，她们要成熟得更快，才能获得更多机会，虽然有时这些机会只是意味着被人包养、多赚点钱、生活更稳定，但对于她们来说是实实在在的提升和改变。

既城又乡

我的受访者中除了阿雅、小霞和海斌是拥有城镇户口的之外，其他人都是农村户口。从小在农村的环境中长大，来到大城市生活，她们需要面对很多适应性的问题，完全不同的人际关系、生活方式和思维方式有时会令她们无所适从。但她们能想办法将乡愁内敛成品格，把"劣势"转化成"优势"。

有些小姐从以往的打工经历里积累了在城市生活的一些经验，比如干过保姆、做过工厂工人或销售的，对于城市的一些规则，包括生活方式、人际交往、工作方式、奖惩制度等都有一定程度的了解，有些人则从日常生活里得到了一些历练，比如找房租房、搞定水电煤气、用手机、上网、购物，都是出来后一点点学的。逐渐地，她们还学会了从杂志、电视、网络中获取资讯，学会了必要生活技巧以外的、属于"改善式"或"提升式"的知识，比如衣着如何搭配显得时髦，饰品如何搭配，什么妆容最时尚，怎么吃营养又健康，谈论时政要闻、市井议题，待人接物怎样才得体，怎样看待和认识自己的情感，怎样处理两性关系，遇到挫折和困难应如何应对，等等。生活中的方方面面，包括物质消费、生活习惯、言谈交际、做事方式都需要改变，不是事事顺意，而且很多事情也许在城市发生的概率要高得多，比如对外来人口的歧视与骚扰、被盗被抢、欺诈式销售、人情淡漠，总之，衣食住行处处都有可能遇到问题和困难。尤其是做小姐这一行，客人、老板、妈咪甚至路人的嘲弄、揶揄和异样的眼光像是家常便饭，她们只能从负面经历中积累经验，吃一堑，长一智，姐妹间的互相关心和自己的情绪调整是度过逆境的良方。所有这些并非理所当然的知识和历练一点点地把她们塑造成入时、成熟、世故的都市女郎，她们生存在城市的忙乱与繁杂中，享受着城市的时尚与便利，填补着农村与城市的间隙。

而同时，农村生活培养出来的韧劲就像另一只脚支撑着她们寻找立足之地。那些劳碌、艰难、贫穷的过去并没有从此被她们从生活中抹去，而是转化成了可为外人道的个人品质。江绍祺在研究内地性产业男性从业者时也观察到类似情况（Kong, 2010：181）。小姐们在言谈中常拿自己跟城市里的同龄人比较，没有人家的资源条件和成长环境，她们能比的就是吃苦耐劳的精神和忍受艰辛的毅力。她们呈现紧跟潮流的模样，但在客人面前也要夸自己"什么苦都吃过"；既要显示八面玲珑的圆滑，又不能少了"农村人的天真淳朴"；都市的精致妆容之下是农村人的健壮体格；习惯于城市的独立生活，又要回归农村的乡土人情，呈现熟络、热心、善良的形象；在性方面既需"精于技"，又不能显得"太浪"，要适当展现柔弱、被动与羞涩。在城与乡之间，随需转换，才能发掘出更多利于自己的品质，获取机会和好处。在我与小姐的接触与访谈中，她们的这种两面性给我留下了很深的印象，尤其是珍姐、阿娟、晓菊、小李、Bobo和阿冰，从她们身上我看到了过往生活难以磨灭的烙印，而她们对城市生活方式的熟稔和游刃有余又让我感到望尘莫及。

能在广东这样一个市场化运作较为成熟、服务业发达的地方生存下来，靠的就是这种能钻狭缝、能伸能屈的本事。多样的形象、不定的身份、新的性别与性观念都能在一定程度上减轻外来人员和小姐的污名，而这些在日常生活中每时每刻都真真切切地发生着，这就是她们抵抗外部环境的微小策略。对于很多人来说，这些协商与抵抗最终可能只是让她们过上了被包养的居家生活，有了相对稳定的收入，扩大了交际圈子，多认识了一些客户，获取了一些实际的物质好处，甚至只是让她们自我感觉良好，似乎一切都是琐碎的，没什么重要的变化。但对于小姐来说，这就是在一切缺失和不易中能抓住的实际，有"金鸡"的精神，为自己在无望中不断制造希望。

破罐子破摔

小李当初决定不做啤酒销售转做小姐的时候曾经有过一种想法：

> 在这种地方做事，人家反正都当我是小姐了，他们不会觉得你是纯洁的、不做那个的，凭什么人家做，你就说你不

做？所以我想，反正都那样了，我就是真的做了又怎样呢！

她认为，只要在夜总会做事，是不是小姐都一样。在那里的人都"不是干净的"。她告诉朋友她卖啤酒的时候，他们都会悄悄问她，"要做那个吗？"这种污名已经无可争议地伴随着夜总会这个地方。这也是她能狠下心来转行的一个原因。

小红也表示过类似的意思。她不太在意别人怎么看她，因为自己在别人眼里已经是没什么用的样子。

> 我的家庭……我父母也离婚了，我也不愿意回家，也没有一个可以落脚的地方。又没什么事做，自己身体又不好，又老是这样混嘛。所以我现在就很盲目的样子，破罐子破摔了。如果可以的话我早就回家了。

"破罐子破摔"的人一般都是没有自尊自信、没有改变意愿、无可救药的，贩毒吸毒者、差生、罪犯、小姐在我们的日常语言中都常被形容为此。这里面包含着被形容者的自暴自弃和形容者的贬损之意。我的受访者们却利用这个贬义词为自己搭建了一个反扑的空间，大有"既然你说我是这样的，我就这样给你看"的意图和快感。

笑贫不笑娼

对做小姐的女人来说，要争取自己想要的生活，实际是一种必备的态度。第五章中也讨论过她们对"实际"的理解和阐释。对于这点，珍姐有过很直白的分析：

> 在这个世界上做人，有钱就做高等人，或者做中间人。这困难的人呢，就有人帮助你，政府会救助那些困难的人，人家公家给你钱、给你米，这不是什么很光荣的事，很对得

起亲戚朋友的事，你都是人家救济给你的。要不有钱你就做大老板，但很多有钱的人命不长，天天坐在家里吃补药啊，坐在家里吃鸡喝汤，还得癌症，还容易死一点。那些太有钱的人还不好，做中等人好一点。但是下等人就不好，就像我这样的，没钱又没人帮，人家还笑你，说你无能。我电费都没钱交，这样的生活还有意思吗？做鸡都好过这么穷！

她按钱的多少来划分人的等级。对于她来说，穷不仅是经济上的问题，还是面子的问题。她觉得自己不是因灾受穷，得不到政府的救助和他人的同情，这种贫穷就是一种"下等人"的耻辱。为此，只要能挣钱，她不会理会村里人的说法。当她把房子建起来，一件件家电带回家时，感觉非常骄傲——连自己的老公都比不上自己的能力。村里人看到的是她表面的风光，他们也不会去细究她的钱从哪里来，只要有钱拿回家，就算明白也心照不宣。她对自己家人的这种冷漠非常不满，但对同村人来说，忍受他们的一点闲言碎语远比因贫困受人白眼、自己都觉得在村里都混不下去好得多。

小红直接拿自己跟街上的乞丐相比，在她的日记里有这样一段：

2004 年 12 月 3 日

今天有点冷，不用出去。他也在家里，两个人一起窝在床上，觉得有片刻的安宁。等会去买点菜吧，很久没有在家做饭了。谁叫他整天在外面浪荡！买菜要花十几块钱吧，买点肉或者鱼、青菜、豆腐都可以，最重要的是有家的感觉。昨天出去挣了一点钱，这样吃的话也可以吃上一阵子。

我觉得这个年代是很现实的，一天不挣钱你就没地方吃饭、没地方住。别人看不起做小姐的，但是你在大街上没饭吃的时候谁会可怜你?!谁也不会理你，一块钱也不会给你，那么多乞丐。所以就不用去想那么多，有钱才是真的。有钱了做什么都可以，别人也不会说你什么，没钱的时候就要常被人指责和看不起。

比起那些还要为一顿饭和藏身之所担忧的人来说，她觉得自己要好得多。如果不是做小姐，她也可能沦落到那个地步。虽然两者都被污名化，但做乞丐遭受的鄙视和嘲讽更为直观——没东西吃就要去翻垃圾箱，没衣服穿就从垃圾堆捡，邋邋遢遢、蓬头垢面，路人避之不及，而现在骗子太多，人们的同情心已泯灭殆尽，没有人会去可怜这些乞讨者。小姐要担负的污名更多是道德上的，从表面看不出来，至少她们表面还是整洁光鲜的，居有定所。虽然小红自己也曾有过担心饿肚子的时候，但总的来说她挣的钱还是能够养活她自己和男友的。她觉得做小姐要付出的不多，在经济收入和个人生活、发展方面潜在的机遇都比乞丐要大得多。

这就是俗话中的"笑贫不笑娼"。对于小姐来说，这样的论调显然是一种正当化的策略。在国家层面上，扫除农村的贫困落后是现代化进程的必然任务，落到个人层面，就为小姐提供了辩白个人选择的机会——谁都不愿意贫穷落后，争取更好的生活实在没有什么可以指责的，这个时候结果比手段更重要。

破罐总比烂泥好

有些小姐认为，纵使自己是"破罐子"，也比那些出来嫖的或没本事赚钱的男人好。她们自立自强，靠自己的本事养活自己，不用依赖男人生活，因此不容贬低和指摘。她们觉得嫖客更应受到惩罚，他们花心、好色，那些有老婆的更是"道德败坏"，不尊重女人，伤害了妻子，也伤害了小姐。乍一听起来，会觉得她们自相矛盾，因为她们似乎乐于各使各招吸引客人，还争取让男人们长期包养自己。有一次我就采用对质的方法直接问珍姐她是否觉得自己"独立"。我说：

> 有很多小姐都说自己很独立嘛，她们就说不依靠男人，也很不喜欢依靠男人赚钱，但如果没有男人的话，你们就赚不到钱了呀，那怎么能说不依靠男人赚钱呢？而且你说那些男的更坏，出来滚①，不管家里，那你又想他包养你，会不会觉得很矛盾啊？

珍姐马上回应我说："不是依靠男人赚钱，而是赚男人的钱。"男人对家庭不负责任到外面花天酒地，那是男人的问题，不应由小姐来埋单。她说：

> 有需就有求，而且是先有需再有求！但不是我们要为他们担这个罪名。那些人老是说我们破坏家庭，我们乱来，其实都是男人自己的事！我们才不想破坏家庭，我们还嫌麻烦咧！他爱怎么搞在外面就怎么搞，别把我们扯进他家里的事去。做小姐的人很痛苦的，她一时高兴一时烦恼，一时赚了一百几十块的就高兴啦，有些女的马上就去买些衣服穿，或者买一点菜啊什么的，或者打下麻将，很简单的。不像那些男的，自己乱来，还把责任推到我们身上，别以为我们都是好欺负的！

为了证明自己不是那么好欺负的，小姐就会反击，像 Bobo说的，"破罐至少还是一个罐，好过烂泥扶不上壁！"她们采取的

---

① "滚"在粤语里的意思是寻欢作乐，但带有贬义，通常指的是花天酒地、玩不正经、玩女人等。

就是破罐子破摔的策略。有时候，她们用"破罐子"的形象来迎合大众对小姐"贪婪"、"乱来"、"混混"的刻板印象，从而扭转其中的权力关系，给自己创造达成目的的机会。

美惠工作的休闲中心有一条规定是小姐经期不用上班，要扣掉相应的工资，但允许她们吃一顿中心提供给客人的自助餐。美惠说：

> 每次我们都能吃多少就吃多少，塞得满满的，都拿那些贵一点的，虾啊、蟹爪啊、炖汤啊，水果也挑香蕉啊、火龙果、龙眼那些。要把扣的钱都吃回来！那些保安啊，每次看到我们就说我们小气，他们说，你们这些小姐就是这样的，那么小气的！我们就觉得，小气就小气呗！有的吃，又好玩，不能工作总要吃回来心里才舒服。

她们不怕被嘲笑，而这也是她们能做的小小的"跟公司玩规矩"的事情，所以旁人说什么不太重要，重要的是自己心里的感受。

真是疯婆子！

2006年4月中，我在深圳盐田小霞的场子里目睹了一次"戏剧性"事件的发生，主角是那里的一个叫莎莎的年轻妈咪，她刚到这个场不久，按小霞的话，可能是别的场混好了过来的，是以前被捧红过的小姐，到这里来自己带几个小姐，也会亲自接一些比较重要的客人。当时跟我们同行的一个帮派头头就是她的常客，这个男的五大三粗，脖子跟脸差不多粗，穿着黑色的V领短袖，是小霞相熟的朋友，叫虎哥，两人在生意上有来往。他也经常光顾小霞的场子，每次去几乎都叫莎莎陪。那晚虎哥也点了莎莎的名，而且小霞要她叫几个小姐来陪我们，但不知为何莎莎来见了他一下就出去了，一去不返，许久都不见人影。

半个晚上过去了，莎莎才再次出现在我们的包间里。这下完了。小霞抓住了她说："为什么这么久都不来，让虎哥这样等你，有没有搞错！让你带个小姐来你也没有，怎么做事的！"虎哥憋了一肚子气不说话。莎莎一个劲地说："对不起啊，下回不敢了、不敢了，刚才真的是很忙才没有过来的，我的错，任你罚，怎么罚都行，下回真的不会了！"一迭声地道歉。小霞似乎看着虎哥的面子，也看她是新来的，没真的跟她过不去，也就是吓唬吓唬她，说"你给我喝酒算了吧"。说着，旁边的人立即递过一大杯啤酒，莎莎二话没说一仰脖喝了下去。紧接着又是这样的几杯。当包间里烟雾弥漫，大家都神志不清的时候，莎莎也倒下去了，而且一倒惊人。虎哥让莎莎把头枕到自己大腿上，拍打她的脸，有时给她喝一口水，有时给她擦汗。过了不知多久，莎莎终于好了一点点，能勉强站起来了。歇了一阵子，终于要走了。几个人架着莎莎好不容易到了楼下，帮忙的小霞也气喘如牛。虎哥、小霞和红衣女人连拖带拽拎着她走进一条漆黑的小巷里。回家的路上，虎哥对小霞说：

> 这个疯婆子，她很有心计的！我看她确实有七分醉，但她还有三分清醒，她这样搞我，弄得我没有办法，你看我对大家说的话，她就是要我说出那些话来，以后她就不怕了，要不她又搞大了。我还是心软啊，明明知道她的目的还是这样做了，你说我是心软不？刚才那些人也是看见我跟她一起才给我点面子，要不早就扔街边去了！这种女人通常给人扔到街边就算了，没有人会管的。

第二天中午睡醒，小霞还在说这件事，她对莎莎不停地抱怨，骂她胆大包天，但更多的是感慨和佩服她敢做。

> 真是疯婆子！从来没有人敢这样给我做事！虎哥也不是

好惹的人，你看见了吧？这么有心计的人，连我也没办法，别说是你了……你以为她们啊，都很厉害的！你跟她们怎么比?！

小霞对于莎莎的心机心知肚明。她告诉我，小姐"都这样"。虎哥"是有地位的人"，要想自己在这个场混得好，一定要先搞定她和虎哥，但老大岂是那么容易能搞定的，她很聪明地利用了这次机会，因为已经错了，干脆就当着两个人同时在场的机会乖乖承认领罚，然后演绎一下，让大家为了面子也要保她，就达到目的了。别人最多也只敢在背地里议论一下，但在夜总会这些混乱场面也没什么稀奇的，这件事不用两天就会过去，以后在这个场她就能傍虎哥的势，有了保护伞，地位就抬高了，作为老大的红人，经济利益也会随之而来，最终获利的还是自己。而虎哥这个大男人，在莎莎死缠烂打装疯卖傻的攻势下也没有了办法，最后只得"乖乖就范"。

暴力应对

有时候小姐会故意显示出暴力的一面，塑造出强大、无所畏惧的形象，来应对一些客人的挑衅与嘲弄，或赢取客人的敬重。2006年11月的一晚，我跟阿美到她们的夜总会玩，坐在休息室里聊天。天气清冷，坐在室内吃着瓜子天南海北地扯感觉挺舒服的，但没过多久，阿美忽然接到了阿静的电话，听语气好像挺着急。放下电话，阿美骂了一声，我赶紧问她怎么了。原来阿静遇到了一个"讨厌的"客人，不肯跟她出台，在夜总会包房里对她动手动脚，还想在包房里跟她发生关系。阿静三番五次跟他说夜总会有规定，不能在包房里有任何除了抚摸以外的性接触，要做就出去开房，但"那个男的很小气，就不想多出钱，又想占便宜"，他不但强吻她，还拉开了自己的裤链，把阿静的裙子都脱下来了一半。阿静一气之下就打电话给阿美。阿美找来了她们的妈咪反映了情况，妈咪听了说，"谁那么嚣张？敢在我们场子闹"，拿着对讲机就往那个包房去。我赶紧跟在后面。

敲门进去，妈咪把门敞开，笑眯眯地对客人说："这位先生，今晚那么好兴致，带我们静静出去玩嘛。"客人一见到阿静搬来了救兵，就开骂道："出什么去！这里不就是玩的吗？不要脸，还找人来对付我！"妈咪继续劝说："哎呀，这位先生，不要动气，不要说对付嘛。我们隔壁就有房间，我可以帮你预留一下，那边也舒服些，还可以洗澡睡觉的，好不好啊？"阿美在妈咪说话的当儿过去帮阿静整理好了衣裙。哪知客人并不领情，也许是喝得有点醉了，他看了看自己的朋友说："不就是想讹我的钱吗？"他的朋友就跟着起哄，你一言我一语地叫嚣，说"夜总会不让搞怎么叫夜总会"，"小姐还穷讲究，以为自己是什么"，"烂货，就想要钱"，骂得挺难听。那个客人看有了支持，趁势一把搂住阿静，一边说"贱人，陪我玩玩嘛"，一边就把手搭在阿静胸上。阿静很生气，不断挣扎，最后用力一推把他推开，骂他下流、不要脸。男客也提高了声调说："嘿，居然敢打我！"并辱骂阿静"已经是鸡了，还立什么贞节牌坊，信不信我收拾你！"阿美气不过，说"你放尊重点"，就上去推他，阿静也帮了一把，把客人重重推倒在沙发上，她们两个一左一右把腿踩在沙发上，俯瞰着那个人，"想怎么啊你！还敢动手！"妈咪见事情有点要闹大的意味，偷了个空用对讲机叫来了保安。保安来的时候客人正想用巴掌扇阿静，看到夜总会里的人越来越多就不敢动了。阿静和阿美退了出来，妈咪叫她们先回休息室，剩下的事情由她来处理。

回到休息室，阿静还是有点激动，说：你看到没，这些人就这样撒野耍赖！好啊，他说我无耻，那我就无耻给他看！说我下流，我就下流给他看！说我不要脸，我就更要凶给他看！让他看看我们也不是吃素的，不是好欺负的。阿美笑她其实根本不懂打架，还是她先动手的。阿静承认自己是看到阿美和妈咪在那里她才大胆一点。"装也要装给他看！"阿静说，"有时候就是要暴力一点！"

人们对小姐的刻板印象与污名化就这样被当成了一种扭转权力关系、达到目的的手段，借此获取他人的尊重、安全、身份和地位、物质好处等等，然而最重要的还是自尊与自我力量的感受与体现。自嘲与自黑把自己摆得低到尘埃里，却也从低处成就了反击的力量。

书写"破罐"经历

小红说自己写日记是为了排解烦恼。日记本像是她的一个朋友，每逢她有什么想不通的苦闷，没有人诉说，她就把它写下来。在她把日记给我的时候，她明白地说她需要钱，这是她把日记给我的首要目的，但同时她也是很想让我了解她平日的生活和想法的，用她的话说，兴许可以"改变一下对我们这些人的看法"。

她日记里谈的三大主题分别是：男朋友，毒瘾，赚钱和生活的各种苦恼。如果这本日记是有颜色的，我觉得是灰色。看的时候满眼都是烦恼和苦闷，无处排解，笔尖的流淌便成了发泄口。

2004 年 1 月 17 日

以前觉得，两个人在一起就好了，不管做什么都好，只要两个人在一起开心就好。现在我觉得这是不可能的。首先一点就是要填饱肚子。外面竞争这么激烈，要有口饭吃或有个地方住，这些东西能解决了，才能去想找个男朋友或找个女朋友的事。如果这些方面都解决不了又怎么能生活下去呢？今时不同往日了，我已经不像以前对谈恋爱抱有那么多的幻想。生活真的很现实。有时真怀念以前，小的时候，在家里，不用自己操心生活方面，有吃有住，出来就不一样了，什么都要靠自己。现在跟他在一起，不但没有解决生活上的问题，还有无尽的烦恼。那些"有情喝水饱"的说法真的就是骗人的！

2004 年 2 月 6 日

　　难受。忍受着，好像从一开始就一直在忍受。什么时候才能到头？我真的不想天天看到一个什么都不管的人，还得给他钱花。这是什么生活？！

2004 年 2 月 13 日

　　今天忍不住在想，如果真有一份工作摆在面前，我会不会考虑呢？我觉得现在应该不会，目前应该不会。大概还是因为自己没有什么目标吧，工作就没有动力，也觉得没有意思。现在这个样子，虽然别人觉得自己没出息，但人活着就是为了赚到钱，有钱了就不一定要工作了，所以有时候也觉得自己现在这样还是符合自己的状态吧。活一天算一天。没有家，没有可以落脚的地方。

2004 年 6 月 18 日

　　今天碰到一个客人，他叫我跟他聊天，他说熟悉点，做起来有感觉。我就很来气了，我说又不是谈恋爱，你出来发泄，我出来挣钱，那么多废话干吗？我就很不习惯，不愿意陪他浪费时间。我觉得我挣钱，你一个嫖客，做完就走，我也不认识你，你也不认识我。我不愿意跟别人聊天，又不是谈恋爱，又不是找老婆。

　　其实有时候我也觉得我对客人态度很不好。有的女孩子态度就很好，客人叫怎么样她就怎么样，我没那个耐性。这是不是自己生意一直一般的原因呢？但我好像真的看不起那些出来玩的人。我看不起他们，他们也看不起我。

　　我觉得做这个就像上班一样，挣的是劳动所得，我并没有白拿他们的钱。虽然说是从男的身上挣的，但不是说我什么都没干他给我钱，我问他要的是我一分一分挣回来的。这是不一样的。可是大部分男的都觉得我们就是活该的那种样子。其实他们更无聊的，自己出力，还要花钱出来玩，真不知道为什么。真的想不通。

2004 年 7 月 23 日

　　我觉得我最大的悲剧就是生活没有目标，没有想做的事情。

　　这样活着真是很累。

　　真的做够了，做够了，我真的是在混日子才会是现在的样子。如果我现在有 100 块钱，真的晚上我就不出去了。真的做够了，我觉得受够了，很恶心、很恶心！

　　如果我再做下去的话，可能就不敢找老公、不敢找男朋友了。

　　想到做爱就恶心。觉得很肮脏。那些男的很脏。真的受够了……

　　像这样的心情每天都在小红心里上演着。几乎看不到这个年纪应该有的阳光、欢快、青春活力。她男友被关进强制戒毒所的那段时间，她内心更是充满了痛苦和孤独感。从 2004 年 7 月开始的日记里这种情绪就开始加强。

　　但书写同时也是一个整理和调适的过程，负面情绪通过诉说得以减轻，在书写中更容易倾听自己内心的声音，觉察到自己的情绪，认识甚至改变自己。对于小姐这样一个背负了沉重污名的群体来说，没有人书写她们，很少人倾听她们的声音，了解她们的日常生活和想法，书写就像是在没有出口的封闭烟道里开了一个小孔，把常年厚积的烟尘从这里引了出去——

2004 年 8 月 6 日

　　到了下午这样安安静静的时候，泡上一杯茶水，写写日记，竟然让我找到了片刻安宁。我没有朋友，他也不在，没有人跟我说话。只有你，我的日记本，能装得下我的心思。我的生活没有意思，没有人会愿意听我说什么，有时候我觉得这个世界有我没我都一样。如果你，我的日记本，能在我不在了的时候还留在这个世界上，会不会有人能看到？想到这里，我就觉得写日记是有意义的，我能留下一点东西，证明我曾经活过。

2004 年 9 月 9 日

　　今天看了一出电视剧，讲的是一个女人自己单身一人带着孩子生活的故事，她常常会在洗衣服的时候和看孩子玩的时候发呆。她有一个邻居大妈问她在想什么，她说在想这么些年过得这么辛苦到底为了什么，就是为了孩子。

　　我呢？这么多年来我有没有好好停下来想过自己的生活？我好像发呆的时候就是脑子里一片空白。有时候我觉得自己好像从来没生活过一样。如果我突然消失，没有人会知道有我存在过。只有在写日记的时候，我好像才会想一想自己的状态。毕竟要写下来的文字是不会凭空消失的，所以还是要认真对待。我写下来，自己读自己看，将来老了，再回头看这一段，真是不知道会有什么想法！这样想着觉得真可怕！

　　诚心诚意地跟自己对话，把自己当作自己最忠实的朋友，在写作中审视自己、重构自己的经验、自我表达和抒发情感是女性书写最重要的作用。有时候写着写着，她们会发现自己并不是一无是处，也能看到一星半点的希望。

2004 年 8 月 19 日

　　什么时候能找到一个真正喜欢自己的人呢？只要对我好就行了。我对他们没有什么要求。没有说要长得多帅啊、要多有钱啊，只要合得来，对我好，我喜欢，就好。

　　会不会有这样的一天呢？我才 20 多岁，还年轻，不很老，还有时间可以等等。

2004 年 11 月 30 日

　　今天在家里收拾打扫，翻出一本《知音》杂志，看到一段诗，真美！我把它抄下来送给自己，送给苦难的自己，当作一朵火红的玫瑰，送给从来没有收过花的自己。没有人来爱我，那我就自己爱自己多一些吧！

　　我想到你，每逢从大海上面射出日光；
　　我想到你，每逢在泉水上面映着月光；
　　我看到你，每逢远方大道上扬起沙尘；
　　每逢深夜，行人在狭路上心惊胆战。
　　我听到你，每逢水波在低鸣，汹涌奔腾；
　　我常在那深沉的林中谛听，万籁无声。
　　我靠近你，即使你身在远方，依然很近；
　　太阳将落，马上就照出星光，愿你光临！

　　即使你身在远方，依然很近。有没有这样一个你，能出现在我身旁？这是不是只能是一个梦？我虽然没什么出息，但我也善良，也很实际，我只是渴望一个平凡的小幸福。世界这么大，是不是总有适合我的那个人呢？

女性置身于男性支配的社会中，在各领域中都缺乏发声的机会，书写为她们提供了表达的空间、途径与自由。但书写并非惯常的表达方式，大部分人都不会想到通过写书或什么作品来表达自己所思所想，觉得那应该是作家或学者的事情。而日记不同，它日常、平凡、普通，每个人都能做，只需要一个本子、一支笔和一点时间。从没有意识、没有觉察的发泄，到发现书写的意义和抚慰心灵，甚至还找到了我这样一个读者，小红经历着另一种自我发现：她就是这样"证明"自己在这个世界上"活过"一遭，灵光一闪之间，她也许正完成了一次对自己做小姐的这段经历的自我审视和反思。

小霞写剧本，却源于她老公电影人的职业，这令这个本身就充满了故事的"大姐大"又有了一层奇特的光芒。发现这个剧本很偶然，是 2005 年 8 月份在她家里的一次访谈，她接到手下的电话，要找一张手机的收据，在房间里乱翻，忽然在一个茶几下翻出一本沾满了灰尘的大本本。"给你看看！我写的！"她随手递了过来。这是一本 A4 纸大小的本子，边角都是卷起来的，是十来张纸用一个黑色的铁夹子夹着，封面上写着大大的几个字"月之阴晴圆缺"。我一愣，心想着这是什么，一面接过来，翻开，里面有一页写了字。"这是我写的剧本！"我当时感到十分好奇，在我原本的想象中她这样的人都是通宵达旦在外面的，怎么还会有时间和闲情"搞创作"？

故事只写了个开头。小霞确实没有时间和心思，但也有了个想法。她跟我大致说了一下自己的构思。她打算把自己的一些经历融合进去，讲述一个女人在"下海"做生意时遇到的种种困境和"局"。小霞说，人生大多是坎坷的，"我就把自己听过的、亲身经历的、身边的人身上的事都放进来"。至于这个剧本的标题，月指的就是女主人公的名字，阴晴圆缺就是人生的常态，既有圆满之时，更有幽暗、缺失的不如意。小霞说名字是"瞎想的"，但既然开始写了，应该要有个题目和方向给自己，"才更有感觉"。

　　小霞的写作意念源自她对自己经历的反思和老公工作的启发。她说她常问老公拍电影的事，他告诉她电影源于生活、源于真实，很多剧本都是基于一些真实的事件写的，小说也是这样，她就想到了自己。一方面，她觉得自己"挺特别的，很多经历人家都肯定没有的"；但另一方面，她又觉得自己过着一种非正常的生活，自己的身份不甚光彩，只能在这个圈子和地头称霸，离开了就不是什么能说得出来的"好东西"了。年过三十，她已经开始对自己的状态和经历感到有些迷茫。她曾经十分希望自己真能把这个剧本写出来，也算是对自己有个交代。

　　　　我是个有故事的人，你要写的话我有好多故事给你写。以前读书的时候没能好好读，也一直很浮躁，爸妈说的话我也听不进去，一直觉得自己很独立，做什么都是对的。我做了很多乱七八糟的事情，天不怕地不怕的，总是觉得只要够胆，就能做，干什么小姐啊、搞那些货啊、打打杀杀的，都能闯出一条路来。但我现在把身体也搞坏了，脑子也搞坏了，再过几年我都不知道还能不能这样了，我才开始想到要干这个（写剧本）。我老公不就是干这个的吗？他说可以，我就有这个胆了。

　　当然她一直没能继续，本子放在那里积满了灰尘，不太整齐的字迹似乎见证着她的疲惫。对于自己并没有精力和合适的方式来处理这个剧本，她归结为"没得救"——"想是想，就是没法做，就是明知道自己坏，又没法改"。

　　　　其实他们说的也是，什么叫好女人，什么叫坏女人？在中国人的观念里，像我这样就属于坏，我觉得我也挺离谱的，我自己做的事我难道不知道吗？我知道离谱，我知道嚣张，我天天还要做。我心里不平衡，没地方发泄。人心都不知足的，表面上豪爽、义气、大方的人，心里都有阴的一面。比如说常常都后悔走这一段弯路，不值得，但后悔也没用。想想气没地方发。有时候碰到搞不定的人，比我更狠更有料的那些老东西，搞不定他，我受了气还要忍，还要笑眯眯的，我就恨不得马上杀掉他。人爬得越高就会碰到越多比你强的，那些强的又看不起你，想要搞你，所以越往上爬就越难爬。

阿月的故事如果写出来，会是另一个小霞吧，我心里常常这样想，把这一切难、气、离谱、不平衡、阴、后悔、忍都化成他人的故事，写作就是重组和转化，可以发泄和消化自己的情绪，改变对一些人和事的认识，对自己有更好的认知。

另一种书写的途径，就是经由他人完成。兰兰也跟我说过可以为她写一本书的话，和小红的郁闷、小霞的迷茫不同的是，她为自己的经历感到自豪，她觉得网上关于小姐的那些东西都不够真实，或者只写到了通常读者想象和成见中的小姐生活，因为那是大多数人的想法，那样更容易迎合大众口味。这本书的完成和出版，从某种程度上达成了这些女子的心愿。她们的生活、想法和经历大都不为人知，不知而不解，因此产生和强化了各种标签和污名。我认识了她们，和她们有过这样的一段交往，也是一种因缘际遇。书写可能不会在实质上为她们的生活带来什么改变，但把她们说过的话、做过的事记录下来，把零散的想法整理出来，把复杂的情感梳理一下，让更多的人看到她们的悲欢喜乐，了解到她们其实也是再普通不过的女人，就达到了目的。如能让人们放下那些"淫乱"、"堕落"的偏见，认识到她们的苦痛、艰难、纠结其实是更大的结构，包括经济条件和父权制度下的性别观念作用的结果，就更好不过。

阅读她们文字的感受很奇妙，既真实又充满了戏剧性意味——通过文字记录，她们把平日里难以抒发的情感付诸字里行间，记下哪怕是一丝丝、一点点；通过文字上的再创作，她们把自己的希冀和念想化成故事，用他者的人称叙述出来。

经过她们的演绎和描述，"破罐子"呈现一种栩栩如生的形象。小姐们在不同的标签与污名中选择合适的来利用或重新定义，以创造出合适的性别形象，在自己能力范围内尽量减轻污名、挣脱社会限制。图5总结了本章中讨论过的小姐的空间 – 时间策略和性别策略。这个骂名似乎不再那么负面了，它甚至成了一种主动的生

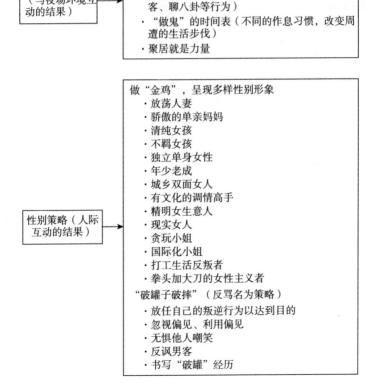

图5　"小姐"的时间 – 空间策略与性别策略

活策略，成了对把这个骂名加于其身的男人的反讽——连"破罐子"都不如，面对种种刁难和不公允，她们的疯、贪和所谓暴力又算什么？在充满性别偏见的社会，女人往往要为自己的困难和失意埋单，困在各种不满意的关系中被抽取沉重的情感罚金，当她们试图逃离、试图从烦闷中解放出来的时候，又会被强加以各种形式的社会控制。既然已经是"破罐子"，做这一切反而会显得轻松，在为自己释压和松绑的同时，这也是一种反击的力量。

看着一行行不那么整齐甚至有一些错别字的文字，我仿佛感受到她们对生活的热切，有热切就有失望，有失望就有痛苦，痛苦中又生出凤凰涅槃般的勇气，兜兜转转，大概就是这些女子的人生际遇吧。

第八章
性资本：自我实现的另类力量

　　本书讨论的一个核心问题是，身负外来人口和小姐的双重污名，缺乏教育，没有技术，没有正式工作及其带来的社会身份与地位，缺少社会资源，经济状况不稳定，人脉关系薄弱，甚至连基本的公民权利都缺乏保障的小姐，如何能参与到中国的现代化进程中，如何能分享到现代化的果实？对于从农村流动到城市的女性，到工厂打工、做服务员、做保姆等是主要的路子，但我接触的这群小姐用她们自己的经历挑战了这个"大众化"的选择，可谓另辟蹊径。通过分析她们关于农村生活与贫困以及城市生活体验的话语，我们能进一步了解她们流动到城市与进入娱乐行业/性产业的决策。抛开经济驱动这样一个普遍的说法，细究她们成为现代化主体、都市化主体和性主体的欲望又能使我们理解她们日常生活中的很多做法与选择。本书前面的章节从恋爱、婚姻、情感，农村与城市生活体验，对"性工作"与"小姐"的理解与认同，以及日常策略等方面展示了小姐如何在多重歧视与困境下积累身边的资源，通过微小的、碎片化的协商与抵抗努力在现实生活的狭缝中拓展生存的空间，令自己能更好地立足和发展。她们最大的资源是她们自己，尤其是身体、性与性别带来的资源与力量。她们身为小姐的经历与经验以一种激烈的方式促成她们的自我成长与转变。

　　关键是，身体、性与性别是如何成为能使她们得到物质与情感回报的资源的？这中间的转换是如何发生的？又能在多大程度上发生？身为小姐的这群女性从这个转换过程中得到了什么？要解决这些问题，就需要讨论性资本（sexual capital）或情色资本（erotic capital）这个概念。

性分层与性场域

要建立性资本的概念，使其独立于社会资本或文化资本，前提是性应该成为一个能单独讨论的场域。现代都市中与性相关的生活是由每个个体在不同场合中的互动组成的，比如在酒吧里的约会，在餐厅的烛光晚餐，在咖啡店的会面，在卧室或酒店里的密会，在虚拟网络中的聊天，或以更新的形式进行的相亲活动等。为了得到他人的青睐，在这场竞逐中赢取更多机会，人们会根据他人的反应、社会角色的假设和自己的喜好等提升自己的外在与内在。为何有些人较易成为他人心仪的对象或注意力的焦点，换句话说，就是"男神"或"女神"？其中既涉及个人互动层面上的喜好与选择，又涉及更广阔意义上的基于社会规范与预设模式的择取标准。前者发源于后者，时时被后者影响。在这样的标准下，有些人会比别人更符合某种审美价值，就更受欢迎。性的生活，在这个层面上，就和别的生活领域一样，存在以此领域特定的身份高低来进行分层的现象（Martin and George，2006；Green，2011）。

性分层（sexual stratification）也是一种社会秩序，人们往往好奇于这里面决定身份高低和分层的机制和过程。学界的讨论大致建立了两种分析取径，一种以市场解释性选择（Laumann et al.，2004），另一种是布迪厄式的场域理论（Martin and George，2006；Farrer，2010；Green，2011）。前者作了一个市场的类比，认为人的择偶是一种市场行为，根据个人的特质来进行择取，但与经济学意义上的自由市场不同的是，性市场强调的是使能与限制个人性行为的社会与文化结构。性市场是一个觅偶竞技场，里面发生着各种交换、交易与竞争（同上：8），每个人的择偶条件、期望和性行为、性关系模式纵然不同，但却是嵌入他们所处的社会环境中的，即个人的关系网络、意义系统、性脚本、所处的社区文化和社会文化等都对其有影响。性市场强调的就是这些看似个人的条件实则是如何通过社会互动形成的。社会同质性是性市场分化的重要因素，比如在异性恋主流社会中，异性恋思维与习惯通过社会活动的方方面面得到固化，同性恋市场在这里就只能以地下的方式存在；一个中产阶层白人男性的性偏好与性观念无疑与他一向接受的家庭、学校、社会教育，工作，宗教，接收到的媒体讯息有关（Laumann et al., 2004：10）。也就是说，性市场与社会化、制度化力量有着重要关联，它帮助我们认识到人的择偶、交往和性行为不是单纯的自由意志下的完全交换行为，它既有个人自主的一面，也有社会限制/使能的一面。

另一个分析取径则将性分层视为社会秩序的议题来讨论，谁较招人喜欢的性选择问题其实是一种分配问题，布迪厄的场域、资本和惯习的概念可以应用到其中。在这一套话语下，社会规范等因素支配下的评判系统带来的个人身份的差异和秩序是造成择偶差异、产生性场域（sexual field）竞争的重要因素。有些人拥有更多或更"优质"的资源，他们获取其他资源的机会也较大。美国学者刘雅格（James Farrer）在其关于上海的外国男性与中国女性约会的研究中将性场域定义为"由社会、政治制度构建的具有社会文化界限的性关系场"（Farrer, 2010：75），他指出只有当性能作为一个相对独立或部分独立于其他场域的竞技场存在才可能有性资本的概念。吉登斯认为，从20世纪的西方国家开始，性就变成了一个独立的场域，个人在其中可以较为自由地开始一段亲密关系，越发与婚姻无关，与婚姻相关的经济和身份状况带来的影响也越来越小（Giddens, 1992）。纯粹关系甚至与经济、文化、社会等因素都不相关，在这种关系下，任何外界的标准与影响都可以消除，双方都将十分坦诚，只为了满足感情需要而在一起，不考虑任何外在的因素（同上）。

在这个场域中造成身份差异的因素与别的场域中造成身份差异的因素可能是不同的，和其他场域中的资本，比如经济资本、文化资本、社会资本可能相关，也可能无关。比如，一个有着良好教育背景的中产阶层白人男士在他的同性恋圈子里未必很受欢迎，可能是因为他的外貌、性别气质、行为习惯、个人风格等都不太符合这个圈子的偏好；传统上一个有着靠谱教育与职业背景、有良好赚钱能力的人在婚姻市场中可能拥有更大的机会，但这也不是决定性的，人们还要考察他或她的长相、个人性格、在关系中的处事能力等。对于良好两性关系的建立来说，起重要作用甚至是决定性作用的是性资本，尤其对于缺乏前面所说的那些资源的人来说，后者更关键。因而英国学者哈金认为性资本是经济、文化、社会资本外的第四种个人资产（Hakim：2010，2011），刘雅格将其定义为"在性场域中使人能成为性主体的个人的资源、能力和天赋"（Farrer，2010：75）。在性场域内，性资本决定惯习，决定了个人所处的位置和他或她能去往的方向与程度。

性资本

性资本既以集体欲望的形式塑造了特定群体的伴侣选择标准（Green，2011：247），也在个人层面上决定了其性选择的难易程度，影响了个体在性场域中的互动关系。也就是说，性资本一方面是某些特定群体特质与喜好的积累与反映，比如，某个同性恋社区中的人可能拥有共同的价值取向与性偏好，而且通过建筑空间、场景设置、文字、影像等形式将这些意识形态投射出来，形成特定的同性恋亚文化，同时塑造着他或她的思维和行为模式、气质和秉性，这里的人走出去，或到另一个同性恋空间里的时候这些就会成为其性资本的一部分，影响着他或她的身份与地位；

另一方面它又是个体界定其在性场域中身份与地位的重要资源，包括外表、情感与社会文化风格（同上），比如人可以改变发型、妆容、衣着等外在特征，脸型、身形等体貌特征，以及语言行为模式来迎合一定的社会期待，提升自己的"受欢迎程度"。这就是布迪厄意义下的"第二天性"（Bourdier，1977）。

性资本并非一个全新的概念。在哈金与刘雅格之前就有学者对其进行过讨论，将其用于对性病、艾滋病的预防上面。这些研究将性资本定义为个体在性行为方面拥有的能力，比如选择性伴侣的习惯，拥有的个人关系网络，性行为习惯（包括是否使用安全套、是否有不安全性行为），在亲密关系构建方面的能力，保护自己身体健康的意识与能力等（Michael，2004）。随后马丁和乔治（Martin and Geroge，2006）、格林（Green，2008）等人的论述中也已明确使用了性资本一词，他们的建构着重在性吸引力这一点上，也主要用其来分析同性恋文化中的性分层现象。哈金的理论定义则较为全面。她指出性资本有六或者七个重要元素，分别是美貌（着重面貌与外形的吸引力），性吸引力（着重性感的身体），优雅迷人、互动技巧、让他人喜欢上自己的能力等社会性技巧，包括身体活力与幽默等社会性活力在内的活力，衣着风格、发型、配饰、妆容等自我呈现的能力，包括性活力、性想象、性技巧等的性能力，以及在某些文化下非常重要的生育能力（Hakim，2010）。她还特别指出了"情感劳动"的重要性，即第三个元素所指，因此性资本是一种操演，是习得，是可以被内化的第二天性，它不仅在择偶、婚姻市场中显得重要，在其他类型的劳动市场，如在政治、体育、广告、媒体、艺术领域和社会互动中的各个环节中也非常重要；它不仅在性少数群体中重要，在异性恋文化中也重要。裴谕新以上海"70后"女人网络性爱的具体案例研究了性资本的构成，她较为强调她们从性经验中的转化，比如从自己的性实践中转化出知识、技巧、策略，具有这样的转化能力就具有了性资本（2013：45）。她认为通过网络和网络性爱经验建构起来的性资本包括新的自我形象，对性、爱、婚姻的新看法，新的性知识与技巧，以及新的生活政治策略（同上：159－164）。她的研究与我想表达的意思较为接近，我们讨论的都是女性的经验，都强调了女性在这个过程中的自主性，我们的研究都是拼图的一部分，可以使读者对性资本这个概念有更清晰的了解，然而我也有自己想要强调和更具体阐释的部分。

到目前为止，学者对性资本的讨论大致可分为两个方向（Farrer，2010：75），一个是基于贝克（Gary Becker）人力资本的经济学理论（Michael，2004），另一个是基于布迪厄场域概念的社会学理论。无论哪一派，都认为性身份是不能折合到其他身份类别中去的，性分层的理论应该要解释性身份的分配制度与个人"投资于"性身份的动机。布迪厄场域理论启发下的性场域概念在性的喜好选择与欲望是一种该场域内的社会建构而非自然形成这一点上要解释得比较好。在场域理论下，资本之间是可以实行转换的。哈金在讨论性资本价值的时候说，在公领域与私领域紧密相连的情况下性资本具有较高的价值，比如在政治、媒体、娱乐领域；那些需要更多商业技能、社交技巧与展现公众形象的工作，从业者通常是较为高端的，例如政客、皇室、公司高管等，需要性资本的情况也比一般技术性的或日常行政性的工作要多，因为对于前者来说，私人生活往往是其公共操演的一部分，也就是"情感劳动"的部分会比较多。另外，在高文化、社会、经济资本水平时性资本的价值也会高，比如领袖人物、公众人物需要更多的社交与形象展示，那么优雅、富有吸引力等性资本特质也就具有了较高的价值，而水管工、技术人员等不需要这样的性资本，性资本的价值在文化、社会、经济资本水平较低的情况下也就较低（Hakim，2010：503）。因此，性资本就与社会分层有一定的关系。身份、地位较高的人通常也会找寻性资本水平较高的人结婚，他们的子女也就具有较高的社会、文化、经济与性资本水平，这样的代际传递又会使性资本逐渐产生社会分化从而具有阶级意味。

而经济学取向的讨论则能较好地阐释个人对于性资本投入的动机问题，比如个体认为其投入能换来高回报的时候有更大的积累与利用性资本的意愿，这是一种理性选择。格林以戈夫曼的自我呈现与"前台"（front）概念阐述了一个大型北美同性恋社区中的个人为了获取更高的性身份与地位所做的提升性资本的努力——在互动中意识到性选择中偏好的存在，意识到性场域中的竞争，审视自己的身体与风格，定位自己从而看到差距，作出回应与转变，拿出最好的自己，这就是一种"前台工作"，像照镜子一样，具有高度自反性（Green，2011：258）。身在上海的外国男人虽然具有种族上的"优势"，但为了得到性愉悦和性吸引力上的自我满足感，他们还是会投入很多时间与精力去塑造合适的男性气质，迎合中国人尤其是中国女人对外国人的想象（Farrer，2010：85）。这些例子里性资本的积累与运用都有很强的理性与策略性（同上：75）。

将性资本概念独立拿出来，不再依附于对社会资本或文化资本的讨论，是研究性作为一个独特和相对独立（或至少部分独立）的生活领域呈现的分层现象的一个创新，也回应了当今社会生活的重大变化——择偶与婚姻市场变得越来越复杂、开放，它不像以前，婚姻由家庭和长辈决定，由阶级、种姓、宗教、地理位置、年龄和经济状况决定，而是具有了跨种族、全球化的特性；人的情感与性生活更自由、更丰富多彩，性别关系也呈现复杂多元的趋势；除此之外的其他领域也越来越具有"情感劳动"的色彩，对个人的自我操演、印象管理等有了更高的要求。

近几年学者的讨论正逐步建立起一个完整的关于性市场、性场域、性资本的理论体系。建立在这些讨论之上，我想要以珠三角地区小姐的经验回应性资本的内涵、交换方式和阶层因素三个问题。第一，关于性资本包括的元素，哈金已经综合了其他学者的论述，涵盖了视觉、美学、身体、社会与性几个方面，我更想强调的是性资本带来的象征意义与心理满足感（Ding and Ho, 2013），以更好地呈现性资本的"内敛"特性。这也将回应前文提到的"理性与策略性"的问题。第二，学者都提到了不同资本间的互换，但没有明确阐述这种交换是如何发生的，成功的概率又有多大，和什么因素有关。而这些都是与阶层密不可分的。中国的城乡二元分化在世界范围内都是前所未有的，性资本在这样的语境中肯定呈现不同的特色。现有文献在阶层问题上没有清楚的论述，但对于性资本的分析不能脱开这个维度，小姐的例子能帮助我们更好地回应性分层的机制，具体来说，是阶层话语下社会分层中的性分层问题。第三，我用性资本的概念进一步回应本研究构建的欲望的理论框架：性资本是造成分层的原因，但也能体现个人能动性，它未必是计划性、策略性的能动性，更多的是一种以欲望形式展现的个人挣扎、协商与反转。

性货币与汇率

人们对农村妇女有非常多的刻板印象和先入之见，比如保守被动、老土落后、粗糙衰老、对身材样貌毫不在意、没文化、粗鲁、顽固、不讲理，同时又暗含着一种原始的色欲，如性活跃、生育能力强，似乎土壤肥沃（郑天天，2007：94－101）。她们来到城市，面临户口、保障、安全、子女教育等多方面的问题，要通过在工厂打工或婚姻在城市立足、生存，甚至追赶上城市人的生活质量、实现自己的梦想，简直就是天方夜谭；而做小姐就像一条危险、不定、复杂的路，对于很多人来说它并非很好的选择，但它可能使她们更容易接近自己想象中的生活。成为小姐，就要面对更多的歧视、压制和困难。在珠三角，有许多正当年、青春漂亮、有活力的小姐在"竞争"，要"杀出重围"实属不易。

小姐们不能只靠提供直接性服务生存，还需提供多种类的半色情或不涉性服务，最常见的有聊天、陪伴、喝酒、唱歌、跳舞、玩牌或骰子、猜拳、租女友等，依靠自己的个人魅力及能力来赢得客源、留住客人和换取物质或非物质报酬。作为从农村到城市的流动人口，小姐们还需经受性别与职业压力，在社会分层和性分层中无疑都是处于底层的，她们没有资源，只能依靠自己的身体，这是唯一可以用来换取其他资本的资源，所以要做的就是尽力积累和放大。

但性资本对于她们来说也不是自然拥有的，她们刚出来做小姐的时候大部分人都处于贫困或经济不宽裕的境况，连买件衣服、弄个头发都不是想做就能做的。哈金和格林等学者在讨论性资本的时候都没有涉及社会阶层的维度，只是直接将容貌、体形和个人风格等的转变归为性资本的几个核心元素。刘雅格在研究中曾指出，性资本与个人的经济状况、政治所属等相关，但个人的性身份未必是其经济地位或身份的直接反映，其中种族是很关键的影响因素（Farrer，2010：74）。类似的，在中国城乡二元的大背景下，阶层因素不可被忽视，不同的是，它犹如加在骆驼身上的最后一根稻草，在诸多限制的情况下使得原本缺乏资源的人更缺乏机会，原本拥有权力与资源的人拥有更大权力与更多的资源，拉大了差距，加剧了不公。换言之，性身份、地位在某些人群中可能会更直接地受政治、经济、文化等资本的影响，比如农村人口、流动人口等，这也能部分解释为何在中国农村地区"剩男"现象十分严重，而官员腐败问题又通常与情妇和"个人生活作风"有关，即权色相连。对于小姐来说，学者描述的外貌上、身体上与观念上的转变都不能理所当然发生，要得到性资本，首先要积聚足够的"性货币"，即交换的媒介。我的研究总结了四种类别的性货币，分别是外貌与身体的美，性价值观、性知识、性实践和技巧，娱乐技巧和性别操演，以及性和情感的成熟。这些性货币是用来换取更多物质报酬、城市生活的便利、人脉关系、自尊、情感能力和生活认知的法宝。

◆ 外貌与身体的美

这一点在不同学者的论述中都被认为是性资本中最重要的元素。我认为美这个元素应当包括皮肤、妆容、发型、衣着、饰品，以及由外表管理产生的个人满足感与美的愉悦感。

小姐都非常在意自己的身材和外貌，尤其是在夜总会、酒店、KTV等室内场所上班的，在服装、护肤和化妆品上的开销比较大。皮肤是一个特别有意思的范畴，对于亚洲女性来说皮肤白皙是通用的审美倾向，是年轻的象征，更具有一种城市意味——城市的人通常无须风餐露宿，也无须经常日晒雨淋，他们大多在室内和有空调的地方上班，因此皮肤都会较细腻柔和，而农村人由于劳作方式不同，肤色往往较深，也比较衰老。这种印象经由各种媒体的渲染和商业运作得到固化和放大，铺天盖地的防晒、美白、抗衰产品不仅强调这些功能的重要性，而且将是否选用上述产品总结为一个女性是否具有自我保护意识、现代意识、生活技能，甚至是否关爱自己的评判标准。同样的，着装、妆容、饰品也是如此。是否跟得上潮流也成为一个人是否拥有正确生活态度的评判标准，是现代化和都市化的象征，也是人们划分社会阶层的标准之一（Zheng, 2003：157 - 158）。在这样的话语下，谁也不愿成为跟不上趟的"土老帽儿"，因而外表管理有着重要意义，尤其对于小姐而言。

小姐的着装和妆容风格是一个有争议的点。通常她们的服装都包含一些较为裸露的元素，比如透视装、低胸装、超短裙、吊带衫等，无论在哪一种话语之下（小姐/性工作者/卖淫女），都已经被认为是典型的夜场风格，人们容易形成刻板印象。但对于小姐来说，这些却是保住这个饭碗必需的，很多场所都会对着装有要求，这在前文也讲到过。着装是否"正确"与"合适"，会影响到公司、妈咪和客人对小姐的印象，直接影响她的生计。因此无论如何，让自己在这个群体中受欢迎总是一件不会错的事情。平日里通过时尚杂志、网络和电视，她们也学会了很多穿衣、化妆与护肤之道。她们不仅为饭碗打扮，也为了自己的愉悦心情打扮，把自己打扮得漂亮、时尚，既能增加自信，带来审美满足，削弱由流动人口身份与职业歧视带来的负面情绪，还是她们过上城市生活的"切入点"——要成为真正的城市人一点都不简单，对于她们来说甚至不可能，但至少在这一点上她们能做到，甚至比很多城市女性做得还要好，这也正是前文表面都市化概念阐述的意义。

◆ 性价值观、性知识、性实践和技巧

婚恋与两性关系作为小姐日常生活中最重要的内容之一，在她们流动的整个过程中，包括流动前后都对她们的生命施加着持续、广泛的影响。她们进入性产业的决定，进入婚姻生活的决定，寻求婚姻外亲密关系的想法，对两性关系的理解，对性的理解，对身为女人的感悟等等，都受到自身亲密关系经历与经验的影响。她们对于女人的苦楚和机会有了更深刻的体会，思维已经不再局限于婚姻或一对一的亲密关系，她们寻求着更多元的路子，也不怕直言自己的欲望和"放纵"。从她们的故事里我们可以看到对女性刻板印象的抵制、跨越甚至颠覆，"青春饭"和"破罐子破摔"也有了新的意涵。对于小姐来说，亲密关系与流动经验相互作用、相互影响，交织着形成了可以改变生活、改变个人的力量。

不同年龄段、有着不同生活阅历的小姐对亲密关系有不同的理解和期待，年长的、年轻的、已婚的、未婚的，婚姻经历不愉快的，对婚姻尚感满意的，打定不婚主意的，对婚姻犹疑不决的，找"小三"男友的、买性的，等等，都是从日常生活和"工作"中积累了关于两性的知识，发展出不同的性技巧和性价值观。这些看似只关乎小姐和客人、男友、老公之间的关系，实则其中改变最大的是她们自己。虽然她们的亲密关系以社会大众的评价标准来说未必是成功的，更有可能被认为是边缘的、少数的，但她们就是通过各种或苦或甜或酸的经历为自己积累着性资本。这是她们自己和自己的关系——首先，摆脱旧观念、旧思维和以往生活的束缚，跳出社会既定的框框，就需要足够的勇气；其次，三省其身，尝试不同的生活路径，以曲折的方式实现着自我成长和转变，更需要勇敢，尤其对身为小姐的女人来说，缺乏社会地位，没有良好的基础和资源，一切更为不易。

随着女性受教育程度提高，经济独立，意识提升，女性对亲密关系的观念和态度不断地发生变化。多元关系、开放关系、单身和其他新的选择通过媒体的传播广泛扩散，为女性带来新的机会。小姐们一方面在新的亲密文化中耳濡目染，另一方面也从亲身经历中意识到，在传统的婚姻关系中女性的从属地位因生育、家务和抚养等任务无法得到改变，要想拥有一片属于自己的空间，摆脱捆绑，婚姻可能并非最佳选择。她们的"特殊"身份有时给了她们更大的空间去想象和实践如何释放自己的身体和性（sexuality），以及可以用它们来做什么。虽然她们的实践很多时候看起来带有"工具性的目的"（Zheng，2008），但这里面也包含着她们对独立、自主和安全感的渴望。

亲密关系是女性持续自我规划、自我转变、自我实现的平台，她们是性主体，在亲密关系和情色实践中不断积累性知识、技巧、经验，改变着价值观。虽然经济驱动是女性进入性产业的主要因素，但不是所有的小姐都只以此为目的。我的受访者们还展现和阐述了她们的其他欲望——逃离农村生活、家庭和婚姻；想变年轻、现代、时尚、性感；想要得到更多发展机会和更大的个人空间等。这些愿望似乎可望而不可即，但始终激励她们摸索曲折前行。

◆ **娱乐技巧和性别操演**

娱乐和表演的能力是小姐们重要的增值手段，表演除了指唱歌、跳舞等平常意义上的表演外，还包括呈现多样化的性别形象来赢得客源，获取机会。这样的"表演"不仅是为了招揽客人，也是为了满足自己对城市生活的想象，满足作为现代化和都市化主体的欲望。小姐是不符合社会主流道德规范的污名身份，从农村到城市的流动人口身份也带有对农村和外来人口的偏见，她们因为这些污名遭受歧视，但也有一些小姐利用这些刻板印象，塑造着或淳朴、保守、坚韧、顺从，或放荡不羁、随便甚至暴力的形象，为自己争取利益、扭转局面，或创造更多的机会。

伯恩斯坦（Bernstein，2007）提出了"有界限的真实"（bounded authenticity）的概念来描述新兴性产业市场服务和性工作者经验的多样性。她讨论的是"中产阶层"性工作者的情况，这部分工作者一方面是最尽力争取社会政治认同的一群人，将性工作视为规范、职业的概念；另一方面却又最强调交易中的个人化、情感与真情投入。她们会愿意提供除了"插入"的性服务外的其他服务，有些还涉及个人情感，比如亲吻和爱抚，因为她们当初进入这个产业就不仅是为了钱，还有它的价值与独特性（同上：478）。对于这些性工作者来说，在性交易中交换的是身体和情感的结合，她们不仅提供性服务，同时也制造并向客人传递愉悦和欲望，使他们感觉良好，有时甚至能感觉到尊重和爱，比如不化妆而制造"邻家女孩"的感觉，随意拉家常，向客人倾诉自己的经历等，制造真实的感受，当然这一切有着明确的界限。在这个过程中性工作者本身也能拥有同样的感受，和"逢场作戏"有着明显的不同。霍赫希尔德（Hochschild）论述过"表面做戏"（surface acting）与"深层做戏"（deep acting）的区别：前者只是装，是一种外在的行为表现，而后者反映内心真实的感受（Hochschild，2003，转引自 Bernstein，2007）。因此，这些取悦客人的做法很多时候对于性工作者本身来说也是重要的，换言之，在取悦他人的同时她们也取悦着自己，表达着自己。

我的这些受访者们远未处于"中产阶层"的生活状态，这个概念可能只是她们脑海中对美好生活的想象。她们还不能去追求这样的身心有时能达到完全一致的"统一自我"（同上：485），即己所欲，施于人。然而，她们的"表演"也非单纯为了物质回报的逢场作戏和"表面做戏"。在迎合客人需求的层面上她们是在发挥自己的娱乐和表演技巧，还需要良好的情商和沟通能力与客人建立关系，使他们愉悦和满意，以求更高的回报；重要的是，她们的表演也有在自我转变和表达层面上的意义——正是由于她们的底层与边缘身份特质，她们需要建构多样的、"有界限的真实"的女性气质与性别形象，一方面吸引客人，另一方面在可达到的范围内最大化自己在性、经济、社会等方面的权力和自主。这种表演具有"操演"（performative）的性质，在这个过程中，小姐反过来利用了污名身份，颠覆既定的性别脚本，表达了成为性主体、现代化主体和都市化主体的欲望。

◆ 性和情感的成熟

我的受访者中多数人处于二十来岁的年龄，特别是那些在室内场所工作的小姐，由于场所严苛的要求，普遍年纪较小。但她们的言行举止和反映出来的心思要比同龄人显得更为世故老练。流动的经历、城市生活的历练和性产业里的摸爬滚打让她们对什么是现实、什么是成熟有了新的理解，在两性关系上、生活能力上、自我认知上都建立了新的认知——"懂事"，即要知道如何处理复杂的人际关系，思先于行，懂得权衡利弊，认清自己的角色和责任，懂得合理利用身边的资源为自己争取更大的个人空间，包括自己的身体与性。懂事是心理、情感和性的成熟。学习到新的性技巧并形成新的性观念、性价值观也是情感成熟的一种体现，而以上指出的三种性货币都与性和情感的成熟有关。

　　这些性货币积累到一定程度，小姐才有可能拥有性资本，换取其他资本（比如经济资本、社会资本或者文化资本）的机会才会更大一些。具体来讲，小姐的经济资本包括金钱收入，物质财产，如客人赠送的包包、手机、食品、饰品、生活用品等，其他形式的经济利益，如房租、水电、电话费，以及经济机会，如到外地做小姐的机会、介绍给人被包养的机会等。除了自己受益，小姐还会把钱汇回家，让家里人（如父母、丈夫或孩子）从中受益。她们的社会资本包括与各类、各行业客人建立的联系，与其他小姐、妈咪、公司建立起来的群体感，聚居形成的支持网络，在城市居住建立起来的人际与信息网络，同行间的接纳、认同与评价，他人的期望、认同与评价，向上的社会流动机会，如获取出国、出境的机会等。小姐能取得一定的非正式的社会认可，如社会大众的容忍、行业与职业的生存空间等，但正式的社会认可，如城市户口、行业的合法身份及由此带来的福利与保障，却还是遥不可及。通过性资本小姐可能换到的文化资本包括自身知识、技能、见识的增长与改变，语言能力，比如学会方言和城市语言习惯，学习的机会，通过书籍、杂志、网络等途径获得的信息与知识，城市文化、习俗与生活方式等。总的来说，通过性货币的积累，性资本的交换，小姐获得了比打工或她们能做的其他工作更高的收入、更广的人际交往和更大的自主性。从表面上看来，她们居住在城市中心或其他便于工作的地方，居住环境舒适，时间灵活自由，享受着城市生活和现代科技带来的便利，外表光鲜靓丽、年轻时尚，和不同的人打交道，重要的是，这些"好处"制造着自尊与自信，让她们得到心理上和情感上的满足。

　　对于小姐来说，这样的资本间的交换并不容易。一切交换都没有牢靠、稳定的根基，在现行法律制度下不能公开、透明地进行，更不会有任何标准与保障。小姐在交换过程中议价能力很弱，当不合法的身份遇上父权文化与消费主义，更显得微弱无力。

虽然从微观层面上看去，不同的场所与环境下小姐显示出不同的权力，有时看起来并非完全无权，有时甚至显得比客人还强势，但从更广泛的意义上来讲，她们仍然处于弱势地位，受到个人、文化、制度等多方的挤压，只能靠自身、自发形成的小团体或非正式途径来进行权力的平衡、约束和保护，在较小的范围内取得生存空间，缺乏合法的公民身份和由此带来的安全与保障。

她们可以依靠的这种自发的小团体和关系网络也是不稳定的，随着外部法制与社会环境发生游移和变化，她们难以获得稳定的归属感和支持；另外，也是由于特殊的身份无法形成有规模的正式群体，又背井离乡，小姐长久以来都是"单打独斗"的，尤其是在高度个人化的社会中，她们越来越依靠自己的力量在城市里谋生立足，不会主动寻求群体感。她们在城市的"灰色"空间里，与他人的关系十分松散，她们要保持的社会关系、获取的社会资本是非常功利性的，很多建立在能否获利的基础上。而且，在性产业中，性活动并非出自小姐自身的意愿，强制性、工具性和任务式的性活动容易带来心理上和社会上的异化（Farrer，2010）。对小姐来说，也强化了她们"拜金"、"轻佻"、"贪婪"、"不知廉耻"的刻板印象，这使她们的交换更显困难。男性客人通常比她们拥有更多可供支配的、可利用的社会资源，至少在性别身份上也占有优势，愿与小姐建立关系的就比较少，因而小姐能换到的社会资本也非常有限。

作为流动人口，她们只是城市的过客，对于自己的选择，她们也没有太多的想法，不确定要做多久，也不清楚以后有什么打算。这是她们生命中一个"短暂"的、"过渡性"的时期，因此她们有多大意愿对自己的性资本进行投资也是不定的，而作出的投资就往往具有短期性和功利性。没有社会地位、身份尴尬，使她们处于漂浮不定的状态中，即使是对于那些在室内场所做事，

"工作"条件和收入都较好的小姐来说，也并未拥有社会认同，社会的总体环境对她们来说是不利的，困难和危险比比皆是，这些负面因素造成个人资源缺乏，可积累、可投资的少，也不一定能带来收益。

小姐们希望把性资本转换成社会、文化和经济资本，但个人能动性还是难以摆脱结构性的限制和由此引致的社会歧视，因而交换的成功率非常低。从这个意义上说，性资本是一把双刃剑，为她们提供条件与机会的同时也会进一步将她们异化，置于尴尬、困难的境地中。

象征性认同与性资本的阶层特性

小姐们离乡背井进入性产业，身负污名，努力争取到的可能只是非常浅表的现代化与都市化，比如本书前面说到的，只是关乎生活方式、习惯和一些物质性的东西，在旁人看来，都是微不足道的。大概很多人都会觉得用如此代价去换取这样微小的东西不值得，不理智，但她们却满足于此。这就是心理满足带来的愉悦感。尽管得不到很多实质的回报，但小姐们还是愿意出来尝试不同的生活，看看外面的世界，体验城市的节奏，哪怕只是表面上的，也有可能带来一丝转机，总比原地不动、故步自封要好，因此于她们来说是值得的。踏出这一步对于小姐自身而言，意义重大。这是一种具有象征性的意义，也可以说是一种使自己感受到变化和进步的、使自己自我感觉良好的自尊感，这背后不一定有如法律或社会认可这样实质性的改变，更多的只是象征性认同。

性资本在身体、性的层面上和精神、心理的层面上都能带来正面感受，它能带来物质上的实用的价值，更能带来象征性的意义与价值。这对处于社会底层和从事边缘职业的小姐来说也许是最宝贵的，她们没有其他的很多资源，唯有靠自己。

因此我一定要强调性资本的阶层特性。对于其他学者讨论的那些西方中产阶层、白人群体或者"上海宝贝"这样的居住于大城市、有较多其他资本的女性（裴谕新，2013）来说，性资本可以（至少）部分独立于其他场域的资本，它不一定受其他资本的制约与影响，一是因为性场域在现代社会的独立性，二是因为他们已经由于种族与性别而"天然地"处于一个较有优势的地位，他们已经拥有了相对多的其他资本，在其他场域中互换，也可以与性资本互换；性资本可以只在性场域中应用，不一定要以性资本去换其他的资本，因此性资本就拥有了一个独立性与"锦上添花"的特性，尤其是涉及情感劳动的部分，比如在他人面前呈现良好的形象、个人风格，拥有更多的社交本事，在他人面前表现得迷人、优雅、善于互动、更有活力和吸引力等，如果拥有了这些特质，个人在性场域中会更受欢迎，也就是说，会处于性分层中的较上位置，但若没有，也不太会影响他们在其他场域中的位置。而对于中国特殊背景下的这一群女人而言，性资本的独立性却在于其唯一性，她们没有其他的资本，性资本的转化是唯一获取其他资本的途径，于是它就有了非常重要的功用。对她们而言，性资本与社会分层造成的经济、社会和文化地位密切相关，亦即性身份或在性分层中所处的位置与其他资本密切相关。

自我情色实践

由于性资本的阶层特性，它在个人情感上造就的满足感与自我愉悦感在小姐身上就比物质性或实质性的收益更重要。我将这几种与自身情感紧密相关的"性货币"称为自我情色实践（erotic practices of the self），这些实践发生在与特定社会空间发生的互动中，与他人（客人、妈咪、丈夫、男友等）的关系中，以及与自己的关系中，反映了个体为实现其自主性所作的努力，她们通过身体和性实践表达着别样的女性气质和性别形象，表达了自己对自己的想象与期待。很多时候这种想要成为性主体、城市化和现代化主体的欲望在她们的脑海中并非清晰可见的、明确的理想，且不一定能引发为了达到目的的策略性行动，大都只是微妙的情感、模糊的愿景或潜意识中的动力。因此与前不同的是，在城乡二元分化、社会污名和阶层合力建构和影响下的性资本不一定是一种理性选择的结果，不一定是策略性的积累与投资，它带来的除了收益性的交换关系外，我更强调的是一种个体自己与自己的关系。

小姐用性资本交换得到的东西，无论是物质上的、关系上的，还是情感上的，都对她们的自身感受很重要。她们得不到城市身份，但享受到了城市生活的便利，她们缺乏稳定保障，但体验了现代的生活方式；她们没有真正融入城市，但至少生活在那里，认识了那里的人，与其建立起了千丝万缕的联系；她们不能顺畅地改变自己的社会地位，但也以自己的方式进行着反抗与挣扎。如此种种，都关乎自我形象与自我尊严，建构出来的性别形象与身份想象给她们带来的是美感与自信，在精神上和情感上支撑着她们努力生活，寻求立足。这就是本书开头之处提到的情感欲望，包含着对自己的认识、对成长的渴望、自尊自信、对未来的一点点憧憬，以及实现这些带来的情感上的充实感和愉悦感。这也是小姐以自己的方式对制度性障碍作出的回应。

我谈到的性资本因而具有满足欲望的另类力量：它能带来自信、自尊等正面感受，它塑造了对未来的念想，它关乎爱与性、情与欲，使人成长，让人满足。这是一种认知的能动性（Mahler and Pessar, 2001），虽然可能模糊细微，却常常存在于女性生活中，产生了巨大而无形的动力。比起理性和策略性的自主性，这一类能动性对于解释女性的生活选择、自我理解有更重要的作用，然而它常被忽视。

第九章
全书总结

　　本书讨论的是珠三角地区小姐对"工作"与"性工作"的理解，阐述了她们对自身身份的体会与解读，呈现了在这一地区独特的社会、经济、文化环境下她们的日常生活图景，包括婚姻、恋爱与情感实践，消费和生活方式，生活与工作环境下的各种互动关系，对生活的想象与自身欲望，以及她们为争取更多个人空间和资源所做的挣扎、协商与努力。解读欲望是本书的一大重点——作为流动女性与小姐，她们想要什么，做出过何种努力，又得到了什么。

　　本书突出了小姐自己的声音，从她们的角度理解流动和进入性产业的选择，婚姻与情感的选择，以及消费方式和日常行为。这需要对结构限制有充分认识，但又要摒弃任何将其视为受害者、堕落者或被剥削者的取向。以往的研究大多从道德或男权牺牲者的视角来评判这些女性，容易造成单一的解释，忽略其中的复杂性与多样性，包括她们的身份、进入性产业的原因、反抗压迫的动力与决心等，都是多元的。而后来出现的"性工作"分析取径，目标是争取这群女性的合法身份，改善其工作环境，通过改变社会、文化、法制实现对她们的正向接纳。这是世界各国女权运动在"娼妓"问题上趋向一致的一个方面，"性工作者"在这样的大环境下也具有了话语的合法性。但这样的视角也可能忽视了这个群体中的分层和多样性，不同的地区、法律背景、社会文化背景、工作环境、个人经历都可能带来不同的工作与生活感受，大一统的概念和思路可能就会造成另一种压迫。不可否认的是，学术界和行动派在这方面具有良好的意愿，但从业女性自身的想法并不一定是这样，其中的断裂可能导致我们对这些从业女性职业状况和未来愿意的理解产生偏差，使"真实"情况被进一步曲解，从而产生偏误的观点。这本书所做的就是从她们的自身经验出发，梳理她们的逻辑，以认清学界或行动派和经验者之间的距离，整理出更符合实际情况、更具有解释力的理论框架。

在前人研究的基础上，结合我的田野资料，我将讨论的焦点集中于以下四点。①性产业从业女性对"工作"与"性工作"的理解，她们自身的经历、经验与叙述；②她们作为流动人口、女性和小姐的欲望；③她们的日常生活以及日常生活中进行微小抗争的场所；④她们在流动、进入性产业、抵抗负面形象与污名时呈现的自主性。我没有沿用以往讨论中的身份认同或权力框架，而是使用了欲望语言。流动人口研究有时会忽视女性作为现代化、都市化和性主体的欲望，这些欲望又通常不是以较为清晰、理性的形式出现，大都流于潜意识中，较难被发掘和讨论（Cameron and Kulick，2003；Rofel，2007；Tsang and Ho，2007；Ho，2006，2007a，b，2008a，b）。我所做的就是尝试解读小姐的欲望，探讨在某个特定的社会背景下满足这些欲望的可能性，以及在这个过程中女性的经验与困境，以这个群体的经验为一个切入点或例子，更好地理解女性的日常生活经验和自主性。

本书主要观点

第一，女性性产业从业者的自我身份认知存在多样性，"性工作者"对于一些人来说是不被接受的称谓，学者应关注命名问题

珠三角地区部分女性性产业从业者的自我身份认同是"小姐"，而非"性工作者"，这首先说明了这个群体中对自我身份认知的多样性。"性工作者"虽已被研究者和行动者广泛接受并赋予了进步意义，但女性从业者本身对之有不同的理解。她们认为这个称谓只突出了"性"，抹杀和隐藏了她们工作中的大量甚至有时是绝大部分非性的内容，反而带有污名性质。而且，部分人并不认同这是一种工作，它不能保证稳定收入、没有带来尊严感、不需要责任心、没有带来目标与方向感，而这都是她们考量和理解"工作"的"指标"，因此正式的工作应有不同的性质与含义。

相反，"小姐"一词的含义比较模糊，涵盖性强，既可以特指这个行业的从业人员，又可以用于日常的称呼，符合这群女性目前流动性、变化性大的特点。她们不认为自己是在工作，而是在"玩"，在"做生意"，还有的人总是用"出来"代替其他说明状态的词语，形容自己的流动性与变化性。她们认为自己当下的状态是暂时的、开放的，对未来的想象与定位也不清楚。部分人还表达了对"工作"的抵触，这也是由她们掌握的资源决定的，她们没有受过很好的教育，没有技术，没有特长，即便是工作也找不到好的。"血汗工厂"令她们失望，她们只能另辟蹊径做小姐。

这个看似已经被标签化的称谓既是去污名化策略，又是一种性别策略。"小姐"一词在中国传统文化中带有"年轻"、"未婚"、"大家闺秀"、"富有"等意象，改革开放后的现代文化中它又被赋予了都市化的时髦特性，常用于城市人群对年轻女性的礼貌性称呼，使其具有了特定的形象色彩。对于小姐来说，这样的意象给了她们一些模糊的想象与抵抗的空间。它是都市化能指，年轻的代名词，又具有现代意味，而这些都是她们想要获得的个人气质。

这个在当代已经"变味"的称谓，却能给予这群女性抵抗社会污名的狭缝。虽不是具有真正意义的名称反转，它也比很多其他歧视性的称谓好，它的模糊性、包容性正好提供给她们一点点正名的机会。她们需要的不多，就是这一点点自我定义、自我定位的空间。

在当今中国现代化和经济全球化进程的影响下，这些女性在日益复杂分化的性产业中有着非常不同的生活经验，而"性工作"作为一个单一的概念并不能反映这种复杂性。因此性工作化、合法化并不是改善这些女性生产状况的最佳干预目标与策略。

第二，除了经济因素外，小姐成为现代化主体、都市化主体与性主体的欲望是其进入性产业的重要驱动力

在赚钱这个普通、便利的说法背后还有哪些原因使小姐愿意成为小姐？这是本书的一个重点内容，源于我对小姐生活方式观察与了解下的好奇。通过几年的研究我发现，成为现代化主体、都市化主体和性主体的欲望是小姐日常生活中很多行为和选择背后的深层次原因。

物质利益对于大多数相当于第二代农民工的小姐来说并非进入性产业最重要的目的。钱固然是一个不可否认与低估的重要因素，但从她们的叙述与日常实践中我看到更多的是对于参与国家现代化进程、分享到进步果实的急切。城乡二元分化与不平衡发展的状况加剧了这种渴望。谁都想离开祖祖辈辈生活着的农村，到更大的天地中去看看，过过城市生活，享受自由，接受集中了现代化、高科技、新思维的城市文化的熏陶。不管是否能真正在城市立足与发展，都至少要尝试一番，而且是赶在自己还年轻的时候。别的打工方式都不能满足这样的欲望，她们便寻求了另一条路。我在前文列出的都市化表征物是这群女性都市化欲望的物质表现，有着重要的情感意义，她们至少表面上是都市化的，是时尚、先进的，是性感的、开放的，而不是什么都不知道的土包子。这在更深层的权益还不能实现的时候至少带来了正面的体验。

　　成为现代化、都市化主体的欲望既是物质欲望，也是性欲望与情感欲望。它物质的一面通过消费实现，包括外表改变，身体改变，获取资讯与新知识，使用手机、电脑等电子产品，吃、住、行等生活方式的改变，等等。现代化与都市化主体的欲望在这群女性身上也通过性行为与性观念体现。她们的一些"非常规"的性实践被赋予了现代、开放与都市化的意义，要身为这样的女人，要成为这样的主体，要摆脱被动、落后、苦难的被支配的女性形象，当然不能被限定在框框内，而是要勇敢放开自己，就算顶着污名也要去试，何况污名有时还提供了便利与鼓励。情感的一面则是由此而拥有的新知识、新技能，新的人脉关系，新的理念、价值观，新的生活习惯与视野，还有自尊、自信的正面体验。然而，小姐们通过日常生活中的微小实践获取的现代化与都市化很大程度上只能是表面的，是一种感受与体验而非实质性的改变。情感欲望提供的驱动力恰在于此，它强调了良好的自我体验带来的愉悦与力量，使小姐克服生活中的重重困难，在狭缝中生存。

　　通过小姐对爱、婚姻、性的叙述，我了解到亲密关系对小姐来说具有持续而广泛的影响力，与她们流动迁移与进入性产业的选择互相影响。然而，亲密关系如恋爱、婚姻的"失败"与"不幸"并非导致她们做小姐的唯一原因，那些有着良好关系、对婚姻尚感满意的女人也会出去做小姐，深究下去，我看到了女人们成为性主体的欲望。成为性主体的欲望主要是性欲望与情感欲望。性欲望包括满足性的需求，想尝试一对一关系或婚姻关系以外的别种亲密关系，想学会新的性知识与性技巧，想感受身体的愉悦等。情感欲望则体现为想要挣脱传统性别角色和定位，拥更多的个人空间，实现经济独立，得到尊重，增强自信心与自尊心，保有生活中的安全感，有选择或重新选择的机会等，这些都是现代女性可以有的权利。进入性产业当然是在现有条件下的一种无奈之举，但它毕竟提供了一个空间让这群女性去争取这些权利，对亲密关系作出反思、尝试和改变。在性产业中的经历和起伏又让她们积累了新的经验，对于亲密关系也便有了更深的体验。

第三，自我实践，包括性实践、日常消费和夜场战术与技巧，是小姐满足欲望的主要途径

因为身份、资源等各方面的问题，小姐并不能通过集体抗争的形式来争取她们想要的东西。对于她们来说，唯一可行的方法就是通过自己，在日常生活中逐步积累、逐步改变，也在此过程中实现了自我的表达与转变，一点点满足着这些欲望。这些自我实践包括性实践、日常消费、外表管理、都市生活方式、夜场的小战术与应对技巧等，都是在日常生活层面上的，微小、平凡，大都不具有意识性与策略性，更多是应对性和反思性的。比如婚外情、招男妓、同时有几个亲密男伴但保持单身等，都是因应自己感情生活中的各种正面或负面经历总结出来的。夜场中的各种应对技巧，包括时间与空间技巧、性别策略等，则是小姐们与复杂的环境和人际关系互动的结果，可能是她们有意的戏弄、抵抗，也有可能是无意识的语言、动作、行为，累积起来却都有改变、颠覆的潜力，挑战了既定的社会规则、性别规范或刻板印象。

这些日常实践之所以能成为自我实践，在于它们实现个体自身转变的力量。女性在她们的日常生活中不断体会、反思、重新评估自我，无形中便具有了改变的可能性。日常实践虽微小、琐碎，却是日复一日的积累，女性在其中慢慢地成长、成熟，自我形象不断发生变化，观念、价值也不断更新。在这个过程中自主性不断地被强化与表达，小姐们的物质欲望、性欲望与情感欲望才能逐渐被满足。

第四，通过直接性交换获取报酬在性产业中已不太可能，性货币的积累产生的性资本才是小姐"工作"与生存发展的主要方式

伴随着经济与地区发展，珠三角地区服务/娱乐行业较为发达，各种档次的娱乐场所比比皆是，小姐的分层也相当明显。在这样的环境下，就算是处于分工金字塔下端的小姐都不能光靠直接性服务赚钱，很多时候需要提供表演娱乐服务和情感劳动，要融入很多个体特质与能力，实现身形外貌的改善和内里气质、观念、处事能力的提升，才有可能提升竞争力，换取更多其他资本，使自己过得好一点。

要换到其他资本，必须积累性货币，包括外貌与身体的美，性价值观、性知识、性实践与技巧，娱乐技巧和性别操演，性和情感的成熟。小姐的性货币在普通大众眼里价值较低，比如她们的外表总是带有某些标签式的特性，她们的性知识、实践、技巧多来自她们所在的这个特殊行业，性价值观也可能随之变得"扭曲"或"特别"，她们的娱乐技巧适用于特定的场景，而性和情感的成熟也多多少少带有一些风月色彩，总而言之，可能就是一些异化的经验。在非合法和不友好的社会环境下，性资本不具备完全的交换自由，汇率不高，和其他资本间的交换成功率低，交换过程也不是一帆风顺的。但对于小姐来说，自己的身体和性几乎是唯一的资源，性资本也是她们拥有的为数不多的个人资本，因而具有很重要的作用。从中我们可以看出性资本的阶层特性。

性资本最大的重要性在于在积累性货币的过程中得到的个人心理与精神层面的满足感，即其"内敛"的特性：它是用来交换的，但它更是关于自己的，是个人的自我认知、自我建构和自我改变的平台，是满足欲望、重新自我定位的关键因素，即使交换不成功，小姐们在尝试的过程中也得到了发展与自我满足。这与认知的能动性是一脉相承的。

第五，认知的能动性在小姐的生活中起到了重要作用

认知的能动性是马勒与佩莎提出的，关注的是主体性的个人层面，与个人梦想、欲望、想象等紧密相连。正因为这种看似较为"玄乎"的特性，它常常被忽略，在学术讨论中更是很少被触及。但在讨论女性日常生活经验时我感到无法绕过它而言理解。若按男性中心的思维，女性生活经验中有太多的"非理性"和"随意性"，很多事情不能以有计划的理性思路来分析，那么我们就需要另一种不同的思路——到底这些非理性和随意性是些什么东西呢？它们在女性生活中起了什么作用？认知的能动性回应的就是这两个问题。

小姐的特殊身份与地位使得她们不能拥有由社会地位、名声、职业、关系、教育等带来的资源，较难实现她们的愿望，改变她们的处境。但这并不代表她们一事无成，原因在于她们自身对生活现状的不满、对想要过的那种生活的想象、对城市生活和外面世界的渴望等，成为一种暗里的驱动力，让她们迈出了离开老家的第一步，又踏出了进入性产业的第二步。城市生活的经历将她们由外到内慢慢打磨成一个新的自己，每做一件事、一个决定，经历一段感情，接待一个客人，都是一种"生成"，累积起来便有可能脱胎换骨。这些就是微小日常实践带来的自主性，她们未必一开始就有计划做这个或那个，但这些欲望驱使下的改变带来了进一步的可能性。

认知的能动性强调的就是欲望、想象力、情感等带来的模糊、不明、无计划性却巨大的影响，虽不一定产生明确的有目的性的行动，却能在人的生活中形成无形的动力，带来改变。本书中谈到的性资本和欲望都属于认知的能动性的范畴，为我们展示了非理性、象征意义和精神层面的重要性。

主要理论贡献

第一，从身份政治到解读欲望是理论框架上的重要跨越：不固定、模糊的自我身份认知是对阶层与性别制度规范桎梏的一种抵抗

本书讲述的故事告诉我们，性产业女性从业者的身份认知是理解她们生活选择的一个重要切入点，亦即要明白她们的经验，首先应将其视为一个人，而非一种工作身份，或以制度性的身份给她们强加上类别（Cheng，2007）。性工作者身份认同的分析框架是由学者、女权主义者和行动者在长期的赋权工作中形成的，它把社会地位和政治权益置于首位，但在中国现在的法律与社会背景下，身份政治尚未成熟（Ho and Tsang，2000；Pei，2007），这样的讨论为时尚早。若户籍制度不能从根本上进行改革，劳资矛盾一如既往，城乡二元分化依然严重，流动人口的权益和权利状况都不能从根本上得到改善，职业与性别歧视依然会将这群女性限制与固定在社会底层，不触及根本制度的改良，都难以让她们看到前景。尤其是，女性从业者自身在这方面的认知存在差异，她们的需求可能在别处，而身份的合法化未必能解决现在的问题，妇女就缺乏抗争的意愿，难以联结在一起。她们的自我身份认同，对"性工作者"甚至是"工作"的不接受也在一定程度上反映了她们"反建制"的情怀——深受嵌入制度的性别、职业、人口、阶层等歧视，使得她们没有良好的教育经历、劳动经验、流动经验与就业选择，缺乏资源，只能寻求常规路径以外的方式进行个体层面上的微小抵抗。所以合法身份和劳动权益并非她们最关心的议题，她们想要的，就是一种安乐的生活。

本书质疑了学界未经论证的采用"性工作者"的称呼和运用身份的框架来讨论这群女性生活经验的倾向。在未把"工作"和

"性工作"纳入研究议题和田野工作时便将之采纳为一个通用的说法令人们容易忽视新兴性产业中存在的多样性：以性换钱的直接交易方式已不再通行，取而代之的是越来越多的情感劳动、娱乐本领和个人特质方面的投入，场所种类多样化、分层化，从业女性自身的体验和经历不同，对工作性质的认知也不同。她们在不同的场合和需要之下利用身边不同的资源构建出不同的性别形象，为自己争取权力与空间。这些多样化的性别形象和碎片化的时刻解构了"性工作者"的单一身份，揭示了不断的"生成"和持续的认知过程。这里要说的是认知而非认同，因为它是还在进行中的、变化的而非已固定的。

　　"性工作"是一个以偏概全的较大概念，未能反映出其中的多元性和差异性，更重要的是，它在一定程度上掩盖和误解了这群女性的欲望。学术讨论中群体身份的单一倾向难免造成精英话语对日常多层现实的支配（Tsang & Ho, 2007）。无论是在中国还是在更广泛的层面上，"性工作"都还不能成为倡导和介入的统一目标（Jeffreys, 2004）。由此我们可以知道，命名事虽小，却是研究和行动的重要前提，透过它我们能更多地思考性产业的性质和从业者的欲望及需求。

　　假设一个核心身份会妨碍理解女性如何积极地将生活的不同方面组成一个灵活可扩展的动态整体，在不同的环境和生活阶段中，这个整体的外表和形式可能有所变化。当一个人被归入某一社会种类时，他更可能被作为那一种类的成员来对待。当学者设定了"性工作者"的身份后，无论学术讨论还是行动都会围绕着为其争取这个合法身份和权益展开；而一旦进入这个氛围，就很少有人会去再思这个议题的合理性和适当性。我觉得研究不应限制在某一个身份框架内，而是应该在不同的生活、工作场景中了解她们的不同身份，关注她们维持平衡的生活策略，强调的是灵活性和能动性。这是本研究的特色，也是这方面分析的进步和必要。

本书用欲望语言替代身份框架，捕捉的就是从业女性身份认知的变化性与多元性，这些认知是对既定阶层与性别规范的抵抗。同时，欲望的这种不定性质使其具有了颠覆规范与传统的潜在力量，人们通过欲望的表达和自我转变一步步满足着欲望，也在一步步重塑自己的主体性。

第二，突出了主体性的另一面：以个人情感和欲望为主要观照点

本研究以经济发展和现代化为背景，在社会地位、地理尺度的基础上以解读情感、欲望为核心分析了个人能动性，关注微观层面的生活经验和个人情感，而非仅铺陈宏观分析和理论分析，能为实际应用和政策制定提供更细致全面的参照。

学术界在探讨主体性的时候往往聚焦于人们如何有计划、有策略地利用社会资源对自己的境况作出改善，欲望、梦想、个人情感和一些非计划、不自觉的方面却没得到足够重视（Mahler and Pessar, 2001: 447）。这些方面往往缺乏清晰的姿态，缺乏具体计划、语言表达和理性判断，它们可能仅仅是想象，是模糊的，也不一定会引发直接的行动，但会在人心中塑造一种动力。女性的很多行动和想法都具有这样的特点，因而常被评价为靠"感性"和"直觉"行动。个人情感、感觉、悟性、经验、关系在她们的生活中占有很重要的地位。这些情感因素如何作用于个人选择和行动，是性别研究领域的重要议题，若不加以注重是一大缺憾（Jankowiak, 2006: 319）。

现代社会对于欲望的关注常落足于金钱或物质利益方面，而忽略了其他非物质的情感方面。我们需在经济/物质逻辑外建立一个情感逻辑用以补充现有的框架，帮助我们更好地理解一些人群，尤其是女性的生活选择和日常行为。无意识的、非理性的、想象的因素在解读女性欲望时也是关键的部分，它们反映了个人情感与社会情境间微妙的互动关系。自我意识和情感是重要的个人资产，由它产生的个人目标有一种自我推动力，对个体来说能产生情感、象征性或实质价值。它反映的是人与自己的关系。人们在很多时候是与自己发生关系的，尤其是承载在身上的体验与感受，正如本书谈到的恋爱、婚姻带来的痛苦，贫困生活的艰难，污名带来的卑微，新生活的喜悦，在夜场中周旋的复杂，怀孕生产与"工作"的两难局面，孩子成长的喜悦，自我改变的欣慰，等等，由此产生的感受能带来意想不到的力量，是一种"另类的权力"（同上：314）——一种源于情感、欲望、对未来的想象、爱、自我满足、自我提升等的美感，与中国性别研究中所用的后结构主义/身份政治/文化霸权等理论框架内常讨论的社会力量形成了很好的也是必要的互补。

第三，重视日常生活中的自我实践，探讨现代化、全球化宏大进程中的个人经验，将主体性的抽象概念具体化

主体性在学术讨论中常以抽象的姿态出现，它是如何在生活中体现的，个人作为主体如何理解自己的生活道路选择，对将来有什么期望，他们的主体性如何反映社会环境的限制性与使能性，这样的问题都较少被谈及。关于现代化与全球化的研究也常聚焦于国家政权与全球政治、社会、文化、经济环境的相互关系（Nolan, 2004；Zheng, 2004），社会与经济的不平衡发展（Kanbur and Zhang, 2005；Wan, Lu and Chen, 2007），改革后的社会、经济、文化状况（Liu, 2004；Wu, Xu and Yeh, 2007）等较为宏观的层面，而较少关注个人层面在全球化与现代化进程中的经验，比如个人选择、亲密关系、消费方式、生活习性、思维方式等随着全球化和现代化产生怎样的变化。不同的人对全球化和现代化有不同的想象与经验，其中的差异性受很多因素的影响。本书就尝试以珠三角地区性产业的女性从业者为例给出一个图景，探讨现代化、全球化宏大进程的个人定义。

我认为小姐的主体性体现在自我认知和自我实践中。这些是小姐作为边缘群体在大城市中寻找立足之处的重要途径，也反映了她们对现代化和全球化的理解。受罗丽莎和潘毅的启发，我从田野工作中总结出自我实践的五方面，分别是消费、外表管理、获取城市生活方式、情色实践和各种生存技巧。

另外，生活中的艰难、困苦、迷惑、纠结也是观察分析主体性的重要场景，它们显示了社会结构的制约和个体试图突破这些约束所做的努力。各种主体性体现都是社会结构发展变化和各股社会力量试图打破限制的互相角力的结果。

本研究从日常生活出发，立足于日常生活，关注细小和琐碎的日常生活战术，是站在女性立场上从内展示她们的经验。之所以要强调婚姻恋爱、贫困体验、消费、打扮、生活习惯等个人层面的细节，目的在于由小及大，从与女性生活最相关的方面来观察她们的身体与空间的互动关系，分析她们的生存之道，以窥视女性在父权制度和社会规训下所做的努力——认同、协商、求全、抗争或反转。女性知识来源于日常生活，每日饮食起居、家务劳作的过程就是知识产生的过程，在研究方法上我也回应了这方面的需要，我注重日常情境的再现，因此我留意的不仅是语言表达出来的内容，更有情感的自然流露、身体状态以及人际互动。本研究展示她们日复一日的战术活动，意在汇聚其中的力量，将其遍布整个社会的活力带入学术研究中。学术话语重新回归到生活层面，可以为不同领域、不同人群、不同社会背景之下的研究提供对话的基础。

第四，对性资本概念的发展与论证提供了一条新的分析路径

性资本是小姐通过日常的自我实践来积累的，它也帮助我们丰富了关于"微小抵抗"的讨论的内涵（Pun，2005；Ho & Tsang，2000；Ho，2006，2007a，b），让我们知道了抽象的微小抵抗包括什么。对于小姐来说，它的精神鼓舞作用有时更大于实际的交换功能，新的身份认知、性别形象、女性气质与自我评价因此而生，因此我认为它具有认知的能动性的特性。

我在本书中对性资本的讨论较之前的学术讨论，包括我自己早前的研究，更细致和深入。我从性场域独立或部分独立于其他场域的可能性开始讨论，这是性资本独立于其他资本的重要前提。在其他学者研究的基础上我分析了它和其他资本的交换中介"性货币"及其不可忽视的阶层性和精神性，这是前人未能深入的部分。

对于其他女性群体来说，性资本也具有重要性。关系和情感是女性生活中非常重要的部分，性资本关注的就是女性在这些方面所能拥有的资源。对于不同阶层的女性来说，性资本的积累与应用经验会非常不同，但同样的是，它都来源于日常生活实践，这就为分析不同阶层的女性经验提供了对话的平台。

第五，关注隐性的逾越而非集体权利运动

女性的欲望表达常常会突破既存的道德、性别等社会规范，带来颠覆和逾越的力量（Ho，2006，2007a，b，2008a，b），她们不再安于传统给她们设置的角色与位置，不再安于"只能"和"应该"。这无疑会引起不满、带来冲突甚至是斗争，但新的性别形象脚本也会被创造出来，为妇女带来不同寻常的体验。要获得更大的个人空间，就必须踏出"魅力魔圈"（charmed circle）（Ho，2006），不走寻常路。在制度性异性恋（institutionalized heterosexuality）（Jackson，2006）思想下，小姐绝对属于边缘和叛逆的人群。在卖淫、嫖娼非法化的法律环境下，集体运动和对抗形式的抗争可能性非常小，抗争力量都集中在"隐蔽"的层面，即日常生活之中。

本书没有以社会运动和身份政治的框架来分析小姐的抵抗，而是将重心转移到隐性的逾越中，在过往的研究中，对于这个概念的理解和运用还是很不够的。尤其在融入理论和分析框架的深层理解和运用方面，人们的平凡性、无语性和微弱力量，更需要我们来挖掘，构建出他们另类的社会现实和日常实践。我们一不留神，就会错过这些"静悄悄"的平凡时刻，错过人们抵抗污名、传统、制度和结构的强大权力的微小战术。小姐的故事就是这些微小抗争的最好例证。

小姐本身并不一定有成为更大的社会变革中的一部分的意识，本书就像一个亲历者，关注着这些微小抗争，并将之在一定范围内散播出去。这就是质性研究中的一种外部推论性，即通过建立一定的理论框架、开辟传播知识的途径来实现（陈向明，2008：411）。性产业中的大量从业女性在一定程度上说明了社会规范框架外"另类"就业和生活方式的存在，这个群体的经历给我们理解当今社会中的女性生活和观念提供了新的视角。

对其他研究和实务的启发

本书对将来的研究最大的一个可能启示在于女性生活经验研究的新框架。我们应放眼于生活中那些无意识的、非理性的、想象的、欲望的方面，不要因其不确定性和模糊性就忽视它，这恰恰是女性生活中非常重要的特质，反映了个人期待与社会环境之间的微妙关系。认知的能动性和欲望是两个非常有用的概念，应与有意识的个人策略一起，用以理解与分析人的日常生活行为与实践。

其中性欲望与情感欲望是"个人的"与"社会/政治的"相遇之处。我们常会绕开女性的性与情感不谈，似乎这是不重要的、私密的、不适合放在学术中讨论的话题。但这里说的性与情感已超越了个人层面的琐碎，它具有一股建构的力量，个人在其中改变着自己，释放着自己，表达着自己，每个人的转变聚合在一起就可能会产生颠覆，重新创造意义，改变"他者"和"叛逆者"的形象，而这个过程是持续的、开放的，又是日常的。在这个层面上，性与情感具有重要的学术意义。

　　这些改变也会成为实务工作的新指针。服务应坚持以需求为本，而这一定是建立在对服务对象长期和深入的了解并与之共处之上的。本书提出的一个观点是，"性工作"的概念或许不适用于珠三角地区的多数性产业从业女性。将现时的其他称呼改为"性工作者"在某种程度上是一种进步，是合法身份和权利保障的第一步，但对于她们来说，身份、政治、法律这些宏大的意图还是太遥远，不是现实生活中最相关和渴求的，她们还有更为生活化的愿望——一些已婚的小姐希望逃离农村的贫困和父权家庭的双重压迫，在城市里自力更生，给自己创造更大的自主性，让自己在婚姻外再次"年轻"起来；年轻的女孩们不想再在农村生活，不想嫁到农村，想要在城市里寻找更多机会，多赚点钱，成为现代化的消费者。作为女人，特别是农村妇女，经济权力往往与婚姻密切相关。无论如何，这份"工"给她们提供了重新安排、思考自己生活的机会，尽管她们目前所获取的可能只是一些表面的象征性的"福利"。因此性产业可能只是一份过渡、临时性质的工作，一种生活方式，或者说获取一席之地的手段。它反映了消费主义经济环境下女性欲望的多元化。性产业的全景是复杂的：女性从业者对工作和生活的感受和观念受到多种因素的影响并随之改变，这些因素包括工作环境、特定地区的性交易组织形式、收入水平、进入行业的动机、从业经历、对未来的想象和对此的表述能力等。而这些还需要放在我国的城乡二元分化、区域发展差距、流动人口规模庞大等社会现实中考量。性产业女性从业者对工作和生活的多元化叙述值得我们更多地关注。只有去深入了解她们对于工作的看法和对未来的期望，才能有助于我们制定改善这些女性生活状况的最佳行动策略，设计相应的服务。

　　珠三角地区目前为这个群体提供服务的公益机构屈指可数，其中只有一家是专为女性性工作者提供服务的，还有一家是为男性性工作者、男同社群和跨性别性工作者提供服务的。前者提供的服务主要是对小姐的情感支援与健康咨询，其中免费的项目有健康咨询、子宫颈癌筛查，乙肝、梅毒、艾滋病快速检测，以及安全套和润滑油的发放。除了这些日常工作外，它注重建立姐妹间的互相支持网络，我认为这是常规工作之外非常重要的。本书的论证与分析表明，珠三角的"小姐"作为从农村到城市的流动人口有着强烈的作为性主体、都市主体与现代化主体的欲望，但由于诸种限制与歧视的存在，她们虽身在城市之中却缺乏许多物质资源与公民权利。作为社会工作者我们必须鼓励她们发出自己的声音，用她们的方式向更广阔的社会展示自己的经历与对"这份工"的理解，才能让大家能看到不同的方方面面，进而减轻歧视与污名化。这家机构建立了自己的网站，其中包含了"新闻"、"政策与法律"、"健康"、"我们的性"、"姐妹心声"、"我有疑问"、"论坛交流"、"资源"等板块，不仅向姐妹们宣传有关的法律法规、别的国家和地区的相关政策，对有关事件作出反应和评价，更提供了她们之间相互认识与交流的平台。在"姐妹心声"、"我有疑问"和"论坛交流"等板块内，有一些姐妹写下了自己的心声，包括自己的理想、自己的选择、对这个行业的看法、情感纠葛、养儿养女等，还涉及家暴、抢劫、强奸等比较痛苦的经历。很多都是短短的几句话，但聚在一起便成了一个互相倾吐的场所，窝在内心平素无从说起的话都有处诉说了，大家能够看到彼此的经历和想法，也便形成了一种互相宽慰的力量。论坛里还有许多关于性健康方面的讨论，里面也有一些姐妹发问，机构的工作人员会逐一回答，使有同样疑问的女性也能在浏览网页后有个参考。除此之外，姐妹们还发表了各种帖子，讨论与她们生活息息相关的各类事情，比如交流各地生意经、讨论美容常识和方子、互相提醒该如何分辨吸了毒的人、抱怨扫黄打非的严厉和讲述自己的负面经历等。这些场所使这些平时出于各种原因不能经常聚集在一起的女性有了一个情感和内心的发泄口与依归，让她们感受到一种群体的温暖。机构利用网络的便利性、群体性与匿名性为姐妹们提供服务，也考虑到了她们面对的特殊环境和需要的保护，这是一种真诚的关怀，也体现了机构的服务理念。

根据本书提出的这些观点，在了解了小姐最迫切的需求后，我认为服务的着眼点不应只是跟艾滋病/性病有关的介入如安全套的派发、安全性知识的传播、戒毒服务等，而应关注她们日常生活中的需要，涉及情感支持、亲子关系、金融理财、信息共享等。情感支持包括恋爱婚姻、两性关系、家庭关系、自我调适、生活适应等方面。亲子关系包括相处技巧、子女教育、两代沟通等。金融理财包括日常开销控制、收支分配、积蓄与小额投资等。而信息共享包括生意/工作信息、人际关系调适、生活信息、城市生活技能、消费观念等（详见图6）。

具有性别敏感性和女性主义关怀的社会工作介入方法在这个人群的服务中显得尤为重要。与一般的服务对象既相似又不同，小姐群体既是弱势的又有她们独特的优势。因此社工在建立与维持关系的时候一定要有宽容的心、足够的耐性和灵活的方法。社工应怀着怎么样的心态去接近她们？在这种介入中，她们能得到什么，社工又能从中学到什么？这是提供这类服务应时时刻刻反思的问题。我自己的经验是，在与小姐的接触中，"互惠互利"、互相学习的态度非常重要。在她们身上我们往往能看到无比的韧性和生活的微小智慧，而她们本身却又非常警惕和敏感，需要尊重和细微的关怀。

目前性产业女性从业者这个庞大的群体处于无服务、无支持、无资源的状态，所有的资源都只是来源于她们自身——若她们之中有的因共同居住或共同"工作"而联结在一起形成小圈子，那就利用圈子内关系与信息、情感与力量构成一定的支持网络，若是没有这样的圈子而处于散居状态，就完全没有支撑可

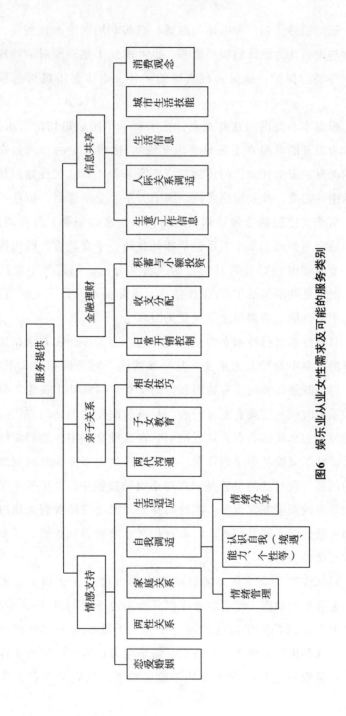

图6 娱乐业从业女性需求及可能的服务类别

言，而前者的支持力量也往往由于存在竞争关系、流动性大、害怕引人注意等特质而容易瓦解。所以目前急需反思的是，我们能否开拓服务空间，给予这个女性群体更大和更实质的关怀和温暖？能否在社工行业制度上给予一定的支持，使她们的服务者能更专注与安心地提供服务？相关的协会与组织又能做到什么程度？这也是本书写作的一个重要目的，希望引发一些思考，持续改善这群妇女的境遇；同时，希望推动性与性别这个重要却又常遭忽视的议题进入社会工作实务中，引起大家对此的重视。

关于研究的再思

研究进行的每一步我都会问自己：这些地方做好了吗？之前的工作有什么不足？从研究开始至本书形成的今天，已时隔10年，10年间我作为一名研究者也好，作为个人也好，都成长了不少，回头再看这个研究，有了更多的感悟。由于本书的大部分田野工作是10年前做的，囿于当时的经验与条件，很多地方是可以改进的。

其一，一定是关乎研究对象的数量。这既是一个局限，也是关于质性研究一向存在的争论。本书所说的23位受访者，指的是正式接受过访谈的人，实际在这几年的社区考察中接触和交往的人远不止她们，还包括很多其他相关的从业人员和没接受正式访谈但接触过、认识的和聊过天的小姐们。也许这样一个数量难以谈代表性和普及性，但质性研究本身的关注点也并不是这些，代表性的问题从认识论的层面上来说是定量的思维，它要解决的是普遍的规律性问题，因此要考虑是否可以以少当多，得出一些可推广的结论。我要关注的是每个人的差异性和独特性，所以我更在意她们的"与众不同"：自己赋予自己行为与选择的个人意义、生活方式、个人故事及呈现自己故事的不同方式等，这些都是不可简单归纳或分类的。每个故事和每个人的感受都具有情境性和条件性，它的呈现与解读都需要结合当时当地实际进行，而它出现的意义在于丰富大千世界的万种风情，就像拼图中的一小块，各个不同的小块组合起来就会拼出一幅比较完整的大图，我们每多了解一些，就相当于为这个巨大的拼图贡献了新的一块，不同的学者所做的努力会使我们能看到的图景越来越大，总会比原来更趋近完整一些，虽然真正的完整在实际中是不可能达到的。因此，我也并不想讨论代表性的问题，我的目的就是呈现一些与众不同的故事，呈现多元和差异性，让读者能看到更多，这样我们就能对性产业从业者的状况有更清晰的了解，尽量减少以偏概全的情况。

当然，如果条件允许的话，受访人数越多越好，我们看到的图景会更加多样，在人数增加的基础上，更重要的是包括进更多不同类型的场所。我的研究中涉及的场所有街头、住所、发廊、休闲中心、洗浴沐足馆、卡拉 OK、歌舞厅和夜总会，室内场所的档次各不相同，消费水平差异也很大，小姐在里面受到的各方面的规管、工作条件和收入也会很不一样。由于我当时的经济条件和个人资源有限，我进入的基本都是所谓的低端、中端场所，最高级的是当时的四星级酒店，没能进入更高级的。可能到今天我也未必有机会能进入那些地方，因为一切都与金钱和权力有关，出于保护客户隐私等原因对小姐的保护机制应该较强。在更高端的场所里，小姐的来源、外貌和身体条件、能力等都会不同，甚至有很大的不同，比如受教育水平可能更高，也许有大学文化水平的；外表管理可能更好，更会打扮自己，懂得更多时尚，更国际化；个人交际能力（包括语言能力）也会更强，有可能英文讲得好；由于掌握资源不同，自己对生活可能有更大的掌控性。她们要面对的客户是所谓的高端人士，比如富人阶层、商业精英或外国客人，要求不同，所以条件也不一样，那么收入水平、个人经验就肯定非常不同。她们进入这行的动力是什么呢？
行业体验如何？对行业和身份的认知会不会有不同，有何不同？
她们会面对什么困难和烦恼？她们的欲望又是什么呢？行业给予
她们的回报是否能满足她们这些欲望？这些能给我们带来怎么样
的认识和启发？这些只有通过高端市场中的小姐才能考察。这始
终是我的好奇所在。

有些读过我论文的人问过，为什么你的东西读出来是一种玫
瑰色的图景？这是一个很有意思的问题，我在"研究方法"一章
里也有过简单的叙述。玫瑰色，就是粉粉的美好，好像看不到通
常想象中小姐忍辱负重、饱受摧残和压迫的样子，取而代之的是
自我的成长、转变、抵抗、力量、尊严、满足等较为正面的生活
样式。这首先关乎我研究的出发点和研究目的。我们已经看过了
太多关于她们的负面报道、研究和文学作品，无论是什么性质的
文字、影像，从哪个方面来说，几乎都一面倒地将她们刻画成堕
落天使的模样，糜烂虚幻，没有根基。但是，难道她们跟其他人
都不一样？难道她们生活中就只是黑色？我总感到我们只看到了
其中的一面。因为之前采取的大多是问题视角，我们总是聚焦于
所谓有问题的地方，把她们视为失足、失能、失败的人。但在本
书中我也提到，哪里有压迫哪里就有反抗，悲哀之中必有崛起，
苦痛之中必有释放，无奈之中必有躁动，她们不会只是被动承受
压力，她们一定会有自己的智慧和力量，以自己的方式在这艰辛
中活下去。我非常想了解另一面是怎样的。我在访谈中就会更倾
向于这些议题，虽然大部分时候我是让对话自然流淌的，但我的
出发点和研究目的决定了我的视角和方向，我在解读的时候也会
更关注自主性的一面。我想这本书成为一片黑色中的一点点光，
哪怕真的只是一星半点，也能让人看到事情的不同面向，这样我
们的拼图就会更趋向完整。所以，所谓的玫瑰色首先就是由我的
关注点决定的。

其二，与我自己是什么人有关，这既是研究的局限性，也是不可避免和改变的，只能反映当时当地的。我开展这个研究的田野工作之时正值二十五六岁的青春年华，生长于大城市的我，从小就有良好的生活环境，作为独生女，家境虽不算特别优越，但也顺风顺水，还能接受高等教育，有留学经历。当时我的同学，后来的同事裴谕新曾写过关于我做田野调查的一个小故事《找小姐练胆》，其中有一句说道："云云（我在文中的化名）在广州长大，可是从来没有在10点半以后回过家。谈过两场恋爱，都不脱校园爱情的老套。她脸上写着'乖'字。"我的博士生导师也说过一句话："在这样的一个女生眼里，什么不是玫瑰色的？"对于她们叙述的生活艰难、农村贫困我没有切身体会，尤其是对农村的生活，我没有长时间亲身感受过，只能把她们的讲述和我了解的信息联系在一起想象。当然最好的一种理解方式是到实地去看。比如跟着她们回家乡去看看她们以前生活的环境，看看她们的父母和家庭，看看同村村民的生活状况等。当时我也没能做到这一点。作为一个在一线城市长大和生活的人，虽然我熟知户籍制度，却也很难真正地理解没有本地城市户口的小姐们内心的情绪：她们如何感觉被"卡"在中间，既回不去，又很难留？身为小姐的那种难以启齿又内心倔强的矛盾心理究竟是怎样的？这显然和我自己的成长环境与经历有关，和由此带来的天生的视角有关，这是不可改变的，只能自我觉察然后自我反思，看到它对研究的整体影响。

面对这样的我，几乎同龄的小姐们又会对我说什么？她们要展示怎样的一面给我这样的一个人看？跟我比起来，她们似乎要"不幸"得多，无论从家庭条件、教育经历还是成长轨迹来看，她们都似乎要"被比下去"。我想，人总是喜欢维护自己的，除非出于一定的目的需要"示弱"，很多时候都希望在别人面前显得自己其实过得还可以，或至少不是那么悲惨，尤其是面对一个与自己同龄的女孩，那种"凭什么你可以这么好，我就要这么惨"的想法是不是会更突出？她们在我面前是不是也需要显示得强大一些，才能让自己更好地面对我这样一个"入侵者"而保持一点自己的尊严？她们会不会有意识地选择生活中较为有力和正面的东西去叙述？这可能也是一种有意或无意的"抵抗"，也许这也从一定程度上造成了整个图景的玫瑰色倾向。我自己的社会位置对研究过程有这样的影响，而小姐们的反馈和态度也对我的资料收集和解读有影响，这是一个互相影响的循环过程。如果换了一个研究者，看到的东西就会不一样。在质性研究中，"信度"就是一个有争议的话题，不同的人会有不同的理解，即便是同一个研究者，在不同的时间做"同样"的研究，结果都会有不同，因为人总是在变化中，经历一变，思维就跟着改变，观念也会变，视角就会变，变化在质性研究中是永恒的。

若干年过去，当我再执笔把这个当年的论文整理成书稿的时候，对于这点我也有了极深的体会。这些年间，我已从一个博士生转变了角色，在职场中打拼，经过几次恋爱的起起伏伏，我也结婚了，养育了孩子，对于家庭中的爱与痛苦、欢欣与无奈有了自己的体会。身边发生的、工作中看到的、新的研究中呈现的种种事件使我对于女人的所谓命运与自主也有了更多感受。这一切，都是别人无法教授，只能自己切身体会的。有了这些，再去想当年的研究，忆起那些人和事，有些东西就有了新的体悟。我在变化，我的解读也会跟着变化，当年论文中提及的一些不足之处，尤其是对结构制约下小姐的弱势境况和无力感的"轻视"，在这一稿中已经有所强调了。我不想给出一个太"误导"和浪漫的图景。个人的挣扎在强大的结构面前总是显得微小，我作为一个拥有更多文化资本、社会资本的女人尚且不能有所突破，她们会比我更艰辛。但我的重点也不在于阐述制度与结构等宏大议题，我更想看的是个人层面上对这些情境作出的反应，我要的是

真人、真情、真故事。我想讲主体、情感、关系。挣扎、反抗和
束缚、限制就像两股绵绵不绝的力在牵扯、纠缠，后者总是太过
强大，很容易就会把前者压制下去，前者的力量似乎出不去多远
就会碰到壁上，深感无力；而它也一直不息，只要有一股信念
在，冲破的力量就还能维持。

　　所谓的"负面"并没有因为这些被一抹而光。我可能没有直
接讲述太多她们生活中的所谓"凄凉境遇"，但这是小姐面对的
现实。她们对于自身的认知，所处的社会位置，能干什么，想干
什么，以及平日里发展出来的那些小伎俩和策略，其实都是这种
"凄凉境遇"之下的产物。她们想要成为性主体、都市化主体和
现代化主体的欲望是由她们经历的社会和经济的不平等塑造的。
她们对周遭和自己的理解是在这样的环境下产生的。她们的"行
动"和自我实践也正是在这样的不公中被驱动的。她们不是充满
斗志和意识的斗士，但我相信呈现她们的自主性会更有利于我们
明白这社会上最普通、最平凡、最"弱势"的人是如何在一天天
的生活中保存自己的力量，为自己找寻一尺空间的。

　　后来我在研究和教学中接触了更多影像方法，包括静态和动
态的影像。我的导师尝试了拍摄纪录片的方法来探讨中年妇女感
情与性的议题，她制作了一系列的短片①，开展放映会、对话交
流会，还运用表演的方式进行学术讨论。我的一些学生也开始了
这方面的尝试。我深受启发。影像记录能呈现文字所不能实现的
连续性和画面感，对于一些情感和行为有更好的表达，最重要的
是，它对我们做女性研究、性别研究的人来说，能令我们的作品
有更好的传播性。性别研究与日常生活息息相关、紧密相连，这

---

　　① 包括何式凝、莫颂灵自 2008 年以来拍摄的《香港廿二春·师奶列传》中的
　　一系列影片，如《我跟团，我不跟团》、《24》、《太空妈打》、《生难死不难》
　　等，以及后来的《母女对对配》、《东京密语》、《山寨王子》等。

也是它最有趣之处，它不应停留在学术的小圈子里做它的理论贡献，而应该走出去和更广的读者与观众见面。它源于日常生活，就应该回到日常生活中，促使大家一起去想那些已经习以为常的东西，去沉淀自己的情绪、观念和态度。如果能给每个人带去一点点冲击，哪怕是因不认同带来的愤慨、不解带来的质疑，或是将信将疑，只要这些东西能吹进一些新风，就达到了目的。影像的方式更容易达成这种和观众的交流。我想，假如我的研究可以以这种方式展开，或许就多了一个和小姐交流的方式，比如，为她们放关于她们自己的影片，听她们的反馈，听她们对自己的评价等。如果她们因为这个聚在一起，也就多认识了一些朋友，可以一起聊天。这也许也能回应在第二章提出的一个方法论上的问题，即我的研究能为她们带来什么。知识的创造与分享需要更日常的形式，影像就是其中一种，它可以成为一个平台，让小姐们看到我眼中的她们，又以第三方的眼光来回顾自己。如果能引起她们的一些共鸣，就是一种回馈。当时我没能想到这些，只能留待以后继续。

这样的自我省思其实一直在持续，很多当时田野工作中的问题到现在我还是没有很好的答案，也许这就是质性研究的迷人之处，总能让研究者置身其中，感悟满满，却又充满迷惑。研究者不能解决所有问题，但我们总可以对这些不解之处进行反思。反思既意味着对研究者与所研究的人和环境间的相互关系进行的梳理和回顾，又意味着这里面发生的多变的双向关系，它刺激研究者思考如何将研究成果以什么形式回馈给研究对象，也促使我们进行自我检视，找到自己研究的局限，以贡献更谦虚的知识（Mauthner and Doucet, 2003；Guillemin and Gillam, 2004；McGhee, Marland and Atkinson, 2007）。

研究其实一直没有结束。虽然关于性产业与小姐的田野工作已告一段落，但关于女性生活经验的研究和思考一直在进行，它不仅在学术的范畴内进行，更在我自己的生活中进行。我既是具有一定技术和知识的研究者，也是身处日常生活中的平凡人，研究他人就是研究自己，若能以他人的故事脉络启发自己思考自己的生活，何尝不是一件好事。

附录

书中出现人物简要资料汇总[*]

I　接受过访谈的小姐

表 1　站街女和被包养/打散工的（居家服务）（n = 6）

姓名	年龄	所在城市	家乡	做小姐时间[①]	婚姻状况或恋爱现状	上瘾或嗜好	将来的打算
小红	26	珠海、深圳	贵州	自 19 岁入行以来做了 6 年多	单身，有男友	嗑药，抽烟	如果有 5 万块钱就不做小姐了，想回家做生意
珍姐	41	广州增城一带、东莞	湖南	一来广东就做这行，做了 15 年	已婚，育有一子一女，老公在乡下	喝啤酒，烟瘾重，赌马，打麻将，找"鸭"玩	做生意
阿雅	39	深圳	湖南	6 年	已婚，育有一子，老公在家乡；在深圳与二十来岁的男友同居	毒瘾戒除，烟瘾重	没有打算
晓菊	36	广州	湖南	8 年多	单身，但同时与两个男人同居	无	要么结婚，要么做"二奶"
小宋	25	深圳	四川	3 年多	单身	抽烟	不知道
阿芳	24	深圳、东莞	四川	3 年多	单身	抽烟	继续做"二奶"

注：①这里指的是到访谈时为止，下同。

---

[*]　这里的列表 1~6 是依据小姐"工种"划分的，和工作场所不一定有关，比如"应召上门服务"的其实服务地点也多在客人家中，而"居家服务"的则指被包养的或"打散工"的。

表 2 应召上门服务（n = 1）

姓名	年龄	所在城市	家乡	做小姐时间	婚姻状况或恋爱现状	上瘾或嗜好	将来的打算
小何	18	广州	广西	3 个多月	单身	暂无	没想过，做小姐的时间尚短，应该会继续做

表 3 休闲中心按摩女（n = 1）

姓名	年龄	所在城市	家乡	做小姐时间	婚姻状况或恋爱现状	上瘾或嗜好	将来的打算
美惠	23	广州	湖南	4 年多	单身	抽烟	想被包养

表 4 夜总会／卡拉 OK／歌舞厅（n = 11）

姓名	年龄	所在城市	家乡	做小姐时间	婚姻状况或恋爱现状	上瘾或嗜好	将来的打算
莹莹	25	深圳	广东	3 年左右	单身	喝酒、抽烟	不知道
陈妹	20	深圳	广西	不到 1 年	单身（和男友分手后不久就做了小姐）	烟瘾很重，嗑药	不知道
小李	20	深圳	江西	3 年	单身（与男友分手了）	喝酒	不知道
佳佳	22	深圳	湖南	2 年多	单身	嗑药、抽烟	做生意
王文	23	广州	四川	5 个多月	已婚，老公在家乡	抽烟	做生意
王娜	22	广州	四川	2 个多月	已婚，老公在家乡	抽烟	不知道
海斌	26	广州	上海郊县	3 年多	单身	抽烟	做生意
兰兰	26	广州	四川	近 7 年	单身	抽烟	做生意
阿娟	23	广州	四川	3 年多	单身，与某官员育有一女，由乡下的父母抚养	抽烟	做生意，比如经营小餐馆

续表

姓名	年龄	所在城市	家乡	做小姐时间	婚姻状况或恋爱现状	上瘾或嗜好	将来的打算
阿美	24	广州	湖南	3年	单身	抽烟	做生意
阿静	26	广州	广西	6年	单身	抽烟	想被包养做二奶

表5 曾做过小姐的妈咪（n=2）

姓名	年龄	所在城市	家乡	做小姐时间	婚姻状况或恋爱现状	上瘾或嗜好	将来的打算
小霞	30	深圳	湖南	多于8年	与一香港人结婚，又有了个香港情人	抽烟	不知道
明姐	38	广州	湖南	断断续续做了15年	单身，但有几个亲密男性朋友（可发生性关系的）	抽烟	不知道，没想太多

表6 发廊女（n=2）

姓名	年龄	所在城市	家乡	做小姐时间	婚姻状况或恋爱现状	上瘾或嗜好	将来的打算
Bobo	28	广州	广西	11年	已婚，老公在越南；在广州有个亲密男性朋友（扮演着老公的角色）	抽烟	想做妈妈
阿冰	25	广州	广西	10年	单身	抽烟	不知道

Ⅱ 其他在书中出现过的主要人物[①]
（按书中出现的顺序）

阿辉：男，30多岁，"鸡头"，在深圳沙嘴以介绍家乡女孩

---

① 书中还写到很多在田野的各种场所中出现的人物，大部分是没有和我有直接接触的，或不明情况的，在此不列。

出来做小姐为生

　　阿伦：男，年纪不明，香港电影人，小霞的丈夫

　　家宁：男，40多岁，香港厨师，小霞的情人

　　小杨：男，20多岁，小霞的手下

　　阿丽：女，20多岁，小杨的女友

　　红姐：女，年龄不明，广州一家星级酒店夜总会小姐休息室"收银"

　　阿芬：女，20多岁，小姐，王文、王娜的另一个室友

　　琴姐：女，30岁出头，阿辉的老婆，沙嘴一家沐足中心的妈咪

　　阿莲：女，20多岁，跟着琴姐在沙嘴找活干

　　宝宝：女，20多岁，跟阿莲一起住在阿辉的楼里，在沙嘴一个沐足中心做按摩女

　　莎莎：女，20多岁，在小霞的夜总会做妈咪

　　虎哥：男，年龄不明，小霞的朋友，帮派头目，莎莎的熟客

　　红衣女人：40多岁，莎莎的亲戚，在小霞的夜总会做给小姐收发牌的阿姨，与莎莎同住

参考文献

安德里亚·方塔纳、詹姆斯·H. 弗里，2003，《访谈：从结构式问题到引导式话题》，载于诺曼·K·邓津、伊冯娜·S. 林肯主编《定性研究（第三卷）：经验资料收集与分析的方法》，风笑天等译，重庆：重庆大学出版社。

陈美球、乔润令，2002，《农民工，城市给了你们什么?》，《中国改革》第 9 期。

陈向明，2008，《质的研究方法与社会科学研究》，教育科学出版社。

陈水仙，2006，《港台地区词汇对普通话的影响》，*Sino - US English Teaching*，3（8）：59 - 64.

陈义华、刘飞，2005，《走出身份阐释的焦虑——从"与世界接轨"等口号说开去》，《武汉科技大学学报（社会科学版）》第 2 期。

陈泽中，2004，《当代粤语对整个中国汉语、汉文化的辐射面和渗透力》，载于南方网广东发展论坛，http://bbs. southcn. com/thread - 96511 - 1 - 1. html。

程延园，2007，《〈劳动合同法〉：构建与发展和谐稳定的劳动关系》，《中国人民大学学报》第 5 期。

丁娟，1996，《关于妓女，性剥削，暴力的个案研究》，艾滋病，社会，伦理和法律问题专家研讨会，中国社会科学院。

豆小红、黄飞飞，2011，《代际公平，向上流动与"穷二代"大学生的职业发展—以湖南的分析为例》，《青年研究》第 2 期。

段成荣、张斐、卢雪和，2009，《中国女性流动人口状况研究》，《妇女研究论丛》第 4 期。

樊士德，2011，《中国劳动力流动的一般性与特殊性研究》，《南方人口》第 3 期。

顾则徐，2004，《上海浦东地区某镇发廊性服务状况调查》，载于天涯社区，http://bbs. tianya. cn/post - no01 - 86555 - 1. shtml。

何春蕤，2001，《自我培力与操演：与台湾性工作者的对话》，《台湾社会研究季刊》第 41 期。

何启亚等，1997，《在流动小姐中开展艾滋病健康教育效果分析》，《中国性病艾滋病防治》第 5 期。

胡幼慧，1996，《质性研究：理论、方法及本土女性研究实例》，台北巨流图书公司。

华颖，2004，《社会转型与中国城市女性角色形象研究》，《浙江省委党校学报》第 4 期。

黄新春，2001，《严厉查禁措施，净化社会环境》，《山东公安专科学院学报》第 2 期。

黄盈盈，2004，《论小姐的专业化梯度》，载于郑也夫主编《北大清华人大优秀论文选》，山东人民出版社。

黄盈盈、潘绥铭，2003，《中国东北地区劳动力市场中的女性性工作者》，《社会学研究》第 3 期。

卡洛琳·艾利丝、亚瑟·P. 博克纳，2003，《作为主体的研究者：自我的民族志、个体叙事、自反性》，载于诺曼·K·邓津、伊冯娜·S. 林肯主编《定性研究（第三卷）：经验资料收集与分析的方法》风笑天等译，重庆大学出版社。

李爱莉、于建华，2001，《昆明市 1999 年卖淫嫖娼人群 HIV 感染情况调查》，《疾病监测》第 1 期。

李春玲，2009，《教育地位获得的性别差异——家庭背景对男性和女性教育地位获得的影响》，http:// www. sociology. cass. cn/

pws/lichunling/grwj_lichunling/P020090508609725624187. pdf。

李金莲、朱和双，2005，《新中国建立以来云南省对娼妓现象的取缔与改造》，《昆明理工大学学报（社会科学版）》第 1 期。

李胜强、李虹、金蕾莅，2011，《大学生就业压力的类型及分析》，《清华大学教育研究》第 2 期。

李银河，2003a，《公民权，女权与性权》，载于"学者社区"，http://www. china - review. com/sao. asp? id = 3408。

——. 2003b，《性不应该成为立法对象》，载于"学者社区"，http://www. china - review. com/sao. asp? id = 3409。

——. 2005，《应实行卖淫非罪化，根治对性工作者的犯罪》，http://m. sohu. com/n/226812643/。

——. 2007，《李银河自选集：性情，婚姻及其他》，内蒙古大学出版社。

梁庆寅、陈广汉，2013，《珠三角区域发展报告（2013）》，中国人民大学出版社。

刘建昌，2001，《论卖淫嫖娼行为的构成与认定》，《政法学刊》第 3 期。

刘景曾等，1997，《卖淫妇女使用避孕套及影响因素调查》，《中国性病艾滋病防治》第 5 期。

林昭春、靳征，1990，《132 名卖淫妇女社会心理因素初探》，《中国皮肤性病学杂志》第 1 期。

刘燕舞、王晓慧，2010，《农村已婚青年女性自杀现象研究——基于湖北省大冶市丰村的个案分析（1980 - 2000）》，《青年研究》第 1 期。

马克思，2000，《1844 年经济学哲学手稿》，人民出版社。

毛飞，2004，《模糊卖淫嫖娼界限实属滥用公权》，《中国青年报》2004 年 2 月 18 日，http://zqb. cyol. com/content/2004 - 02/18/content_820886. htm。

莫衍石等，2005，《性罪错妇女性传播疾病流行病学分析》，《现代复方医学》第 3 期。

宁应斌，2004，《性工作与现代性》，台北"中央"大学性/别研究室。

任焰、潘毅，2006，《跨国劳动过程的空间政治：全球化时代的宿舍劳动体制》，《社会学研究》第 4 期。

潘绥铭，1997，《存在与荒谬》中国社会科学出版社。

——. 2000，《生存与体验》中国社会科学出版社。

——. 2006，《中国性革命纵论》万有出版社。

潘绥铭等，2005a，《情境与感悟——西南中国三个红灯区探索》，万有出版社。

——. 2005b，《呈现与标定——中国"小姐"深研究》，万有出版社。

——. 2005c，《小姐：劳动的权利——中国东南沿海与东北城市的对照考察》，大道出版社。

潘绥铭、黄盈盈、王东，2011，《论方法：社会学调查的本土实践与升华》，中国人民大学出版社。

潘毅，1999，《开创一种抗争的次文体：工厂里一位女工的尖叫、梦魇和叛离》，《社会学研究》第 5 期。

裴谕新，2013，《欲望都市：上海 70 后女性研究》，上海人民出版社。

司钦山，1997，《论禁娼的宏观策略》，《江苏警官学院学报》第 1 期。

孙玉萍，2007，《拱墅区女性性工作者安全套使用情况调查》，《浙江预防医学》第 12 期。

谭深，1996，《中国农村劳动力流动的性别差异》，http://e - sociology. cass. cn/pub/shxw/shld/P020040623455072814479. pdf。

汤立云、罗光海，2002，《试析当前卖淫嫖娼活动的新特点及对策》,《云南公安高等专科学校学报》第 2 期。

汤志祥,2000,《论 20 世纪末粤语对汉语和汉文化的影响》,《深圳大学学报:人文社会科学版》第 2 期。

王春光,2001,《新生代农村流动人口的社会认同与城乡融合的关系》,《社会学研究》第 3 期。

王洁,2005,《她们在交换中自立》,载于潘绥铭等《情境与感悟:西南中国三个红灯区探索》,万有出版社。

王金玲,2004,《商业性性服务/消费者:一种新的命名》,《浙江学刊》第 4 期。

魏后凯,2007,《中国市场转型中的区域经济差距:社会影响与政策调整》,《开发研究》第 4 期。

温朝霞,2008,《从粤语的发展看改革开放 30 年》,《广州社会主义学院学报》第 2 期。

温卓毅、岳经纶,2011,《弱势大学毕业生:在职贫穷与社会资本视野下的“蚁族”》,《公共行政评论》第 3 期。

项开来,2004,《从民工潮到民工荒,说明了什么?》,载于新华网 http://www. fj. xinhuanet. com/news/2004 – 09/02/content _2 796831. htm。

谢茂拾、蔡则祥、黄海艳,2009,《金融危机影响下农业就业的困境与新出路》,《中国发展观察》2009 年 10 月 13 日,http://news. xinhuanet. com/theory/2009 – 10/13/content_12220548. htm。

徐缓,2001,《中国流动人口的艾滋病预防与控制》,《中国性病艾滋病防治》第 6 期。

杨琼,2003,《农村初中生家庭教育支出的调查与研究》,《教学与管理》第 7 期。

杨善华、朱伟志,2006,《手机:全球化背景下的“主动”选择——珠三角地区农民工手机消费的文化和心态解读》,《广东社会科学》第 2 期。

曾天德，2002，《卖淫青少年女性的社会心理特征及其成因》，《青少年犯罪问题》第 2 期。

张慧霞，2005，《小姐流动的深层原因》，载于潘绥铭等《小姐：劳动的权利——中国东南沿海与东北城市的对照考察》，大道出版社．

张继兰、李良中，2006，《消费时代的娱乐文化》，《十堰职业技术学院学报》第 6 期。

张剑锋、刘英才、张太凌，2005，《令人震撼的数字：来自特困生现状的调查报告》，《新京报》，2005 年 8 月 10 日，http://www. 022net. com/2005/8 - 10/12305381741. html。

张铁军、姜庆五，2003，《性交易者感染体液传播性疾病的研究现状》，《上海预防医学杂志》第 2 期。

张旭红，2003，《论禁娼的保证要素》，《福建公安高等专科学校学报》第 17 期。

郑广怀，2010，《劳工权益与安抚型国家——以珠江三角洲农民工为例》，《开放时代》第 5 期。

周祖木等，2001，《温州市卖淫者艾滋病知识和态度的调查》，《中国热带医学》第 4 期。

朱国华，2004，《习性与资本：略论布迪厄的主要概念工具（上）》，《东南大学学报（哲学社会科学版）》第 1 期。

朱莱、王娟，2007，《消费时代男女性别刻板印象的颠覆："超女"、"好男"的亚文化反叛》，《绥化学院学报》第 6 期。

朱力，2003，《社会问题概论》，社会科学文献出版社。

Anagnost, A. 2004. The Corporeal Politics of Quality（Suzhi）. *Public Culture*. 16（2）：189 - 208.

Barry, K. 1995. *The Prostitution of Sexuality*. New York：New York University Press.

Bamberg, M. 2006. Biographic - narrative research, *quo Vadis*? A critical review of "big stories" from the perspective of "small stories". in Milnes, K., C. Horrocks, N. Kelly, B. Roberts, and Robinson, D. (eds.) *Narrative, memory and knowledge*: *Representations, aesthetics and contexts*. Huddersfield: University of Huddersfield Press. http://www. clarku. edu/ ~ mbamberg/future_files/Huddersfield_Paper. doc

Bernstein, E. 1999. What's Wrong with Prostitution? What's Right with Sex Work? Comparing Markets in Female Sexual Labor. *Hasting Women's Law Journal*. 10 (1): 91 – 117.

Bernstein E. 2007. Sex work for the middle classes. *Sexualities*. 10 (4): 473 – 489.

Bernstein E. and L. Schaffner (eds.) 2004. *Regulating Sex*: *The Politics of Intimacy and Identity*. London: New York : Routledge.

Beynon, L. 2004. Dilemmas of the Heart: Rural Working Women and Their Hopes. in A. Gaetano & T. Jacka (eds.) *On the Move*: *Women and Rural – to – Urban Migration in Contemporary China*. New York: Columbia University Press. 131 – 150.

Bourdieu, P. 1977. *Outline of a Theory of Practice*. Cambridge, UK: Cambridge University Press.

Brewis, J. and S, Linstead. 2000a. "The Worst Thing is the Screwing" (1): Consumption and the Management of Identity in Sex Work. *Gender, Work and Organization*. 7 (2): 84 – 97.

——. 2000b. 'The Worst Thing is the Screwing' (2): Context and Career in Sex Work. *Gender, Work and Organization*. 7 (3): 168 – 180.

Califia, P. 1994. *Public Sex*: *the culture of radical sex*. Pittsburgh: Cleis Press.

Cameron, D. and D. Kulick. 2003. Introduction: language and desire in theory and practice. *Language & Communication*. 23: 93 – 105.

Castaneda, X. et al. 1996. Sex Masks: the double life of female commercial sex workers in Mexico City. *Culture, Medicine and Psychiatry.* 20 (2): 229 – 247.

Chapkis, W. 1997. *Live Sex Acts.* New York : Routledge.

Cheng, S. L. 2007. Romancing the club: Love dynamics between Filipina entertainers and GIs in U. S. military camp towns in South Korea. in Padilla, M. B. et al. (2007) *Love and Globalization: Transformation of intimacy in the contemporary world.* Nashville, Tenn. : Vanderbilt University Press.

Daorueng, P. 2000. Education as a weapon for Thailand's sex workers. *Asia Times.* January 6, 2000. http://www. atimes. com/se – asia/BA06Ae02. html

Davin, D. 2005. Women and Migration in Contemporary China. *China Report.* 41: 29 – 38.

Day, S. 1999. Hustling: Individual Among London Prostitutes. in Day, S. , E. Papataxiarchis and M. Stewart. (eds.) *Lilies of the Field.* Oxford: Westview Press.

de Certeau, M. trans. Rendall, S. F. 1984. *The Practice of Everyday Life.* Berkeley: Los Angeles: London: University of California Press.

Deleuze, G. trans. A. Boyman 2001. *Pure Immanence: Essays on a Life.* New York: Zone Books.

Deshotels, T. and C. J. Forsyth 2006. Strategic Flirting and the Emotional Tab of Exotic Dancing. *Deviant Behavior.* 27 (2): 223 – 241.

Ding, Y. and P. S. Y. Ho 2008. "Beyond Sex and Work – An analysis of xiaojies' understandings of work in the Pearl River Delta Area, China" . in Jackson, Stevi, Jieyu, Liu and Woo Juhyun. (eds.) *East Asian Sexualities: Modernity, gender and new sexual cultures.* London: Zed Books.

———. 2013. Sex Work in China's Pearl River Delta: Accumulating Sexual Capital as a Life Advancement Strategy. *Sexualities.* 16 (1): 43 – 60.

Dorothy, H. 2003. Evaluation of qualitative research. *Journal of Clinical Nursing.* 12 (2): 307 – 312.

Dudash, T. 1997. "Peepshow Feminism". in Nagle, J. (ed.) *Whores and Other Feminists.* London, New York: Routledge.

Illouz, E. 1997. *Consuming the Romantic Utopia: Love and the Cultural Contradictions of Capitalism.* Berkeley: University of California Press.

England, K. V. L. 1994. Getting Personal: Reflexivity, Positionality, and Feminist Research. *The Professional Geographer.* 46 (1): 80 – 89.

Enright, M. and E. Scott. 2004. The Greater Pearl River Delta. A report commissioned by Invest Hong Kong (2nd Edition) . Invest Hong Kong of the HKSAR Government. http://www. investhk. gov. hk: 82/doc/GPRD_Booklet_2nd571. pdf

Farrer, J. 2010. A foreign adventurers paradise? Interracial sexuality and alien sexual capital in reform era Shanghai. *Sexualities.* 13 (1): 69 – 95.

Fleischer, F. 2007. To Choose a House Means to Choose a Lifestyle – The Consumption of Housing and Class – Structuration in Urban China. *City & Society.* 19 (2): 287 – 311.

Frank, K. 2007. Thinking Critically about Strip Club Research. *Sexualities.* 10 (4): 501 – 517.

Fraser, N. 1993. Beyond the Master/ Subject Model: Reflections on Carole Pateman's Sexual Contract. *Social Text.* 37: 173 – 181.

———. 1997. *Justice Interruptus*: *Critical Reflections on the "Postsocialist" Condition*. New York: Routledge.

———. 2007. Transnationalizing the Public Sphere: On the Legitimacy and Efficacy of Public Opinion in a Post – Westphalian World. *Theory, Culture and Society*. 24 (4): 7 – 30.

Gaetano, A. & T. Jacka. 2004. Introduction. in A. Gaetano & T. Jacka. (eds.) *On the Move*: *Women and Rural – to – Urban Migration in Contemporary China*. New York: Columbia University Press. 1 – 40.

Gaetano, A. M. 2004. Filial Daughters, Modern Women: Migrant Domestic Workers in Post – Mao Beijing. in A. Gaetano & T. Jacka. (eds). *On the Move*: *Women and Rural – to – Urban Migration in Contemporary China*. New York: Columbia University Press. 41 – 79.

Gall, G. 2007. Sex worker unionization: an exploratory study of emerging collective organization. *Industrial Relations Journal*. 38 (1): 70 – 88.

Giddens, A. 1992. *The Transformation of Intimacy*: *Sexuality, Love and Eroticism in Modern Societies*. Stanford: Stanford UP.

Gilligan, C. 1993. *In a different voice*: *Psychological theory and women's development*. Cambridge, MA: Harvard University Press.

Golafshani, N. 2003. Understanding Reliability and Validity in Qualitative Research. *The Qualitative Report*. 8 (4): 597 – 607.

Green, A. I. 2008. The Social Organization of Desire: The Sexual Fields Approach. *Sociological Theory*. 26 (1): 25 – 50.

———. 2011. Playing the (Sexual) Field: The Interactional Basis of Systems of Sexual Stratification. *Social Psychology Quarterly*. 74 (3): 244 – 266.

Green, J. C. 2007. *Mixed methods in social inquiry*. San Francisco, CA: Jossey – Bass.

Guba, E. G. , & Lincoln, Y. S. 2005. Paradigmatic controversies, contradictions, and emerging confluences. in Denzin, N. K. & Y. S. Lincoln (eds.) *The Sage handbook of qualitative research.* Thousand Oaks, CA: Sage.

Guillemin, M. and L. Gillam. 2004. Ethics, Reflexivity, and "Ethically Important Moments" in Research. *Qualitative Inquiry.* 10 (2): 261 – 280.

Guo, M. 2006. Migration experience of floating population in China: a case study of women migrant domestic workers in Beijing. M. Phil. thesis submitted to University of Hong Kong.

Hakim, Catherine 2010. Erotic Capital. *European Sociological Review.* 26 (5): 499 – 518.

Hallowell, N. , J. Lawton and S. Gregory. 2005. *Reflections on Research: The Realities of Doing Research in the Social Sciences.* Milton Keynes: Open University Press.

Hanser, A. 2005. The Gender Rice Bowl: The Sexual Politics of Service Work in Urban China. *Gender and Society.* 19 (5): 581 – 600.

Harcourt, C. and B. Donovan. 2005. The many faces of sex work. *Sexually Transmitted Infections.* 81 (3): 201 – 206.

Hershatter, G. 1997. *Dangerous Pleasures: Prostitution and Modernity in Twentieth – century Shanghai.* Berkeley: University of California Press.

Highleyman, L. 1997. Professional Dominance: Power, Money and Identity. in Nagle, J. (ed.) *Whores and Other Feminists.* London, New York: Routledge.

Ho, P. S. Y. 2006. The (Charmed) Circle Game: Reflections on Sexual Hierarchy Through Multiple Sexual Relationships. *Sexualities.* 9 (5): 548 – 564.

——. 2007a. Eternal Mothers or Flexible Housewives? Middle –

aged Chinese Married Women in Hong Kong. *Sex Roles.* 57 (3): 249 – 265.

——. 2007b. Desperate housewives – The case of "Si – nai" in Hong Kong. *Affilia: Journal of Women and Social Work.* 22 (3), 255 – 270.

——. 2008a. Squaring the "charmed" circle: Normality and happiness of married women in Hong Kong. *Asian Journal of Women Studies.* 14 (2): 30 – 58.

——. 2008b. Re – visiting Orgasm and Desire: The Representations of Sinai's In Hong Kong. *Envisage: A Journal Book of Chinese Media Studies.* 5: 83 – 106.

Ho, P. S. Y. and A. K. T. Tsang. 2000. Beyond being gay: the proliferation of political identities in post colonial Hong Kong. in D. Howarth, A. J. Norval, & Y. Stavrakakis (eds.), *Discourse theory and political analysis.* UK: Manchester University Press. 134 – 150.

——. 2005. Beyond the vagina – clitoris debate: From naming the genitals to reclaiming the woman's body. *Women's Studies International Forum.* 28: 523 – 534.

——. 2007. Lost in translation: Sex & sexuality in elite discourse and everyday language. *Sexualities.* 10 (5): 623 – 644.

Hochschild, A. R. 2003. *The Managed Heart: Commercialization of Human Feeling.* Berkeley, Calif. : University of California Press.

Hopkins, B. E. 2007. Western cosmetics in the gendered development of consumer culture in China. *Feminist Economics.* 13 (3 – 4): 287 – 306.

Huang, Y. Q. 2001. Gender, hukou, and the occupational attainment of female migrants in China (1985 – 1990) . *Environment and Planning.* 33 (2): 257 – 259.

Israel, M. and I. Hay. 2006. *Research Ethics for Social Scientists.* London: Thousand Oaks: New Delhi: SAGE.

Jacka, T. 2005. Finding a place: Negotiations of modernization and globalization among rural women in Beijing. *Critical Asian Studies.* 37 (1): 51 – 74.

Jacka, T. 2006. *Rural Women in Urban China:* Gender, Migration, and Social Change. Armonk, NY: M. E. Sharpe.

Jackson, S. 2006. Gender, sexuality and heterosexuality: The complexity (and limits) of heteronormativity. *Feminist Theory.* 7 (1): 105 – 121.

Jankowiak W. 2006. Gender, power, and the denial of intimacy in Chinese Studies and beyond. *Reviews in Anthropology.* 35 (4): 305 – 323.

Jason. F. et al. 2007. A different kind of ethics. *Ethnography.* 8 (4): 519 – 543.

Jeffreys, E. 2004. *China, Sex and Prostitution.* London: RoutledgeCurzon.

Jeffreys, S. 1997. *The Idea of Prostitution.* Melbourne: Spinifex.

Kanbur, R. and X. B. Zhang. 2005. Fifty Years of Regional Inequality in China: a Journey Through Central Planning, Reform, and Openness. *Review of Development Economics.* 9 (1): 87 – 106.

Keane, M. 2001. Redefining Chinese citizenship. *Economy and Society.* 30 (1): 1 – 17.

Kempadoo, K. 1997. Reconceptualizing Prostitution. Edited version of a paper presented at the 22nd Annual Conference of the Caribbean Studies Association, Baranquilla, Colombia, May 26 – 30, 1997. http://www. lolapress. org/artenglish/kempe9. htm

——. 2005. Globalizing Sex Workers' Rights. in Amoore, L. (ed.) *The Global Resistance Reader.* London: New York: Routledge.

289 -298.

Kipnis, A. 2006. Suzhi: A Keyword Approach. *The China Quarterly*. 186: 295 - 313.

——. 2007. Neoliberalism reified: suzhi discourse and tropes of neoliberalism in the People's Republic of China. *Journal of the Royal Anthropological Institute*. 13: 383 - 400.

Kong, T. S. K. 2004. Queer at Your Own Risk: Marginality, Community and Hong Kong Gay Male Bodies. *Sexualities*. 7 (1): 5 - 30.

——. 2006. What It Feels Like for a Whore: The Body Politics of Women Performing Erotic Labour in Hong Kong. *Gender, Work & Organization*. 13 (5): 409 - 434.

——. 2009. More than a sex machine: Accomplishing masculinity among Chinese male sex workers in the Hong Kong sex industry. *Deviant Behaviour*. 30 (8): 715 - 745.

——. 2010. *Chinese Male Homosexualities: Memba, Tongzhi and Golden Boy*. Abingdon and New York: Routledge.

Kvale, S. 1995. The Social Construction of Validity. *Qualitative Inquiry*. 1 (1): 19 - 40.

——. 1996. *Interviews: An Introduction to Qualitative Research Interviewing*. London: Thousand Oaks: New Delhi: SAGE.

Laumann, E. O., J. H. Gagnon, R. T. Michael, and S. Michaels. 2004. *The Social Organization of Sexuality: Sexual Practices in the United States*. Chicago: University of Chicago Press. http://www. press. uchicago. edu/Misc/Chicago/470318. html

Lefebvre, H. trans. Moore, J. 2002. *Critique of Everyday Life. Volume II: Foundations for a Sociology of the Everyday*. London: Verso.

Leigh, C. 1997. Inventing Sex Work. in Nagle, J. (ed.) *Whores and Other Feminists*. London, New York: Routledge.

Li, B. Q. 2006. Floating Population or Urban Citizens? Status, Social Provision and Circumstances of Rural – Urban Migrants in China. *Social Policy & Administration.* 40 (2): 174 – 195.

Liu, K. 2004. *Globalization and cultural trends in China.* Honolulu: University of Hawai'i Press.

Lopes, A. 2006. Sex Workers in the Labour Movement. in Campbell, R. and M. O'Neill. (eds.) *Sex Work Now.* Willan Publishing. 263 – 280.

Lucas, A. M. 2005. The work of sex work: elite prostitutes' vocational orientations and experiences. *Deviant Behavior.* 26: 513 – 546.

Ma, E. and H. L. H. Cheng. 2005. "Naked" bodies: Experimenting with intimate relations among migrant workers in South China. *International Journal of Cultural Studies.* 8 (3): 307 – 328.

Malbon, B. 1999a. *Clubbing: Clubbing Culture and Experience.* London: Routledge.

——. 1999b. *Clubbing: dancing, ecstasy and vitality.* London: Routledge.

——. 1997. The Club: Clubbing: consumption, identity and the spatial practices of every – night life. in Skelton, T. and G. . Valentine (eds.) *Cool Places: Geographies of Youth Cultures.* London: Routledge. 267 – 289.

Mahler, S. J. and P. R. Pessar. 2001. Gendered Geographies of Power: analyzing gender across transnational spaces. *Identities.* 7 (4): 441 – 459.

Marshall, C. and G. B. Rossman. 2006. *Designing Qualitative Research.* London: Thousand Oaks: New Delhi: SAGE.

Martin, J. L. and M. George. 2006. Theories of Sexual Stratification: Toward an Analytics of the Sexual Field and a Theory of Sexual

Capital. *Sociological Theory*. 24： 107 – 132.

Mauthner, N. S. and A. Doucet. 2003. Reflexive Accounts and Accounts of Reflexivity in Qualitative Data Analysis. *Sociology*. 37 (3)： 413 – 431.

Maxwell, J. A. 2002. Understanding and Validity in Qualitative Research. in Huberman, A. M. and M. B. Miles. (eds.) *The Qualitative Researcher's Companion： Classic and Contemporary Readings*. London： Thousand Oaks： New Delhi： SAGE.

McGhee, G. , Marland, G. R. and Atkinson, J. M. 2007. Grounded theory research： literature reviewing and reflexivity. *Journal of Advanced Nursing*. 60 (3)： 334 – 342.

Michael, R. T. 2004. Sexual capital： an extension of Grossman's concept of health capital. *Journal of Health Economics*. 23 (4)： 643 – 652.

Munn, N. 1992. The Cultural Anthropology of Time. *Annual Review of Anthropology*. 21： 93 – 123.

——. 1996. Excluded spaces： The figure in the Australian Aboriginal landscape. *Critical Inquiry*. 22 (3)： 446 – 465.

Murphy, R. (2004) Turning Peasants into Modern Chinese Citizens： "Population Quality" Discourse, Demographic Transition and Primary Education. *The China Quarterly*. 177： 1 – 20.

Nolan, P. 2004. *Transforming China： Globalization, Transition and Development*. London： Anthem Press.

O'Connell Davidson, J. 1998. *Prostitution, Power and Freedom*. Cambridge： Polity Press.

——. 2002. The Rights and Wrongs of Prostitution. *Hypatia*. 17 (2)： 84 – 98.

O'Neill, M. 1996. Prostitution, Feminism and Critical Praxis： Professional Prostitute? . *Austrian Journal of Sociology*. Winter, special edition on Work and Society. https://people. uvawise. edu/pww8y/Supplement/ – ConceptsSup/Sexuality/SupProsFemCritPrax. html

——. 2001 *Prostitution and Feminism*: *Towards a Politics of Feeling.* Cambridge: Polity Press.

Outshoorn, J. ed. 2004. *The Politics of Prostitution*: *Women's Movements, Democratic States and the Globalisation of sex commerce.* Cambridge: Cambridge University Press.

Pateman, C. 1988. *The Sexual Contract.* Cambridge: Polity Press.

Pei, Y. X. 2007. Born in the 70's: sexuality of young women in contemporary Shanghai. Ph. D Thesis submitted to the University of Hong Kong.

Perkins, R. 1991. Working Girls: prostitutes, their life and social control. http://www. aic. gov. au/publications/lcj/working/index. html

Phoenix, J. 1999. *Making Sense of Prostitution.* Basingstoke: Palgrave Macmillan.

Pruitt, D. and S. LaFont. 1995. For love and money: Romance tourism in Jamaica. *Annals of Tourism Research.* 22 (2): 422 – 440.

Pun, Ng. 2003. Subsumption or Consumption? The Phantom of Consumer Revolution in "Globalizing" China. *Cultural Anthropology.* 18 (4): 469 –492.

——. 2005. *Made in China*: *Women Factory Workers in a Global Workplace.* Durham: London: Duke University Press. Hong Kong: Hong Kong University Press.

Rofel, L. 1999. *Other Modernities*: *Gendered Yearnings in China after Socialism.* Berkeley: University of California Press.

——. 2007. *Desiring China.* Durham: London: Duke University Press.

Rosenberger, N. 2001. *Gambling With Virtue*: *Japanese Women and the Search for Self in a Changing Nation.* Hawaii: University of Hawaii Press.

Sanders, T. 2004. Controllable Laughter: Managing Sex Work through Humour. *Sociology.* 38 (2): 273 – 291.

——. 2005. "It's just acting": Sex workers' strategies for capitalizing on sexuality. *Gender, Work and Organization.* 12 (4): 319—342.

Schwandt, T. A. 2000. Constructivist, Interpretivist Approaches to Human Inquiry. in Denzin, N. K. and Y. S. Lincoln (eds.) *Handbook of qualitative research.* Thousand Oaks, Calif. : Sage Publications. 189 – 214.

Sin, C. H. 2005. Seeking Informed Consent: Reflections on Research Practice. *Sociology.* 39 (2): 277 – 294.

Tan, L. & S. Short . 2004. Living as Double Outsiders: Migrant Women's Experiences of Marriage in a County – Level City. in A. Gaetano & T. Jacka. (eds.) *On the Move: Women and Rural – to – Urban Migration in Contemporary China.* New York: Columbia University Press. 151 – 76.

Tong, R. 1998. *Feminist Thought: a more comprehensive introduction.* Boulder, Colo: Westview Press.

Truong, T. D. 1990. *Sex, money, and morality: the political economy of prostitution and tourism in South East Asia.* London: Zed Books.

Tsang, A. K. T. and P. S. Y. Ho. 2007. Lost in Translation: Sex and Sexuality in Elite Discourse and Everyday Language. *Sexualities.* 10 (5): 623 – 644.

Wan, G. H. , M. Lu and Z. Chen. 2007. Globalization and regional income inequality: Empirical evidence from within China. *Income and Wealth.* 53 (1): 35 – 59.

Wang, X. Y. , and P. S. Y. Ho. 2007. My Sassy Girl: A Quali-

fafine study of Women's Aggression in Dating Relationships in Bei-
jing. Vournal of Interpersonal Violence. 22 (5): 623 – 638.

Wang, Z. 2003. Gender, Employment and Women's Resistance.
in Perry, E. J. and M. Seldon. (eds.) *Chinese Society: Change, Con-
flict and Resistance.* London: New York: Routledge. 158 – 180.

Wardlow, H. 2004. Anger, economy, and female agency:
problematizing "prostitution" and "sex work" among the Huli of
Papua New Guinea. *Signs: Journal of Women in Culture and Society.* 29
(4): 1017 – 1040.

West, J. 2000. Prostitution: Collectives and the Politics of Reg-
ulation. *Gender, Work and Organization.* 7 (2): 106 – 118.

Weston, K. 1998. *Long Slow Burn: Sexuality and Social Science.*
New York: Routledge.

Wu, F. L. , J. Xu and A. G. O. Yeh. 2007. *Urban Development
in Post – Reform China State, Market, Space.* London: Routledge.

Yan, H. R. 2003a. Specialization of the rural: Reinterpreting
the labor mobility of rural young women in post – Mao China. *Ameri-
can Ethnologist.* 30 (4): 578 – 596.

——. 2003b. Neoliberal governmentality and neohumanism: Or-
ganizing suzhi/value flow through labour recruitment networks. *Cultur-
al Anthropology.* 18 (4): 493 – 523.

——. 2005. Refusing Success, Refusing "Voice": The Other
Story of Accumulation. University of California International and Area
Studies Global Field Notes. 8. http://repositories. cdlib. org/cgi/view-
content. cgi? article = 1007&context = ucias

Yan, Y. X. 2008. Introduction: Understanding the Rise of the
Individual in China. *European Journal of East Asian Studies.* 7 (1): 1 – 9.

Zhang, Y. 2001. Migrant Women Workers and the Emerging

Civil Society in China. The Asia Foundation. http://asiafounda-tion. org/pdf/ZhangYe. BSR. pdf

Zhang. Z. 2000. Mediating Time: The 'Rice Bowl of Youth' in Fin de Siècle China. *Popular Culture.* 12 (1): 93 – 113.

Zhao, Y. H. 1999. Leaving the Countryside: Rural – To – Ur-ban Migration Decisions in China. *American Economic Review.* 89 (2): 281 – 286.

Zheng, T. T. 2003. Consumption, Body Image, and Rural – Ur-ban Apartheid in Contemporary China. *City & Society.* 15 (2): 143 – 163.

——. 2004. From Peasant Women to Bar Hostesses: Gender and Modernity in Post – Mao Dalian. In Gaetano A. M. and T. Jacka. (eds.) *On the move: women and rural – to – urban migration in contempora-ry China.* New York: Columbia University Press. 80 – 108.

——. 2007. Performing media – constructed images for first – class citizenship: Political struggles of rural migrant hostesses in Dalian. *Critical Asian Studies.* 39 (1): 89 – 120.

——. 2008. Commodifying romance and searching for love: Rural migrant bar hostesses' moral vision in post – Mao Dalian. *Modern China.* 34 (4): 442 – 476.

Ziteng. 2000. Research Report on Mainland Chinese Sex Work-ers: Hong Kong, Macau and Town B in the Pearl River Delta. Zi Teng. http://www. ziteng. org. hk

写在最后

忽然一下，就十年了。

最初被导师下"最后通牒"，说再不开始田野工作，不在一周内找到两个小姐，就换题目吧，我居然当场就飙泪了，那是怎样的不安啊！我的研究生同学们都说我是"剑走偏门"，怎么就想到了这样一个"香艳"的题目。后来，经过这么一逼，我真的在一周内找到了两名小姐，我的世界一下被打开了，心里乐开了花。再后来，混迹夜总会，夜走"红灯区"，好像是哪儿乱就到哪儿去，昔日的同学看到我在微博上写的田野笔记惊呼道："如果你要写杀人的小说是不是会尝试去杀人啊！"我从自己的足迹中渐渐体会到研究的艰辛，要胆大心细，有时还得略带帮派气息，这一切都给了我莫名的乐趣，大概就是贺萧说的"危险的愉悦"吧。回想起来，一幕幕都带着暗夜霓虹的颜色，在脑海里闪烁、发光，仿佛电影里的镜头，而这个电影的摄制者就是我自己。

我的许多想法和意识都是在这十年间发展出来的，大概我的思想成长史、个人成长史都和这里面的很多人很多事密不可分了。伴随着小姐们的嬉笑怒骂我经历了一次次的恋爱、失恋、喜怒哀乐，她们一次次面对生活困境的时候也正是我经历种种焦虑、失意、迷惑之时。我从一次次的小跌小打中站起来满血复活，慢慢地，我意识到我身上的力量有一部分是源自她们。她们教会了我要灵活面对世事，善用各种资源，该弯腰时能弯腰，该挺直时就挺直。她们让我明白了亲密关系是复杂的，不是只讲情就可以，有时甚至讲情讲理都行不通，生活中会碰到各种关系问题，有些东西看上去远不像表面显示出来的那样，只有深挖下去才能触到核心。她们让我看到身为女性不仅要有坚韧和隐忍的品质，更要有不囿于束缚、"越界"探索的勇气，为自己争取更多空间，这些空间不是别人给的，只能自己为自己创造。

因为我的研究，我对关于女性和性别的事特别敏感，而其实生活中就没有一件事不和这有关。我面对越来越多妇女的生命故事，听到她们关于丈夫、孩子、家庭、工作、社区、感情的各种叙述，深切感受到身为女性的不易。年龄稍大不结婚就是"剩女"，化个妆遮痘痘会被人喷虚假，怀孕了男方不想要就得把孩子打掉，生不出儿子就得看婆婆脸色，生了娃身材变胖会被嘲笑，全心全意照顾家庭就是黄脸婆，老公出轨都是因为女方管太严，退休了就变广场舞大妈，以精英女性压迫草根阶层。在铺天盖地的社区活动中"最美媳妇"、"最美家庭"、女德班、仪容班可能将妇女拉回传统的桎梏中，固化传统的性别分工和性别形象；在暴力关系中女性成为被动的受害者；当女性试图从烦闷中解放出来的时候却强加给她们各种形式的社会控制；当她们试图摆脱不满意、不合适的关系时，又可能被强制交纳沉重的"情感罚金"，饱尝歧视。总之，哪儿都是问题。

我一直在想，小姐彷徨、挣扎、耍小聪明、钻小空子，都是为了有多一点自由和选择的空间。

当我们面对生活中琐碎的一大堆麻烦时，仿佛在泥潭中跋涉，我们要明白，不是我们走得不好，只是路太烂。

经过这些，我觉得自己不仅理论上强大了，实践上也更强大了。我在不知不觉中改变着。

从自己的外表开始，我尝试了各种不同的发型，从让我看起来像乖乖女的到爆炸式的，长得厌烦了就咔嚓一下剪成男仔头。

以前大家说我穿衣服都是甜美式的，后来发展到"薄露透"，各种颜色、风格都尝试过。个人形象和风格都是由我这个人驾驭的，我不想反过来被风格和形象驾驭。我说话开始变得更市井化。我喜欢往小街小巷里钻；我喜欢看操场上的人一边爆粗一边踢球；我喜欢看大榕树下阿伯们摇扇下棋、阿姨们闲扯家常的情景；我喜欢在不讲究环境、人多嘈杂但味道超好的小食店里吃东西；我喜欢逛老城区狭窄的街道上一家挨一家卖各种杂物的小店，喜欢到街市去逛地摊，看一家家卖干湿草药、花鸟虫鱼、五谷杂粮的小店里昏黄的灯光。总之，我开始越来越喜欢"低微"到尘埃里的市井。

我喜欢看从微小视角切入讲述更宏大概念或历史或事件的书。我敢想一些以前不在我思维范围内的事情。我能理解更多看起来叛逆的选择和行为，至少没有从一开始就对其嗤之以鼻或先下判断。在处理自己的关系的时候，我变得更宽厚和包容，能接纳不同的人，从不同的人身上学到不同的经验与教训，内心也逐渐更强大和平静。我对亲密关系有了不同的看法，对女人"是谁、能想什么、能干什么、能去哪里"有了不同的认识。我认为自己不一定要结婚的时候，不怕三姑六婆的唠叨和嘲弄了。我决定自己要强大的时候能不在意他人的眼光了。我对婚姻不再抱有不切实际的期待与想象，对家庭的责任和各人的分工也有了更多的想法。我对自己的能力和想法更加清楚了，也对自己想要什么样的生活有了更多想象。我开始越来越感到女性的力量不是眼能见到的，而是要用心去感受。

小姐们仿佛把我引进了一个秘密花园，在那里，蝴蝶都发着光，上下翻飞，每个女人都踩在云朵上面像个仙子。

我越来越觉得自己要为自己做些什么，要为女性把这些烦闷也好，苦痛也好，希冀也好，幸福也好，都喊出来！

十年，弹指一瞬。我的角色已悄悄发生了改变，为人妻、为人母，踏进了另一道门中。在书写之时，我曾想过将以前的文稿、翻译稿挪过来剪剪切切就可以省事不少，然而写到最后，其中一个最大的体会却是，这件事做不成。做不成的原因很简单，就是以前的东西现在"看不上"了。写得不够深入，铺陈不够好，理论阐述不够清晰，资料与理论结合不够好，总之，有各种原因。结果就是，全部重写，一点事都没能省。这大概就是我的成长吧。很多事以前想说说不清楚，现在能表达得好点了，以前混乱，现在有了更真切的体会，线索更分明了些。写出来，也是对自己成长历程的一种记录吧。

也许这本书只是一个开始。它更是我的一份心意，送给这些千千万万和我一样，又不一样的女性。她们可以是我接触过的每一位小姐，可以是我的各位同学、同事或朋友，可以是我的师长和学生，可以是各位妈妈或女儿，可以是我隔壁的大婶、社区里的阿姨，可以是任何一个在书店里偶然翻到这本书、出于各种原因动了点小心思决定把它带回家的读者。

书里的大部分人再也联系不上了，杳无音信，仿佛一下子就消失了，在我的生活中，在我的视线里。忽然间觉得有些伤感，仿佛看见那些不知飞向何处的纸鸢，以及那些开在记忆中大草原上无名的野花。刚下过一场雨，脑海中浮出一幅清新的画：蓝天下，润绿的草地上，凉风拂起了各色小花，薄薄的花瓣上渲染着水雾，灵气旋绕。

2015 年 7 月 4 日

致　谢

这本书能够完成，得益于很多人在背后的支持。我的导师、香港大学社会工作与社会行政系副教授何式凝博士无疑是我最应感谢的人。她很精彩，无论学术上还是生活中，跟着她那些年，我打开了我的视野，丰富了我的人生。她的严苛不是每个人都能接受，这是每个跟过她的学生都有的深刻体会，但往往无数的刀光剑影、风起云涌过后，我们都能体会到自己的进步与成长。而且是发自内心的。我想，这就是榜样的力量。

那时，我和我的同学们互相鼓励，为自己的研究，也为各自的生活。同门的师姐妹们，包括后来成为同事的、有无数故事可以分享的裴谕新，直性子、很有学术范儿的王曦影，从理工科转到社会科学还一直读到了博士的"双料王"胡一情，带着女儿为婚后的个人空间努力挣扎的吴海雅，不断尝试新生活的杨文，认真、正直的香港姑娘伍嘉敏，组成了性别研究的大家庭，每当有什么新鲜的想法、有意思的活动我们一帮子就一起出动，找个地方喝杯东西，一起分享。她们给了我无数灵感与启发，让我明白很多生活的道理。

还有很多那时的同学，包括钟晓慧、陈虹霖、肖萌、徐静、何珊珊、钟晓芳、向小平、潘佳雁、程福才、赵环、包雁、王裔艳、Esther Goh、Helen Goh 等，他们的陪伴让我的研究之路不再孤单。

后来进入中山大学，又遇到了生活另一个阶段的各位师友。社会学系的蔡禾、王宁、王进老师在我遇到困难和彷徨的时候表达了最适切的关心，向我提供了即时和周到的帮助。社会工作专业的各位同事——张和清、贺立平、徐岩、郑广怀、都娟娟、许怡、雷杰、黄少宽、谭兵，他们总是在我身边，在我成长的时候给我鼓励，在我迷惑的时候给我指引方向。还有系里的方芗、黄晓星、叶华等和我一样的年轻老师，他们专业上各有所长，跟他们做同事，很是开心。也感谢我的学生们，用他们的年轻和精彩不断刷新我的思维。

在这条路上与我同行、伴我成长的还有好多国（境）外的专家、老师，美国加州大学圣克鲁兹分校人类学系的 Lisa Rofel 教授，英国约克大学女性研究中心的 Stevi Jackson 教授，英国布里斯托大学社会学系的 Jackie West 教授，英国伦敦政治学院性别研究中心的 Clare Hemmings 教授，那时的副校长、现任英国伦敦大学学院的 Henrietta Moore 教授，英国牛津大学性别研究中心主任 Maria Jaschok 教授，她们是在性别研究的道路上领我入门的人。感谢她们让我身处这广博的新世界中。

本书得以顺利出版，还必须感谢社会科学文献出版社社会政法分社王绯社长和单远举老师，没有他们辛勤与严谨的工作，很多事会变得困难很多。

我最想表达谢意的还有我的家人。我的父母为我创造良好的条件，让我能幸福成长、安心学习、放心工作。我父亲用他严谨认真的为师经历将我引上了大学的任教之路。而我的母亲的言传身教，让我学会用开放、关怀、乐观、接纳、包容的心态去看待世界和周围的人群，她的聪颖和坚韧教会我如何面对困难，如何用正确的态度与灵活、巧妙方法坚持学习。我那乖巧勤劳得像小蜜蜂一样的丈夫，以他勤勤恳恳、兢兢业业的工作态度不断地鞭策我努力前行，争取为我们那两个可爱的小姑娘创造一个更平等美好的社会。

要感谢的人太多，在我的背后，是整个世界。

图书在版编目（CIP）数据

她身之欲：珠三角流动人口社群特殊职业研究／丁
瑜著. -- 北京：社会科学文献出版社，2016.5（2024.7 重印）
（中山大学社会学文库）
ISBN 978 - 7 - 5097 - 8583 - 6

Ⅰ.①她… Ⅱ.①丁… Ⅲ.①珠江三角洲 - 流动人口
- 卖淫问题 - 研究 Ⅳ.①D669.8

中国版本图书馆 CIP 数据核字（2016）第 057027 号

中山大学社会学文库
她身之欲：珠三角流动人口社群特殊职业研究

著　　者／丁　瑜

出 版 人／谢寿光
项目统筹／王　绯
责任编辑／单远举
责任印制／王京美

出　　版／社会科学文献出版社·马克思主义分社（010）59367126
　　　　　地址：北京市北三环中路甲 29 号院华龙大厦　邮编：100029
　　　　　网址：www.ssap.com.cn
发　　行／社会科学文献出版社（010）59367028
印　　装／三河市尚艺印装有限公司

规　　格／开 本：787mm × 1092mm　1/16
　　　　　印 张：24.25　字 数：312 千字
版　　次／2016 年 5 月第 1 版　2024 年 7 月第 14 次印刷
书　　号／ISBN 978 - 7 - 5097 - 8583 - 6
定　　价／89.00 元

读者服务电话：4008918866